家からみる江戸大名

伊達家

仙台藩

J・F・モリス

吉川弘文館

刊行のことば

現在、日本の行政区分は四十七の都道府県にわかれているが、各地ではそれぞれの行事や祭礼が行われ、方言が残り、また食文化に違いがあるなど、いまだ独自の地域文化が残っており、これが豊かな現代日本を形成している。こうした地域社会独自の在り方において、特に大きな影響を与えたのが、泰平の世が約二百六十年以上に渡って続いた江戸時代だったのではないだろうか。江戸時代の日本列島は、現代よりもさらに細かい陸奥国や武蔵国といった旧国六十六州にわかれ、さらに大部分が将軍のお膝元である江戸を中心とした幕府の領地や、大名の領地である藩であった。細かく言えば、さらに朝廷や寺社の領地など、支配者である領主の違いによる様々な区分があった。いずれにせよ江戸時代の地域には様々な歴史や背景が異なる領主がおり、これによる支配が行われたのである。

本シリーズでは、こうした領主の中でも、江戸幕府を開いた徳川家や地域において大きな領主であった藩・大名家を取り上げる。現代日本において、徳川家は小学校社会科の教育課程から必ず学び、東京はまさに徳川家の城下町であり、世界でも有数の都市として発展した歴史を持っている。また、たとえば岩手県の南部鉄器や佐賀県の伊万里焼、徳島県の藍染めなど、大名家によって保護され、現在まで伝えられている地域独自の殖産興業は枚挙にいとまがない。これらは江戸時代の長きに渡り、領主や住民である領民、さらには時に外部の者によって、積み重ねられていった歴史や文化であり、他の地域には見られない独自の地域を形成する大きな土台となっている。本シリーズでは、こうした地域独自の在り方に注目して、徳川家や大名家をみていくことで、より豊かな江戸時代の日本を描いていくことにしたい。

また本シリーズのタイトルは「家からみる」としている。「江戸幕府」や「藩」は、そもそも当時一般的に使われていた用語ではなく、江戸幕府であれば「公儀」「公辺」「柳営」などと呼ばれ、藩もまた江戸時代後期以降に一般化したものであり、慶応四年の維新政府による政体書によって府藩県が設定され、明治四年の廃藩置県によって正式に廃止された。地域においては藩もまた「公儀」と称された。では、これらの政治組織は当時どのように称されていたのかというと、「家」や「御家」であった。少なくとも、江戸時代が始まった前期から中期にかけては、米沢藩よりも上杉家、薩摩藩士よりも島津家中といった方が一般的であった。徳川家では少なくとも十五世紀に遡って史料上活動が確認でき、右の上杉家や島津家さらに京極家など、中世において守護大名の系譜を引く大名家もいれば、金沢前田家や備前岡山池田家といった織田信長や豊臣秀吉に家臣として仕えて大名として取り立てられた織豊系大名など、もともと「家」が基盤にあり、これが江戸大名へと続いているのである。この中にはもともと徳川の家臣だった彦根井伊家などの譜代大名も含まれる。

日本における「家」が平安時代、藤原氏など貴族の「家」や、「兵の家」と呼ばれた源氏や平氏などの武家において誕生して以来、一部を除き、人々は「家」に属することが一般的になった。「家」は、家長（当主）を頂点として、家名、家産、家業の永続を図る世代を越えた組織であり、家長が祖先崇拝を担い、本分家という同族と婚姻による親類を軸として、非血縁の家臣・奉公人をも包み込んだ社会集団であった。江戸時代、武家をはじめとした諸身分の社会的基盤は「家」であり、現代に至るまで日本の社会に大きな影響を与えている。本シリーズでは、こうした側面から徳川家や大名家をみてみることで、江戸時代の領主とはどのような歴史的性格であったのかを従来とは異なる視角からとらえていくことを目指している。さらに、こうした「家」的支配の在り方は、日本に限られたことではない。同時代、たとえば、中央アジアから西アジアにはオスマン帝国を創建したオスマン家がスルタンを名乗りカリフの宗教的権威も兼ねて統治をしていたし、ヨーロッパでもハプスブルク家がドイツ・オーストリアを中心に広くヨーロッパを支配していた。もちろん、これらの「家」は組織形態も構成員等も異なるものであるが、当主と妻をはじめとした親族組織を中核とする「家」は世界史でもみられ、とりわけ前近代においては特徴的な支配形態であった。こうした点を踏まえて各帝国・王国などの「家」を比較していくことで、世界史レベルでの各国史の特徴を明らかにしていくことも可能となる。ただし、本シリーズではまず日本の江戸時代における「家」の特質や新しい側面を徳川家や各大名家の個性にも着目しながら明らかにしていくことを目指し、こうした点も視野に入れているという点に留めて、今後の課題としていきたい。

二〇二三年三月

野口朋隆
兼平賢治

目　次

プロローグ　なぜ「家」の歴史が必要か……1

1　現代の家族と違う江戸時代の「家」　1

2　家の歴史として語る仙台伊達家の歴史　2

本書のねらい―伊達の御家の独自性／時代区分を伊達時間で切る／大名個人の歴史から家臣を含む歴史へ／政争と災害の先をみすえる／仙台藩と維新戦争／脇役への目配り／用語について

一　仙台藩以前の伊達家……5

1　伊達家の戦国時代　5

伊達家のルーツ／伊達稙宗、奥州守護職となる／伊達晴宗と奥州探題職／輝宗の登場と戦国大名への道

2　戦国大名となる　十七代当主政宗　9

政宗の家督相続／豊臣秀吉への臣従と戦国大名伊達家の終焉／奥羽仕置がもたらしたもの

3　戦国大名伊達家の到達点　14

家督権の優位と強固な結束／戦国大名としての限界

4　中世伊達家の自己認識　16
伊達家の祖先はだれか／奥州藤原氏と自認する／晴宗の系図作成と探題補任／輝宗系図と大膳大夫政宗／家中統合策としての連歌／伊達家の伝統創造

二　伊達政宗、近世大名になる……………………22

1　政宗と豊臣政権　22
新しい領国の確定／徳川家康に接近／関ヶ原の戦後処理と領国の確定

2　政宗が目指した伊達の家の形　24
戦国期の伊達家のあり方／正室実家の田村家と伊達家／伊達家を徳川家と結ぶ／政宗の子息たちの境遇／政宗の構想の頓挫

3　近世大名としての政宗と家臣団　28
豊臣政権下の伊達家家臣団／家臣の由緒の重み／家臣団結束にひび／領国支配の立て直しと検地／家臣による土地開発／新田開発と多大な陪臣団／政宗の死

三　二代忠宗　大改革の実行……………………38

1　二代忠宗の治政　38
忠宗の襲封／奉行職制の制定―官僚制の整備／監査の目付役／財政担当の出入司／町奉行と郡奉行などの設置／給人私成敗の禁止／寛永総検地で大改革／「高」による支配の確立／家臣知行の変質／農村支配の一元化／人数改帳と百姓身分の成立

2　給人の「私成敗」にみる政宗と忠宗の治政の違い　42
慶長十二年事件の顚末／政宗の政治の特徴／忠宗の改革のねらい
3　忠宗とお世継ぎ　44
正室の男子は夭折／側妾は家督相続後／仙台城二の丸と子づくり計画／綱宗が継承者となる／忠宗治世の評価

四　伊達家の十七世紀後半と御家存続の危機……47

1　三代綱宗　三年で終わった三代目　47
二代続いた大名の強制隠居／三代綱宗の一生／綱宗の襲封／親族大名の介入／綱宗の隠居と家をつなぐ女性たち／綱宗の葛藤／綱宗の親子関係／綱宗と兄弟たち／家臣の反発を招く／綱宗では治まらない
2　幼君亀千代（綱村）と後見人政治　55
綱村治世の概要／奉行の指導権争い／後見人伊達宗勝の台頭／伊達宗重と一門衆の結束／酒井邸での裁定と刃傷事件／事件の処理／寛文事件と一門衆／寛文事件と官僚組織
3　綱村親政　60
綱村親政／綱村への期待／人材登用政策／家臣家格の整備／綱村の文化事業／綱村の修史事業／分家創出
4　綱村政治の評価　名君か迷君か　63
評価が分かれる綱村／綱村は短慮／綱村の政治理想
5　綱村治世のキーワード「大国」　66

岳父の言葉／領知判物に朱印をすえる／家臣の「自分仕置」／知行地支配の危機／一門仲間の勝算／奉行の言い分／百姓町人は公的身分／伊達家自分仕置権の危機

6 綱村の隠居と政治勢力「一門仲間」の創出 71
綱村の強制隠居／綱村の諫言奨励／一門の諫言と綱村／政治勢力としての一門

五 伊達家の十八世紀 御家安泰の時代 78

1 五代吉村 名君への長い道のり 78
改革と継承／傍系からの入嗣／公卿の女性と結婚／将軍も認める明君夫妻／多難の船出／綱村治世の継承／積極財政への転換／家臣困窮への対応／財政再建と「大改」（検地）／「大改」中止の意味／買米制度の確立／黒字財政への転換／吉村治世の遺産／正室の地位向上／側室制度の設置／奥方の役割の拡大／大身家臣の知行体系の整備／藩校の創設／吉村は名君か―中下級武士からの視点

2 七代重村 飢饉、政変、そして女性の台頭 91
重村の襲封と治政／打ち続く天災と人災／奉行はなぜ無策であったか／重村の猟官運動／出世する役職／打ち続く政変―宝暦六年事件／奉行の資質を問う／奉行三人の処分／大名の面子／宝暦六年事件の評価／打ち続く政変―安永二年政変／安永政変と一門／安永政変と官僚／改革派は思想集団／身分的序列の相対化／統治理念の破綻／政治の変質／教育にみる重村の政治理念／教育と社会復興／正室・側室の地位向上と奥方改革／正室の窮民救済／重村の人材登用

3 八代斉村 早すぎた死と藩政改革の行方 111
斉村の襲封／改革の継承から放棄へ／改革を取り戻す農民／「御百姓」から「国民」へ／改革を強要する武士／新しい統治理念の芽生え／理念の限界

六　伊達家の十九世紀……127
幼年大名と新しい社会の芽生え
1　九代周宗　祖母たちが御家をまもり、つなぐ　127
家督相続の不安定／祖母観心院の働き／奥方の機能不全の顕在化／藩校養賢堂の改革／庶民出身の学頭／大槻平泉の教育改革／医学校の拡充と社会実装／十代斉宗―庶出の弟が家督を継ぐ／斉宗の結婚と伊達家の結婚戦略／十一代斉義の襲封―女性が御家の継承にくわわる
2　十二代斉邦　青年大名、改革に死す　138
婿養子の中継ぎ襲封／打ち続く飢饉／天保四年、窮民救済に奮闘／天保五年、奉行をしたがわせる／財政再建と大坂蔵元の解任／天保六年、地震に洪水／天保七年と八年／一門の斉邦批判／仙台伊達家は「国家」／役人の自己認識の変化／理想追求から現実の受容へ／芝多派再登用／斉邦治世の評価
七　十三代慶邦……152
新時代の幕開けと仙台藩
1　慶邦治世の前期　藩政改革から社会改革へ　152
慶邦襲封／慶邦の結婚／困難をきわめた継嗣確保／慶邦の治世／奉行の家風の対立で政治が動く／ペリー来航―海防と蝦夷地警備／洋式軍備の導入／軍拡も金次第―安政の財政改革の開始／蔵元に領内商人を起用／安政改革の破綻と芝多の失脚／奉行但木成行の藩政再建／吉村代以来の農政改革／農民保護としての農政改革／改革に対する農民一揆と藩の対応／支配関係の変質／「国家」総動員体制
2　維新戦争と仙台伊達家　「勤皇」・「佐幕」を超えて　168

文久三年―藩内自称尊攘派の排斥／慶邦の自己認識は尊王攘夷派／幕府に従属する財政構造／第三極の形成をめざす大広間大名連合／戊辰戦争と幕府倒壊／奥羽鎮撫軍の派遣と仙台藩の建白書／戦争への道と奥羽越列藩同盟／仙台藩の戦略構想／敗北とそのあと／没収領における百姓一揆の多発／東北における近代の幕開けはいつか／奥羽越列藩同盟がわれらに何を問うか

コラム

1　政宗毒殺未遂と実弟お手打ち事件はあったか―定説に挑む―　20
2　牟宇姫の手紙にみる大名一族の人間模様　32
3　仙台伊達家における武士身分の序列について　75
4　大名たちの恋　118
5　改革派官僚の素顔―玉虫十蔵尚茂の奮闘と挫折―　123
6　藩校養賢堂―教育の力で社会を変える―　149

参考文献　183
伊達家歴代当主一覧　186
(付表) 仙台藩における家格、知行形態と石高の対照表　187
略年表　188
あとがき　192

プロローグ——なぜ「家」の歴史が必要か

1　現代の家族と違う江戸時代の「家」

江戸時代の武士にとって、自分の存在を土台から支える集団とは家《いえ》であった。

江戸時代の家とは、現代の家族と重なる部分もあれば、現代の家族と大きく異なるところもあった。結婚や血縁を中心に結ばれる現代の家族と違い、「家」は、家族と生活基盤が一緒になった社会集団であった。イメージとしては現代の農家や個人商店に近いものであった。家は生活基盤（武士の「御奉公」を含む）を支えるのに必要な奉公《ほうこう》人《にん》・使用人・家来をも含むものとして成り立っていた。さらに、生活基盤であるので家は代々引き継がれていくものであった。江戸時代の大名の家には、現代の家族に近い範囲の家と、一門などの上級家臣から、場合によっては下級の家臣や奉公人（足軽以下）を包摂する拡大された多数の家の集合体としての「御家《おいえ》」という二つの顔があった。一門以下の家臣にとって、自分たちが大名の御家に取り込まれることによって安定した生活と地位を保証される一方で、両者の利害関係が激しく衝突することもあった。大名が家の都合を優先させ幕府への過重な「御奉公」などを引きうければ藩財政が破綻する。その代償を家臣たちが知行借上《かりあ》げなどの形で負わされることになり、大名の家の利害の追求が家臣たちの家の存立と衝突することになる。大小の家の集合体として仙台伊達家の家をみると、そこには、相互に依存してまとまる求心力と、大名家の家の利益の過大化が生み出す遠心力がつねにせめぎ合い、その緊張とバランスの上に全体が成り立っていたのである。

江戸時代の政治機構や権力構造だけをみると、当時、将軍や大名に権力が集中していたようにみえる。しかしその裏側を覗いてみると、大小さまざまな家の利害関係や都合に左右されながら、権力が行使され、政治がおこなわれていた実態がみえてくる。

2　家の歴史として語る仙台伊達家の歴史

本書のねらい―伊達の御家の独自性

本書では、仙台伊達家の家がどのようにして形成・展開し、そして、明治維新によってどのように終焉を迎えたかを、大名の「御家」と家臣たちの家の相互作用の過程として概観する。全体を通して、仙台伊達家が御家という大名と家臣の家の集合体としてもっていた独自性を浮き彫りにすることにこだわる。いうまでもなく、仙台伊達家の歴史は、時の権力者や周囲の地域の歴史のなかで形成・展開するものであり、伊達家の独自性を強調することは、その関係性を否定することでは決してない。ただ、従来の研究では歴史を普遍的なものとして記述するあまり、伊達家の歴史を内部から動かしていた、この家ならではの固有の課題や関係性が等閑《なおざり》にされてきた観が否めない。記述のスタイルは、基本的に歴代当主の治世を基準にするが、そのなかで、伊達家の歴史という物語に繰り返し出てくるテーマについて着目し、全体の統一を図る。

時代区分を伊達時間で切る

本シリーズが「江戸大名」と銘打つのに、本巻では、あえて、十六世紀初頭に家督を継いだ伊達稙宗《たねむね》の代から説き起こす。仙台伊達家および家臣団で造りだす「御家」の形と自己認識の原型は、稙宗から政宗に続く四代のあいだに形成されたものである。伊達家の御家の物語は京都・江戸時間ではなく、伊達・仙台時間を基軸におかないと時間軸に歪みが生じる。戦国時代の伊達の御家が統一政権に取り込まれ新しい時代に適応していく過程を、将軍家、家臣の家、そして領民の家との関係性の展開として捉えていく。

大名個人の歴史から家臣を含む歴史へ

大名個人の偉業を顕彰するような歴史の見方を捨てると、歴代当主の治世のなかで、大名をはじめ、大名権力を執行する奉行《ぶぎょう》（他家の家老相当）による権力の乱用・悪用の脅威からいかに御家を守るかということが御家の物語を通奏低音のように貫くことがみえてくる。

伊達家は、豊臣・徳川政権に取り立てられて、あるいはその後ろ盾を得て家臣に対する優位を確立する大名とは一線を画する。戦国時代に家臣に対し揺るぎない地位をすでに築き上げていた半面、家臣団の中核が素浪人《すろうにん》ではなく各自一人前の領主であったために、伊達家の家臣の武士としての地位もまた、新興大名の家臣より強固であった。大名が唯一無二の存在でありながら、家臣もまた大名に全面依存しない。仙台伊達家のこの二つの側面によって織りなされる歴史では、統治者としての大名は、つねに自分に与えられた権力を適切に行使することを厳しく求められた。

政争と災害の先をみすえる

大名がその統治能力をつねに問われることの帰結として、仙台伊達家の歴史は寛文事件・伊達騒動をはじめ数多くの政争に彩られている。とくに十八世紀後半からの地球の周期的な気候変動により、約一世紀にわたり仙台領は天候不順による連続不作・凶作に襲われることになった。政治の無策により凶作が大飢饉に展開していく。飢饉と政治の失策に目を奪われるとまるで暗黒で絶望の時代にみえる。しかし、この時代こそ、伊達家がその真価を厳しく問われ、実態をともなう「仁政」を求められた時代でもあった。大名、重臣、官僚組織が大災害と向き合うなかで、上層の農民・商人など、庶民身分の人びとまでが伊達の御家に参画する、あるいは包摂されるようになっていく。過酷すぎる試練に打ちひしがれる姿だけではなく、そのなかで地域社会をいかに立て直すか、新しい思索と連帯を模索する動きにも注目したい。伊達家の御家が地域社会の実力者までを取り込んでいくという新しい視角が生まれてくる。

仙台藩と維新戦争

幕末から明治維新までの日本の近代の夜明けを幕府対薩長の政治的・軍事的対立を中心にみると、奥羽越列藩同盟《おううえつれっぱんどうめい》の結成を呼びかけ薩長連合軍に敗れた仙台藩の選択は、時勢を読み間違えたようにみえる。しかし、幕府対薩長の軍事的対立と、日本の近代国家の樹立とを同一視すべきではない。仙台藩は、一貫して、衆議・公論をもととする近代国家建設を主張しており、奥羽越列藩同盟は京都新政府の枠組みを前提とする講和運動として始められた。列藩同盟は、京都政府に対する挑戦ではなく、武力による国家建設を封じる運動として立ち上げられた。仙台藩では、藩校養賢堂《ようけんどう》に結集する優れた人材を擁しており、仙台藩の選択は、世界情勢や薩長の政治工作に対する彼らの独自の情報収集と分析に支えられた。幕末・維新の政治史を仙台藩側から眺めてみると、違った価値観からの理解がみえてくる。

脇役への目配り

家の歴史が家の歴史たるためには、家を支えていた人たちがいなければ成り立たない。まずは、伊達家の女性たちと伊達の家の継承とのかかわり方の時代的な変遷に注目する。もうひとつ、大名の実力は宰相と官吏次第であり、大名の治世と語られることの多くは、実際のところ、彼ら補佐役の発案であった。通史で見落とされるこうした脇役がはたした役割と、彼らの家の個性についても光を当てるよう努めた。脇役とされる彼女ら・彼らを仙台伊達の御家の物語の不可欠な一部としてご理解いただければ本望である。

用語について

本シリーズ「刊行の言葉」でも述べられているように、江戸時代において「藩」という言葉は儒学者の言葉であり、一般に流通しなかった。幕末期になって初めて大名の御家と領国をさす言葉として儒者以外に遣われはじめた。本巻ではできる限り仙台伊達家という言葉を遣うが、現代では「藩」が歴史用語として定着しているという現実に鑑み、この言葉を遣わないと意味が通じにくい、言い換えが冗長になるといった場合には「藩」を遣うこともある。歴史的に正確な言葉遣いを心がけながら、読者にとっての読みやすさを優先させる場合もある。読者諸賢にこの揺らぎについてご海容を乞う次第である。さらに、本書では「元年」という表記は使わない。元号制は日本の伝統であると同時に、近代以来の生きた歴史の一部でもある。戦前の教育を受けたある温厚な恩師から、「モリス君、君は『元年』を使うか。一人の人間の生死ですべてが変わるという考え方は現代には合わないぞ」といわれた。その恩師の言葉の重みを尊重して、「元年」を「一年」とする。

一 仙台藩以前の伊達家

1 伊達家の戦国時代

伊達家のルーツ

奥州《おうしゅう》伊達家は、源頼朝《みなもとのよりとも》が平泉《ひらいずみ》の奥州藤原氏を攻め滅ぼしたときに、軍功により陸奥国伊達《だて》郡（現在の福島県伊達市）に所領を得て苗字とした由緒をもつ。江戸時代に完成した系図にしたがうと、仙台藩初代大名政宗《まさむね》は、奥州伊達家の開祖とされる念西朝宗《ねんせいともむね》から数えて第十七代目の当主であった。

伊達家は、鎌倉時代からしばらくは南奥の一国人《こくじん》領主に過ぎなかったが、十四世紀後半から頭角を現しはじめる（国人とは守護大名の指揮下に入る中小領主）。とくに九代大膳大夫《だいぜんたいぶ》政宗《まさむね》は、上洛して足利将軍家との関係を強化する一方で、出羽国置賜《おきたま》郡に領国も大きく拡大した。十六世紀初頭までにその範囲は、現在の宮城県では志田《しだ》郡の一部、黒川《くろかわ》郡の一部、宮城《みやぎ》郡の一部、名取《なとり》郡の南半分、柴田《しばた》郡・刈田《かった》郡の全域、伊具郡の過半、福島県では宇多《うだ》郡と信夫《しのぶ》郡のほぼ全域、南部を除いた伊達郡に加え、山形県の置賜地方の大部分におよぶようになっていた。伊達家を有力国人から守護大名、そして戦国大名にまでおしあげたのは、伊達家十四代稙宗《たねむね》（一四八八―一五六五）、十五代晴宗《はるむね》（一五一九―一五七八）、十六代輝宗《てるむね》（一五四四―一五八五）、そして十七代政宗（一五六七―一六三六）の四代であった（以下、菅野〔二〇一六〕による）。

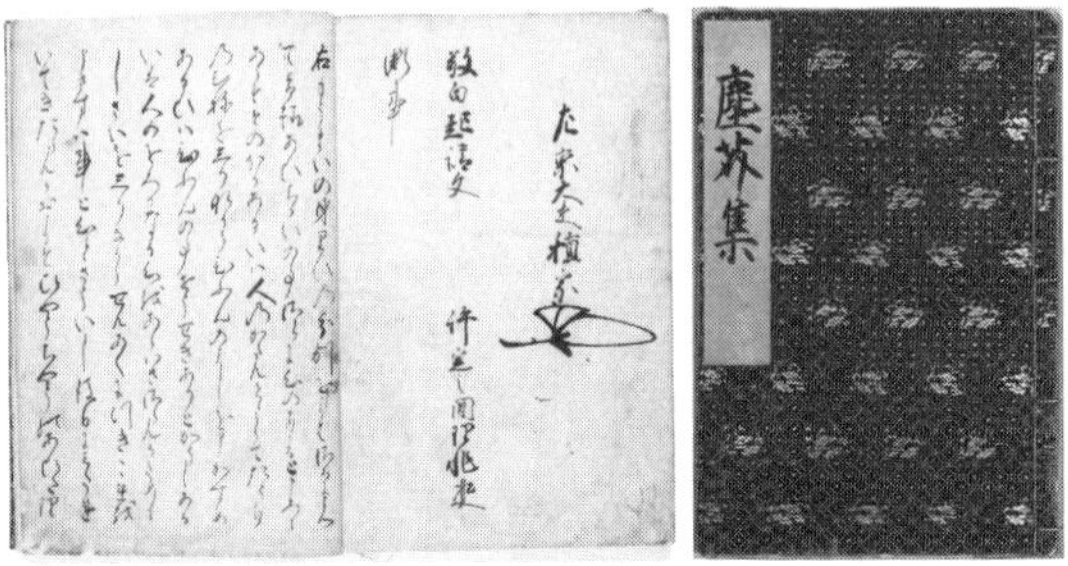

図１　稙宗が定めた領国法『塵芥集』
仙台市博物館所蔵　右：表紙／左：稙宗署判部分

伊達稙宗、奥州守護職となる

稙宗は二十三歳の永正八年（一五一一）までに当主の座についていたが、実父で先代の尚宗《ひさむね》が没する永正十一年まで両者が家督の権限を分有していたとみられる。尚宗亡き後に稙宗は、室町幕府をはじめ京都の武家および公卿社会との関係を強化し、伊達家の地位上昇を図った。激しい贈与作戦のすえ、大永二年（一五二二）に奥州守護職《しゅごしょく》への補任《ぶにん》をえた。室町幕府は、陸奥・出羽両国には守護職より上位の探題《たんだい》しか置かず、稙宗の奥州守護補任は前例がなかった。奥州探題は、現在の宮城県大崎《おおさき》市に本拠をおいた大崎家が代々務めた。大崎家に劣る地位を提示されたことに稙宗が大きな不満を抱いたといわれるが、それでも彼は守護職の権限を最大限利用して、内外ともに伊達宗家の勢力の拡大を図った。

　稙宗の対外政策の特徴は、「守護」という地域の公的権力として、南奥の武家社会内の現状維持に終始徹底したことである。稙宗は地域内の軍事衝突に積極的に介入はしたが、勝利しても相手に領土の割譲を求めなかった。また、成人した子供十八人を、大崎家、葛西《かさい》家、田村《たむら》家など周囲の大名家に養子や正室として送り込み、関係強化を積極的に進めたが、守護の地位を伊達家の領土拡張に使うことは決してなかった。

　しかし伊達家の領国内で稙宗は、守護の権限を使って家臣の領地から棟役《むねやく》と段銭《たんせん》という公的税金を徴収し、伊達宗家《そうけ》の財政的基盤を強化した。あわせて、領国法をさだめて、家臣たちが重犯罪を自分で裁いて刑を実行する「私《し》成敗《せいばい》」を制限して守護伊達家の法的秩序（公法）を領国内に確立させようとした。

　稙宗の守護としての諸政策は、家臣たちからみれば、見返りのない戦闘にたびたび駆りだされ、かつ、税金をとられ百姓に対する支配権も制限されるという骨折り損ということを意味した。次第に家臣の離反が広がり、その不満の受け皿として支持を勝ち取ったのが、稙宗嫡男の晴宗《はるむね》であった。

伊達晴宗と奥州探題職

晴宗は、天文十年（一五四一）半ばに父から家督を譲られたが、当時の慣行にしたがって父稙宗と権限を分有した。しかし、第三子に伊達家の精兵百騎をつけて越後の上杉《うえすぎ》家に入嗣させる計画を稙宗が進め始めると、晴宗は大きな危機感を抱くことになった。精兵を上杉家に譲ることが伊達家軍団の弱体化を招くものとして反対した。天文十一年年の六月に晴宗が父親を桑折西山城《こおりにしやまじょう》内に幽閉し、父子が決定的に決裂した。父子間の対立が伊達家中をはじめ、稙宗と姻戚関係の深い周辺の領主たちまでを巻き込んだ天《てん》文《ぶん》の乱に発展した。それから五年間におよび南奥で戦乱が続いた。やがて将軍足利義輝《あしかがよしてる》が和解勧告を発して、葦名《あしな》家など周囲の大名と国人が仲裁に入った結果、稙宗が伊具郡丸森城に退き、晴宗が天文十七年に伊達家の家督権を完全に掌握した。

乱中に稙宗・晴宗双方が家臣の支持をえるために領土の「安堵」（保障）と加増を約束する所領判物《はんもつ》（判物は主君の花押をすえた文書）を乱発した。錯綜した証文を整理し、さらに敗者の所領没収と味方への論功行賞《ろんこうこうしょう》をおこなうために、晴宗は、天文二十二年に家中が所持していた所領判物をすべて反故《ほご》にして新しい判物を一斉発給した。これによって、家臣の領地が晴宗から直接保障された形になり、かつ対象となる家臣の所領の中身をより詳細に把握することができた。家臣に対し大名としての晴宗の地位が高まった一方、判物の中には、守護晴宗の権力が所領内に及ばないことを意味する「守護不入《しゅごふにゅう》」・「諸役免除《しょやくめんじょ》」の文言が多くみられた。乱の戦後処理を通して晴宗が家臣の全知行地を掌握して大名権力をより高めた半面、家臣に配慮して稙宗の政策からの一部後退もあった。

伊達家中を掌握した晴宗がつぎに狙ったのは、父が果たせなかった奥州探題職への補任であった。天文二十四年に、晴宗は、左京太夫に任ぜられ、続いて奥州探題職に補任された。これをもって晴宗は、南奥の武家社会において名実ともにもっとも高い位を獲得したのである。しかし、奥州探題の名にふさわしい積極的な対外政策が復活するのは、跡を継いだ嫡男輝宗のときからであった。

輝宗の登場と戦国大名への道

伊達家十六代輝宗《てるむね》（一五四四―一五八五）が父晴宗から家督を譲られたのは永禄七年（一五六四）ごろであった。対立しながらも晴宗とは永禄九年まで家督権を分有したようである。対立の原因は、対外方針をめぐる相違とみられる。永禄九年に晴宗をおおかた封じ込めると輝宗は、疎遠に陥っていたかつての盟友葦名家と関係を修復し、葦名盛氏《もりうじ》嫡男盛興《もりおき》が輝宗の妹を正室に迎えた。これを皮切りに、輝宗は自分の弟妹を周囲の大名と国人領主に入嗣・入嫁させ、伊達家を中心とした血縁・婚姻の紐帯を広げながら地域内の領主間の関係をまとめようと努めた。おもな事例として永禄十年に弟の政景《まさかげ》を宮城郡留守《るす》家に、その翌年に弟昭光《あきみつ》を（福島県）石川郡の石川《いしかわ》家に入嗣させたこと、そして天正七年（一五七九）に（福島県）田村郡の田村《たむら》清顕《きよあき》の娘愛姫《めご》を輝宗嫡男の政宗の正室に迎えたことがあげられる。

しかし、輝宗の外交策は、稙宗路線と大きく異なるところもあった。稙宗代以前から伊達の所領であった（福島県）宇多《うだ》郡と（宮城県）伊具《いぐ》郡《ぐん》の南半分を相馬家が少しずつ切り取っていた。輝宗は、天正四年から同盟関係にあった葛西家と葦名家の支援も受けながら両郡を取り戻そうとして度々攻め込んではみたが相馬側の頑強な抵抗に阻まれた。実力行使が実らず、天正十二年に白川《しらかわ》家、佐竹《さたけ》家、田村家の仲裁によって相馬家から伊具郡の旧領の返還を条件に両家が和睦した。

さらに、輝宗は、一部の領主の家政建て直しへの介入をテコにその臣従化を始めた。弟政景の宮城郡留守家への入嗣以後、留守家は次第に独立大名から伊達家の有力支族へと伊達家当主に対する従属性が強まった。宮城郡の粟《あわ》野《の》家と國分《こくぶん》家に対しても輝宗が同様に家臣化を実現した。

旧領の奪還と国人領主の臣従化を対外的に進める一方で、輝宗は、天正年間に入ってから大名としての権力集中のための大きな一歩を歩み出した。黒印状の発給である。伊達家家督の歴代は、家臣に対する所領保障や命令書を発給するときに自署の花押をすえた判物を用いていたが、輝宗は、例は少ないが判物のかわりに黒印状を使っていたことが確認されている。当時の武家社会では、黒印状は判物と比べると薄礼であり、発給者に対し受給者の地位が大きく下がったことを可視化する意味があった。そのため、黒印状の発給は戦国大名の領国支配の集中過程のひとつの大きな指標として注目される。

輝宗の代には、さらに地域外の勢力が地域内の政治的秩序に大きな影を落とし始めた。関東北部の常陸国水戸《みと》に本拠をおく佐竹氏が次第に南奥に介入を開始してきた。当初、伊達家の支援を受けながら葦名盛氏が南奥の国衆を束ねて佐竹家に抵抗したが、天正八年に当主の盛氏《もりうじ》が死去すると葦名家に対する佐竹家の影響力が急速に伸びるようになり、伊達・葦名連合に佐竹が加わる形になった（なお盛氏嫡男盛興は天正二年にすでに死去していた）。また、輝宗は早くから織田信長とその同盟者である徳川家康との関係を深める一方で、関東の後北条《ごほうじょう》家との外交関係を開き、織田信長がもしも関東に侵入した場合には最上と葦名をはじめ南奥の領主たちと協調して対応するという、地域連合としての防衛策をも画策していた。

2 戦国大名となる 十七代当主政宗

政宗の家督相続

南奥内外の緊張関係が高まるなか、先代からの慣習にしたがって輝宗は天正十二年（一五八四）に早期隠居を決め家督を十七歳の嫡男政宗（一五六七―一六三六）に移譲し家督権の分有体制を築いた。その直後に安達《あだち》郡塩松《しおまつ》（現福島県二本松市など）の大内定綱《おおうちさだつな》が政宗の居城米沢《よねざわ》に越して帰参を申し出た。政宗は定綱の帰参を許したが、塩原に戻った定綱は突如反旗を翻した。政宗は、定綱の変心の裏に、佐竹家の影響が急に強まっていた葦名家の策謀があったと確信し、葦名との往年の同盟を破棄した。定綱の唐突な離反が引き金となって、それまで伊達と葦名の同盟関係を中心に成り立っていた南奥の領主間秩序が崩壊し、続く戦乱のなかで伊達家が奥羽最強の戦国大名へと成長していく。

定綱の離反を受けた政宗は、葦名家への攻撃を画策したが突破口がつかめず大内領への侵攻に目標をかえた。圧

図２　伊達輝宗を連れ去る畠山善継（「祖先行軍之図」より）　仙台市博物館所蔵

倒的な兵力で定綱を敗走させ塩原領をすぐに獲得した。大内領の小手森《おでもり》城を攻め落とした興奮が冷めやらないうちに政宗が織田信長を気どって自分の手柄を伯父の最上義光《もがみよしあき》に書いた書状で、城内を女子どもそして最後の犬まで撫で切り（皆殺し）にして、その上で関東までもはや自分の意のままになろうとしていると豪語した話が有名である。しかし、政宗のこの高慢な態度は思わぬ悲劇を生む結果となった。

政宗は、大内領のつぎに定綱を支援していた二本松城主畠山義継《よしつぐ》にねらいを定めた。勝ち目がないと悟った義継は輝宗を頼って和議を申し出たが政宗が出した条件は非常に厳しかった。和議成立後に謝礼のために輝宗を訪問した義継は、別れ際に輝宗を拉致して逃走した。天正十三年十月八日のことであった。伊達軍に追いつかれ義継と輝宗の双方が伊達軍からの射撃のなかで死亡するという、大事件が起こった。

政宗は二本松の攻略をこころみたが天正十四年七月までかけても落城させることができず、ついに相馬義胤《よしたね》の仲裁を受け入れた。畠山勢の退去を認めることを条件にやっと二本松領を手に入れた。以後、政宗は関東攻撃はおろか、苦戦が続いた。天正十六年正月に政宗が北の大崎氏の内紛への軍事的介入をこころみたが大敗を喫し、そのあとに相馬など多方面との戦いを強いられ窮地にたたされた。岩城氏と、最上氏が実家である母義姫《よし》の仲介に助けられ危機を脱することができた。その最中、天正十六年十月に京都の豊臣秀吉から上洛と臣従を促す使者が米沢城に到着したが、政宗は、これに応じなかった。

天正十七年に戦局は急展開した。四月に最上義光の斡旋で大崎義隆《よしたか》が政宗の軍事指揮下に入ることを受け入れ和議が成立した。そのあとから政宗は、相馬・岩城と佐竹・葦名という二つの連合軍に挟まれふたたび窮地に陥った。政宗は相馬領を北方から攻め入って牽制した。続いて、葦名重臣の猪苗代盛国《いなわしろもりくに》の内応《ないおう》によって葦名領の深部で攻撃の足場を得た政宗は、須賀川（福島県須賀川市）に集結していた佐竹・葦名連合軍の意表を突いて二方面から葦名領への侵攻を開始した。葦名の当主義広《よしひろ》が須賀川から本城の会津黒川に戻り、その翌日に伊達・葦名両軍が摺上原《すりあげはら》で衝突し、激戦のすえに葦名軍が大敗を喫した。その四日後に義広が実家の佐竹家に逃走し、名門葦名氏が滅んだ。天正十七年六月十日のことであった。

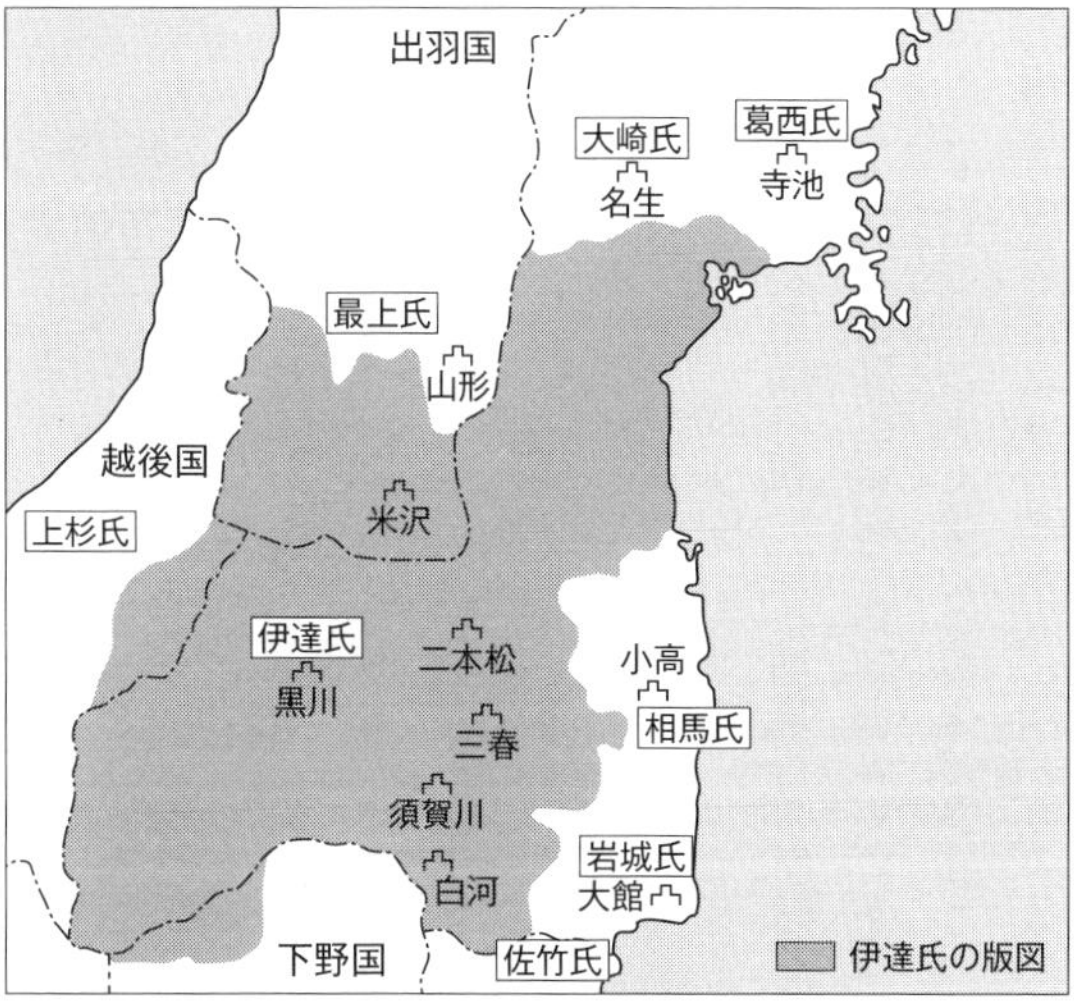

図３　天正 17 年（1589）末の伊達家の版図
『仙台市史　通史編』をもとに作成

その矢先、反伊達連合に加わっていた白河義親《よしちか》が七月に政宗の旗下に入った。十月には政宗が岩瀬郡須賀川城の二階堂家を攻め落とし、岩瀬郡を掌握した。反伊達を貫いてきた政宗叔父の石川昭光《あきみつ》が十一月に帰参を願い出て政宗の家臣となり、石川郡が政宗の支配下に入った。これをもって、政宗は南奥一帯を掌握し、会津黒川城で迎えた新年の連歌会では「七草《ななくさ》を一葉によせてつむ根芹《ねぜり》」という発句で仙道七郡（白河、石川、岩瀬、安積、安達、信夫、田村の諸郡）を手にした喜びを詠んだ。戦国大名政宗の最高潮のときであった。この時点で政宗の支配領域は、現在の宮城県の南半分、浜通りを除く福島県、山形県の南部に新潟県蒲原郡の一部と栃木県の一部におよんでいた（小林清治一九五九、四七頁）。

図4　甲冑姿の伊達政宗木像（伊達政宗甲冑倚像）
井上久美子氏撮影，瑞巌寺所蔵

豊臣秀吉への臣従と戦国大名伊達家の終焉

天正十六（一五八八）年に政宗が関白秀吉への臣従を断ったところを、葦名義広はその要求を受け入れた。葦名氏を滅ぼした翌月にすでに政宗のもとに秀吉からの詰問使《きつもんし》が到着しており、以後、政宗は弁明の使者の派遣と、秀吉周辺の実力者への工作をしきりに展開した。

天正十八年三月一日に秀吉が相模国小田原の後北条攻撃に京都を発つと、政宗の目論見が崩れ始めた。秀吉は、奥羽領国の領主に小田原への参陣を求め、応じない者をみずから関東から進軍して征伐すると宣言した。迷った末に政宗は、領内の体制を固めてから四月十五日に小田原をめがけて黒川城を出立した。出立が迫った四月五日に、母義姫《よし》による政宗毒殺未遂事件と、それを受けた政宗が弟小次郎《こじろう》を手打ちにするという大事件が起こったと後世の記録に記されている（コラム1参照）。紆余曲折の末に政宗が小田原に到着したのが六月五日であった。秀吉の詰問使の取り調べを経て、政宗は、会津《あいづ》、岩瀬《いわせ》、安積《あさか》を没収され、本領に加え二本松、塩松および田村を安堵され、天正十五年段階の所領を無傷で守り抜くことに成功した（小林清治一九五九、四二頁）。以後、政宗は秀吉の奥《おう》羽《う》仕《し》置《おき》に積極的に協力するなかで、秀吉および奥羽の領主に奥州探題としての自分の地位を誇示しようとした。

後北条氏を滅ぼした秀吉は宇都宮および会津黒川まで進軍し、配下の武将を奥羽各地に派遣して、小田原に伺候しなかった領主たちの処分を進めた。奥羽における豊臣政権を浸透させるために、重臣の蒲生氏郷《がもううじさと》を旧葦名領に、側近の木《き》村吉清《むらよしきよ》・吉久《よしひさ》親子を旧葛西・大崎領に配した。このとき、大崎家と葛西家をはじめ南奥の領主たちが小田原に参陣して秀吉に直接臣従することを政宗が奥州探題として阻止したことが、陸奥国で多数の領主が所領を没収される事態をもたらした。弱小領主までが多数本領安堵を受けた出羽国の状況と対照的である。政宗からみて自分の家臣であった田村宗顕《むねあき》をはじめ、留守政景、亘理元宗《もとむね》、石川昭光、黒川晴氏《はるうじ》などの小大名や国人領主たちの多くは、いまだに自分が一人前の独立した領主であると自認していたが、秀吉の介入により完全にその存在を否定された。

奥羽仕置がもたらしたもの

奥羽仕置と呼ばれるこの一連の処分がそれまでの南奥の武家社会に大きな変革をもたらした。伊達の家という観点からみると、政宗の配下に入っていた領主たちは、以後、完全に伊達家の家臣となる以外に領主として生き残る道を絶たれた。豊臣政権からみると、蒲生氏郷と木村父子の配置により、関東に転封された徳川家康を抑え伊達政宗と最上義光に睨みをきかす体制を築いたのにくわえ、ゴールドラッシュを迎えていた旧葛西領の北上《きたかみ》山地に広がる金産地をも押さえることになった。しかし、目的を達成した進駐軍が奥羽からの引き上げを開始するとほどなく、各地で仕置反対の一揆が一斉に勃発し、豊臣政権による新秩序が崩壊しはじめた。一揆鎮圧中に大崎・葛西旧領の一揆を扇動《せんどう》した疑いをかけられた政宗は、決死の小田原参陣で守り抜いた本領を没収され、一揆によって

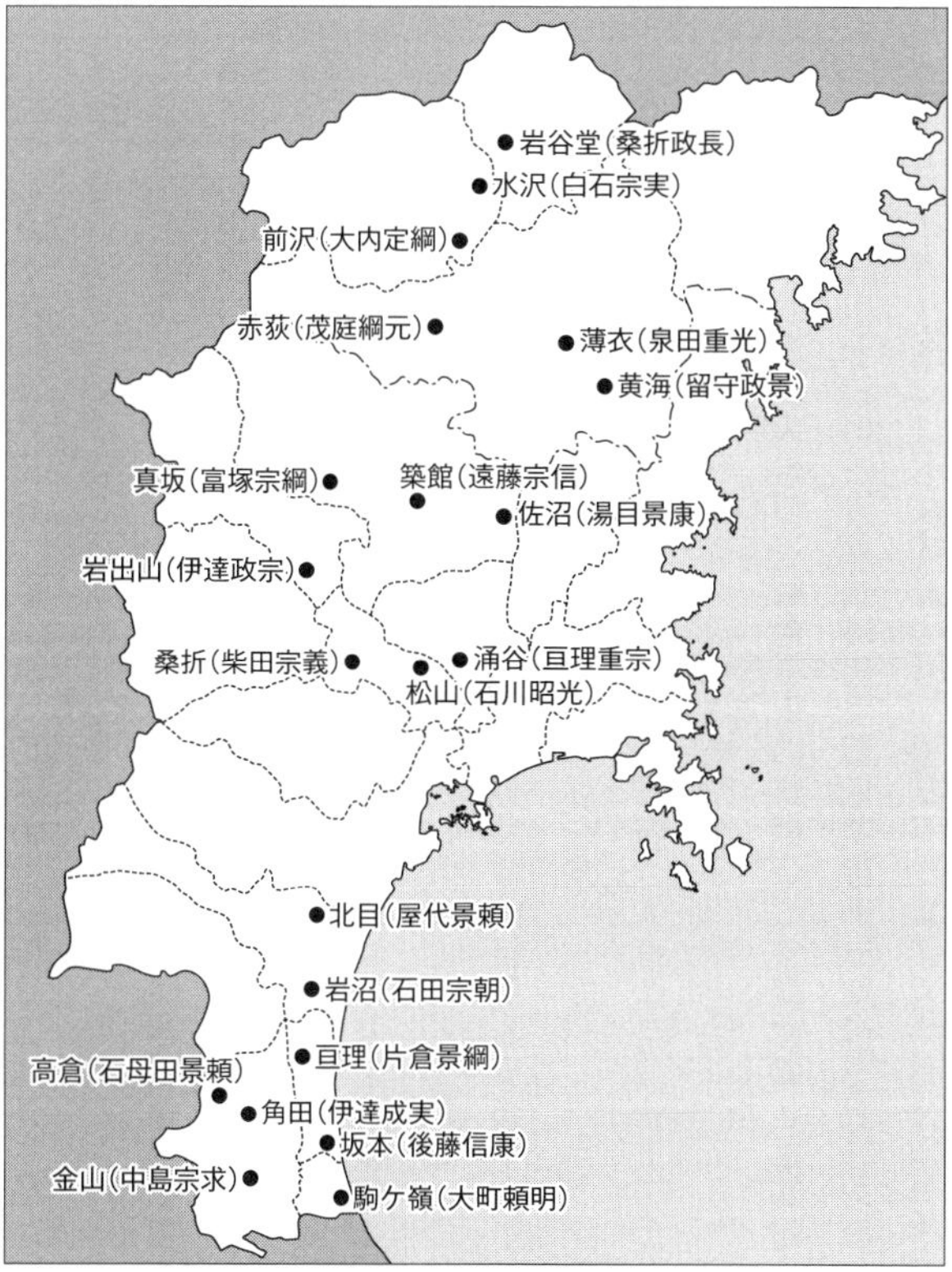

図5　岩出山転封後の主な家臣の配置
『仙台市史　通史編』をもとに作成

荒廃していた大崎・葛西旧領に転封された。

天正十九年九月ごろ、政宗は大崎・葛西領の（現岩手県の）江刺《えさし》、胆沢《いさわ》、気仙《けせん》、磐井《いわい》、（現宮城県の）本吉《もとよし》、登米《とめ》、牡鹿《おしか》、加美《かみ》、玉造《たまつくり》、栗原《くりはら》、遠田《とおだ》、志田《しだ》に、すでに領していた桃生《ものう》、黒川、宮城、名取、柴田、亘理《わたり》、伊具《いぐ》の諸郡、および宇多《うだ》郡（現福島県）の一部を秀吉から与えられた。その代償として置賜《おきたま》（現山形県）、伊達、信夫、田村（現福島県）など、自分のアイデンティティにかかわる中心的な所領を失うことになった。天正十八年に豊臣統一政権の配下に取り込まれた時点で、すでに奥羽の戦国時代は終焉を迎えることになっていたが、同十九年の転封の洗礼は伊達家全体を別次元に一気に引き上げることになった。その詳細については次章でみることとし、ここでは、戦国大名としての伊達家の最終的な形なり到達点とはいかなるものであったかを振り返ることにしたい。

3　戦国大名伊達家の到達点

家督権の優位と強固な結束

戦国大名伊達家の最大の特徴は、庶流に対する嫡流の圧倒的な優位が早くから確立されていたことであろう。嫡流による家督権の占有は不動のものとなっていたから、たしかな記録がある範囲内では、伊達家では一門払いや嫡庶間の家督権の争奪はみられない。ただし、嫡流内の家督権については、遅くとも尚宗・稙宗代から父子間で家督権を分有する二頭政治体制が定着し、輝宗・政宗代まで継承された。この二頭政治体制自体は、伊達家に限らず中世・近世の移行期に各大名家内で広くみられたが、伊達家内においては、父子間での熾烈な権力争いが繰り返された。その最たる例が稙宗・晴宗間で争われた天文《てんぶん》の乱であったが、この乱はまた、大名権力の大きな伸張をもたらすきっかけともなった。

家督権の絶対的優位とあわせて、戦国期の伊達家のもう一つの大きな特徴は、家臣の離反がほとんどみられなかったことである。稙宗を別とすれば、晴宗から政宗までの伊達の軍勢は、敵と正面切っての野戦でも城攻めでも大きな成果が稀なことがむしろ特徴的であるぐらいである。稙宗以来初めて大きな戦果をあげた政宗でさえ、敵の意表をつく電撃的な作戦・用兵と、敵の領地深くに自分の城を攻撃の基地として提供する内応者の確保を組み合わせて勝利を摑むことができたのである（菅野正道二〇二一）。天正十七年の摺上原の戦いが政宗のこうした戦法の御手本である。当時、どの武将も自軍の損耗を抑え相手に大きな打撃を与えるために内応者を誘い出すことが常套手段であった。伊達家の特徴は、内応者を誘ったことではなく、内応者を出さなかったことである（小林清治一九五九、五二頁）。唯一の例外とされるのが、天正十五年十月に最上との境目に所領と居城があった鮎貝宗信《あゆがいむねのぶ》が最上義光の勧誘に応じて反旗を翻《ひるがえ》したとされる事件であるが、近年、鮎貝宗信の「離反」を政宗の自作自演とする見解が呈されている（大沢慶尋二〇一五）。つまり、稙宗以降から、歴代当主が家臣団の統制を硬軟両様を使い分けながら確実に強めた成果が、政宗が引き継いだ伊達軍団の盤石の結束力として結実した。

かくて戦国大名伊達家は大きな成長を遂げていたが、課題も多く残されていた。

戦国大名としての限界

家臣団統制についていえば、晴宗が全家臣に自分自身からの新しい所領判物の発給を実現できたものの、輝宗・政宗と続く代替わりに新当主が新たに所領保障の文書を出すことはなかった。つまり、新当主と家臣との主従関係の再生と家臣の所領に対する大名としての上位領主権の再確認はおこなわれなかった。家臣の領地に対する私有権意識がまた強まるのは時間の問題であった。伊達家の家臣たちは、大名の上位権力に包摂される一方、伊達領国内では守護と対の地位である「地頭《じとう》」として位置づけられた存在であり、自分の所領は先祖伝来のものまたは実力（開墾、売得など非軍事的な手段も含む）によって獲得した「私領」であったのである。

もう一つの問題は、全領規模で大名の支配をおこなう官僚機構が未発達であったことである。段銭・棟役徴収や大名法に則った公的秩序を維持する実務を特定の家臣（多くは重臣）が代行し、大名の意思や権威を体現する官僚とは性質が異なっていた。軍事編制においても農民と戦闘員との間の境界線は明確でなく、伊達の軍列には半農・半武士の戦闘員や足軽が多数動員されていた。

政宗が先代から引き継いだ、嫡流の惣領を絶対的な頂点とする強固な御家としてのあり方と、家臣団との盤石な結束力は、同じ大名であっても、充分な領国内統一を達成できなかった一部の旧族大名とも、にわか大名となった織豊《しょくほう》取り立て大名や徳川譜代大名とも違い、統一権力に頼らずとも独自の領国体制を構築していく基盤となった。

4　中世伊達家の自己認識

近世大名伊達家を論じるにあたって、のちの伊達家の土台となった中世伊達家の自己認識に言及する必要がある。

伊達家の祖先はだれか

定説では陸奥伊達家の祖が念西朝宗《ねんせいともむね》であるとされているが、この定説の成立は、江戸時代の元禄年間である。中世当時の史料を入念に検討した伊藤喜良はこの定説に異を唱え大胆な仮説をたてている（伊藤喜良二〇二一、一一九〜一二九頁）。伊藤によると、文治五年（一一八九）の奥州合戦での軍功により伊達郡で所領を与えられた常陸入道念西《ひたちにゅうどうねんせい》の実名（諱《いみな》）は時長《ときなが》であり、当時の史料では「朝宗」なる人物は確認できないのである。以後、同時代の史料をみる限り、南北朝まで伊達の惣領が時長の系統で「長」が一族の通字《とおりじ》であった。南北朝の動乱の中で時長の系統が桑《こ》折《おり》氏と名乗るようになり、庶流で「宗」を通字とする系統と入れ替わり、もとの惣領桑折家は、新しい系統の伊達家の重臣となったというのが伊藤の仮説の骨子である。

奥州藤原氏と自認する

この時点で陸奥伊達家は、『尊卑分脈』という系図集にも載らない「田舎大名」であった。室町時代に入ると、十四世紀末期に活躍した九代政宗（大膳大夫）が足利将軍家との縁戚関係を頼りに京都の政界への接近を図ったことが伊達家の自画像に大きな変化をもたらした。その一つ目として、人間の価値が血統で測られる京都の武家・公家世界では、同じ「藤原姓」でも出自が不詳なままでは見下されるので、伊達家は、奥州藤原氏との関係を主張するようになる。この主張には、正統性のある藤原の血統であることと同時に、陸奥国内の武家社会の頂点に立つのにふさわしい家柄であるという一歩踏み込んだ政治的な意味合いも含まれていた。もう一つの変化は、京都の政界で通用するには「文化人」でなければならなかったため、伊達家の歴代当主は、京文化を代表し交流の「共通語」でもあった和歌の習得をはじめ、京風文化の吸収に励んだ。しかし、稙宗代になって伊達家が奥州探題職を狙うようになると、平泉藤原家と鎌倉期以降の伊達家を漠然と繋ごうとする主張では正統性の根拠として不十分であった。「たしかな」系図と証明書つきの教養が求められるようになった。

晴宗の系図作成と探題補任

稙宗は奥州探題への補任工作の一環として近衛《このえ》家への接近を図り、近衛稙家《たねいえ》の花押と同様な花押をも使いはじめた。その結果が陸奥国守護補任という前例のない成果をもたらしたものの、本命の探題補任には至らなかった。室町幕府が現職の大崎家に配慮して下位の守護補任にとどめたとする理解が一般的であるが、千葉真弓は、伊達家の系図の作成時期と内容に注目して、新しい解釈を提示した（千葉真弓二〇二〇）。現存する最古の藤原姓伊達家系図の原型の作成年代が、晴宗の奥州探題補任の永禄三年（一五六〇）と符合するのは、偶然ではない。晴宗は初めての伊達家系図の作成を命じ、伊達の祖を平泉藤原ではなく、伝説上の祖の山蔭中将《やまかげちゅうじょう》を『尊卑分脈』に掲載された山蔭中納言という実在の人物と読み替えて近衛家との橋渡しを整えた。稙宗と晴宗の補任工作の決定的な違いが近衛家との関係性を示す「物的証拠」の有無であった。さらに補任が決まると、足利将軍から、鞠《まり》と歌が家職の飛鳥井《あすかい》雅教《まさのり》・雅敦《まさあつ》父子が晴宗の居城米沢に派遣された。半年におよぶ滞在の中で雅教が晴宗に蹴鞠の伝授状を与えた。その状のなかで、蹴鞠は天下を鎮め敵を平らげ病を除くものなので武芸を生業《なりわい》とする家にとって習う意義があると謳われており、探題補任と蹴鞠の修得がセットであったとみられる。しかしながら、飛鳥井父子が米沢で永禄五年の正月を迎えたにもかかわらず、晴宗との和歌を介した交流をおこなったという形跡は一切ない。父稙宗、嫡子輝宗とも違い晴宗は、和歌に無頓着であった。

輝宗系図と大膳大夫政宗

輝宗は、父晴宗から受け継いだ系図を一新した。記載形式を整え、さらに日野輝資《ひのてるすけ》に山蔭中納言と伊達家との関係について確認をするという入念なものであったが、輝宗系図の力点は大膳大夫政宗の扱いにおかれた。輝宗系図では九代大膳大夫政宗の記述が他を圧倒する分量に増やされた。新しく書き加えられたのは、九代政宗が長井庄（現山形県置賜郡）を伊達の領土に加えたという武勇伝のほか、もっとも行数が割かれているのは彼の歌人としての才能についてであった。つまり彼の詠歌三首全文とそれらが『新《しん》続古今和歌集《しょくこきんわかしゅう》』に入れられたこと、そして彼の逝去のさいに将軍から賜った弔歌二首の全文という記述が新しく加えられた。輝宗主導の系図により、大膳大夫政宗は文武ともに秀でる理想の当主として仕立てられた。そして、輝宗が嫡男梵天丸《ぼんてんまる》の実名を政宗と決め大膳大夫政宗のあとに続くべき人材たらんことを息子に託し、また、その名乗りによって家臣団中に両者のイメージを重ねて印象付けることを狙ったという話はあまりにも有名であろう。しかし、実際のところ、『新続古今和歌集』には九代政宗の和歌はなく、彼が勅撰歌人であったという部分はまったくの創作であった。また将軍から弔歌を賜った事実もない。十七代政宗は、成人して父が施した工作に気づいてもう一回伊達の系図を書き直した。輝宗系図に書き加えられていた実名にまつわる美談を削除し、そのころから自分は片目の万海上人《まんかいしょうにん》の生まれかわりであるという新しい伝説をみずから生み出した。千葉は、この時期が、政宗が居城を岩出山から仙台に移したころとほぼ重なると指摘する。

家中統合策としての連歌

輝宗が大膳大夫政宗について作り出した「伝説」の真否はともあれ、その効果は絶大であり、その意味で輝宗の目論見は的中した。祖父の稙宗も和歌を熱心に勉強したが、それはあくまで彼個人のための嗜みであった。輝宗もまた和歌の研鑽に励んだが、祖父と違って、輝宗は連歌会を伊達家の正月行事の中に取り入れ、家臣にも和歌の習得を促した。これは、伊達家中をひとつの文化集団に育て上げることになった。さらに主人と家臣が一堂に会して連歌を詠むという共同作業は、参加者間の連帯を高める効果があるとされる。この関係で輝宗の側近で外交担当として辣腕を振るった遠藤元信《えんどうもとのぶ》は、和歌の達人であり、それによって輝宗と結びつき、陪臣から破格の抜擢を受けた人物であった。以後、遠藤家歴代当主から連歌の達人が輩出され続け、伊達家家臣団内でこの家の一つのアイデンティティとして継承された。

伊達家の伝統創造

以上のように、戦国期に伊達家の領国体制という大名権力としての独自性にくわえて、幕末まで歴代当主と家臣を含む広義の伊達家の行動の基礎となる自己認識も作り上げられた。たとえその系譜認識に相反する要素や事実無根の脚色はあっても、これらは重層的に、そして矛盾なく受容され伊達家の「伝統」として継承された。虚構でもこの「伝統」を依代《よりしろ》に戦国時代にすでに晴宗の奥州探題補任や輝宗代の強靭な主従関係としてたしかな成果が生みだされており、その成果こそがこの「伝統」を実態あるものにみせる効果となったのである。

コラム—1

政宗毒殺未遂と実弟お手打ち事件はあったか

定説に挑む

天正十八年(一五九〇)四月五日夜、関白豊臣秀吉に臣従すべく相州小田原への出発が迫っていたころ、政宗が母親義姫から陣立《じんだ》ちの祝いに招かれた。政宗は母親の館に赴いて用意されたお膳に箸を付けてすぐに腹痛を訴え、自分の館に帰った。緊急の服薬で一命をとり止めた政宗は、母が自分を毒殺して弟小次郎を当主にすえようとしたに違いないと悟った。母親を殺すわけにはいかないので、七日に政宗が弟を手打ちにした。その夜のうちに義姫は実家の山形最上家に逃げ帰り、以後、最上家が改易になる元和八年(一六二二)まで政宗と不和のまま生き延びた。あまりにも有名なこの「事件」は、元禄十六年(一七〇三)編纂の伊達家正史『治家記録』にこのように記されている。

この「事件」の前記のシナリオに疑義を唱えたのが佐藤憲一(二〇二〇)である。佐藤は、義姫の山形への出奔が「事件」から四年後の文禄三年(一五九四)十一月四日の夜であったことを当時の史料から突き止めた。出奔まで政宗と母親との間の親密な関係を示す手紙が両者の間でたびたび交わされており、その内容から「事件」によるわだかまりの跡は読み取れない。

のみならず、この「事件」の一番の被害者とされる小次郎については、さらに驚きの新証拠がある。小次郎が関東の寺で生き延びていた可能性を示す記録である。寺には、元和八年に政宗がここを訪問して白萩を観賞したことを示す本人の書状が所蔵されている。寺の言い伝えによると、政宗の真の目的は弟小次郎に会うことであった。寺の過去帳には寛永十二年(一六三五)に第十五代住職になった法印秀雄という僧がおり、伊達大膳大夫輝宗の次男・陸奥守政宗の舎弟であると書かれている。

実在した法印秀雄を伊達政宗の実弟小次郎とする説を真実とするなら、四百年間以上の長きにわたって信じられてきた『治家記録』が語る「事件」が、どのように、そして何の目的のために創出されたかを説明するという難題が残る。佐藤によると、その回答への手掛かりは、日付・宛名を欠くが「事件」の直後に政宗が信頼できる側近に宛てた書簡にある。この書簡に『治家記録』に記されている「事件」の要点、とくに政宗が小田原出陣に先だって伊達家の内部分裂を防ぐためにやむを得ず弟を手打ちにしたが、このようなことを自分の口からいえないので書簡の受取人にこの話を広めてほしいという内容が記されている。あわせて、この時期の政宗の行動をリアルタイムで記録した日記が残っており、その日記には小次郎殺害の記述はない。

そこで佐藤は大胆な仮説を提示する。政宗の秀吉の元への参陣は、伊達家の存亡にかかわる非常に危険な賭けであった。政宗のほかに伊達嫡流の血統を継ぐたった一人の弟を失うわけにはいかない。そこで義姫と政宗が共謀して、小次郎をひそかに逃がして『治家記録』に記された毒殺未遂と小次郎手打ち事件の噂を広めて、まさに「敵を欺くには味方から」のとおり、伊達家臣団内に小次郎が死んだことを信じ込ませたのであろう。しかし、二人の策謀がいきすぎた功を奏してやがて思わぬ副作用を生んだ。政宗が秀吉の朝鮮侵略に動員され長期にわたって国許を留守にしている間に、「事件」を広く信じる家臣たちの態度に耐えかねた義姫が文禄四年に実家に出奔するという、「事件」を惹起した。このように考えると、義姫の出奔が「事件」直後ではなく文禄四年まで持ち越された事実も説明できる。

現在のところ、法印秀雄を伊達小次郎とする決定的な証拠はない。政宗が寺を訪問したことを記した自筆の手紙には小次郎のことは書かれていない。法印秀雄の素性について書かれた寺の記録はすべて、寺と地元の口伝に基づく後世のものであり、決定的な証拠とはならない。しかし、逆にいえば『治家記録』が伝える「事件」も、当時の記録に照らし合わせると確証がないばかりか、前述の通り矛盾が大きい。いずれの説をとるにしても、小田原出陣にあたっての義姫・政宗親子の、家の存続を懸けた壮大な策謀が展開したことだけは、揺るぎない。

二……伊達政宗、近世大名になる

1 政宗と豊臣政権

新しい領国の確定

天正十八年（一五九〇）に豊臣秀吉に臣従してから、伊達政宗は急に近世大名に成長することを強いられた。奥羽仕置が終了して秀吉のつぎの目標が大陸侵略に移ると、政宗は、新しい所領において支配体制を立て直す時間もなく領国から遠く離れて、豊臣政権から矢継ぎ早に「際限なき軍役」などの無理難題を突きつけられた。

豊臣政権下で政宗は、玉造郡岩出山（現宮城県大崎市）に居城をおいた。天正十九年九月二十三日に入城し、家臣を配備する知行割りなど、新しい領国体制の建設に取り組んだが、翌年の一月五日に三千人の軍勢をひきいて、秀吉の唐入《からい》りに加勢するため京都に向かった。以後、文禄四年（一五九五）の四月から三カ月を岩出山で過ごした以外は、秀吉の存命中に政宗は国許《くにもと》に戻れなかった。

徳川家康に接近

慶長三年（一五九八）に秀吉が死去すると、翌年の正月に政宗が徳川家康の六男忠輝《ただてる》と政宗長女五郎八《いろは》姫との婚約を取り交わした。秀吉の死後、豊臣政権のなかで政宗が家康側と結ぶ意思表明であった。その後、豊臣秀頼《ひでより》後見人の五奉行内の対立が激化して、慶長五年六月、会津の蒲生氏郷の遺領をついだ上杉景勝《かげかつ》と家康との武力衝突が不可避となると、奥羽諸大名が帰国を許された。七月十二日に名取《なとり》郡北目城《きためじょう》に入った政宗は上杉領となっていた刈田郡白石城に奇襲をかけ攻め落とし、刈田郡二万石を手に入れた。そのあと、伊達勢が上杉領をさらに攻めてみたが、頑強な守りに阻まれ戦果をあげられなかった。上杉勢との戦争状態は慶長六年六月まで続いた。その間に政宗は居城を岩出山から現在の仙台に移す決定をし、慶長六年四月に未完成のままの仙台城に移った。家臣たちには五月五日までに岩出山からの移住を済ますよう命じた。

関ヶ原の戦後処理と領国の確定

関ヶ原の戦後処理で政宗は、自力で攻め取った刈田郡二万石だけの加増を認められた。慶長五年八月に家康は関ヶ原に出陣する直前に政宗に、福島などの伊達家の旧本領を加増して百万石にすると約束したが、結果は政宗の期待を大きく下回った。同じ戦後処理で十三万石から五十七万石に加増された最上義光とは対照的であった。以後、機会あるごとに政宗は、このときの約束の履行を家康に求め続けた。そのあと、政宗が近江国に計一万石、さらに寛永十一年（一六三四）に常陸国龍ケ崎《たつがさき》（現茨城県龍ケ崎市）にまた一万石を、京都および江戸の賄領《まかないりょう》として宛行われ、江戸時代を通しての仙台伊達家の所領六十二万石が確定した。

図６　初代　伊達政宗　仙台市博物館所蔵

図７　慶長５年（1600）以降の陸奥国における伊達家領国
『仙台市史　通史編』をもとに作成

関ヶ原の戦いの直後、政宗は家康から江戸に屋敷を与えられ、慶長七年（一六〇二）に政宗自身が、翌年の正月に夫人と嫡男がここに引っ越してきた。慶長八年の家康の征夷大将軍への任命をもって、徳川幕府が発足した。それから政宗は各年を江戸と国許と往復して、やっと本格的な領国経営に着手できるようになった。それ以後、政宗は寛永十三年（一六三六年）五月二十四日、享年七十で死期を迎えるまで、仙台伊達家の土台作りに専念できた。政宗がどのように徳川の政治体制にふさわしい伊達家を作ろうとしたかを、彼の親族を中心とした狭義の伊達家と、家臣団を包摂する広義の伊達の御家の双方に注目してみていくことにする。

2　政宗が目指した伊達の家の形

戦国期の伊達家のあり方

戦国期の伊達家をめぐる親族・親戚関係は、周辺大名諸家同士の関係を構築・維持するための政略結婚や養子縁組として南奥地域を中心に展開していた。時の勢力関係にあわせて離合集散を繰り返した結果、地域内の敵も味方もお互いに重縁で結びついていた。たとえば政宗の宿敵最上義光は母義姫《よし》の兄、南奥で最後に降伏した石川昭光《いしかわあきみつ》は政宗の叔父であった。しかし、統一政権の成立により、一地域内で自己完結するような関係性が意味をなさなくなり、統一政権との関係を構築・維持するために、伏見（のちには京都）・江戸を新しい社交の場にして、地域を超えた連携が常態化した。

戦国期の伊達の家には、江戸時代と比べると際立った特徴がさらに二つある。その一つ目は女性たちの地位であった。当時、当主の子を産む女性は、「奥方《おくがた》」ではなく、一人ずつ「館《やかた》」を与えられ居所とした。正室以外でも「中館《なかだて》」・「下館《しもだて》」などその居所が名称となった。したがって、その人数も限られていたようである。とくに晴宗と輝宗は正室以外の女性と関係をもった形跡はない。もう一つの特徴は、稙宗《たねむね》と晴宗については、産まれた子どものほとんどが成人した（稙宗は十八人、晴宗は十一人）ことだ。豊臣政権以来、大名たちの家族が人質として関白・将軍のおひざ元での居住を強いられたことが、その家族のあり方に大きな変化をもたらした。

正室実家の田村家と伊達家

政宗の正室愛姫《めご》は、父方・母方の祖母二人ともが政宗の曽祖父稙宗の娘であった。愛姫は、田村郡の大名田村清顕《きよあき》の一人娘で、佐竹家からの脅威に対し田村が伊達の援護を得るための典型的な地域内政略結婚であった。入輿は、天正七年（一五七九）愛姫十二歳の時であった。天正十八年の奥羽仕置で田村家が所領没収・家名断絶となった。愛姫と政宗に次男が生まれたらその子に田村の名跡を継がせる約束であったが、その待望の次男宗信《むねのぶ》が十六歳で早世し、田村家の名跡継承問題を忠宗が引き継ぐことになった。

伊達家を徳川家と結ぶ

政宗は、豊臣秀吉に臣従してから政権の中枢部の石田《いしだ》三成《みつなり》に近づこうとしたが、秀吉死去直後から急速に徳川家康に接近した。秀吉死去の五ヶ月後の慶長四年（一五九九）に政宗の長女五郎八姫と家康の六男忠輝の婚約を結び、家康と三成派との対立を煽ることになった。さらに慶長十二年に政宗嫡男虎菊丸《とらきくまる》（忠宗）と家康の娘市姫《いち》との婚約を結んだ。市姫が三歳で夭折すると、家康は孫である池田輝政の娘振姫《ふり》を自分の養女とし、伊達家との婚姻関係の維持を図った。元和二年（一六一六）に二代将軍秀忠が実弟松平忠輝を改易処分にしたことで五郎八姫が離別され、徳川家と伊達家との婚姻関係はいったん断ち切られる結果となった。

図８　伊達政宗正室陽徳院木像
瑞巌寺所蔵

元和三年にはまだ十歳という幼さで振姫が伊達家に入輿し、両家がふたたび婚姻関係で結ばれることになった。虎菊丸と振姫との縁談がまとまった翌年の慶長十三年に、政宗が二代将軍秀忠から松平姓を賜ったことは、伊達と徳川家との間の婚姻関係の深化の延長線上の自然なことであった。このようにして徳川家と政宗との信頼関係が、将軍の代替わりごとに深まっていった。家康と秀忠は死期に臨んで後事を政宗に託し、政宗が死期を迎えた時には三代将軍家光がみずから政宗の屋敷に赴いて見舞った。臣下に対する破格の礼と気遣いは、創設期の徳川将軍家にとって伊達政宗がどれだけ貴重な存在であったかを端的に示す。寛永三年（一六二六）五月四日、政宗七男宗高《むねたか》が在国の妹牟宇《むう》に宛てた手紙で、仙台育ちの宗高が江戸城で初めて「殿様」（政宗）の振舞いを目にして、「ここでの殿様の御威光は言葉に言い表せないほどだ」と興奮気味に書いた言葉は、江戸の武家社会における晩年の政宗の位置を生々しく伝えている（『牟宇姫』二、五一）。

中世以来、伊達家の習わしに反して政宗が最後まで家督を嫡男忠宗に譲らなかったのは、政宗の存在に頼っていた徳川家側の意向が働いていたであろうとする小林の指摘は、正鵠《せいこく》を射ている（小林清治一九五九、一九一頁）。このようにして政宗と家康は、狭義の伊達家に徳川ファミリーのなかでの確固たる地位を付与するため、両者のあいだに強固にして親密な婚姻関係を積極的に結んで、その維持に努めたのである。

政宗の子息たちの境遇

狭義の伊達の家を考える際にもう一つ重要な問題は、政宗が伊達宗家と家臣の線引きをどのように考え、そのうえで「伊達」というイエの設計図をどう描こうとしていたかということである。具体的には、政宗の子息たちと従来からの家臣との関係の問題である。その関係が端的に表現されるのが、政宗在国時の正月年頭儀礼における位置と席順である。記録が残る元和七年（一六二一）から寛永十一年（一六三四）のあいだをみると、元和七年当時の一門衆とは石川民部宗昭（角田）、伊達安房成実《しげざね》（亘理）、伊達武蔵宗則（留守）、伊達安芸定宗（涌谷）の四家であった。いずれも、政宗の大叔父が開祖か養子となっていた家であり、家臣でありながら親族でもあるという扱いにくい存在であった。この一門に対して政宗代および忠宗代のはじめのうち、政宗の子息たちは一門よりさらに高い座位を与えられていた。政宗は御座間から家臣に向かい、一門を先頭に家臣たちが「表」（のちには「大広間」）という一段下がった部屋から主君に対面するという基本構図になっていた。しかし政宗の子息たちは、家臣が参列する部屋ではなく、政宗が君臨する御座間《ござのま》に座っていた。儀礼の場以外に視線を転じると、彼らの知行高はおおむね三万石以上で当時の一門を凌駕していた。

さらに有望な者については江戸に登らせ時の将軍に御目見えをさせたうえ、官位補任と将軍への直奉公《じきほうこう》という、大名取り立てへの道を歩ませていた。四男の宗泰《むねやす》は寛永四年（一六二七）から江戸に常駐し、五万石の格式で将軍に直奉公した。異母弟の宗高は、寛永三年に宗泰と一緒に江戸に登り両御所に謁見し、さらに、宗高だけが兄忠宗の行列に加わって両御所の上洛に供奉《ぐぶ》し、二条城において従五位・右衛門《えもんの》大尉《だいじょう》を受任した。兄宗泰よりあきらかに厚遇されていた。

政宗の構想の頓挫

この段階で政宗は、慶長十九年（一六一四）に宇和島十万石の大名に取り立てられた長男秀《ひで》宗《むね》に続いて、嫡男忠宗以外の子息たちを分家大名に取り立ててもらうことを幕府に期待していたようにみえる。直奉公をさせることもそのための画策であった。さらに分家大名にならなかった子息でも、一門よりさらに上の連枝《れんし》として家臣団内で位置づけようとしたようにみえる。しかし、政宗のこの企ては、早くも暗礁に乗り始めた。二十歳の若さで分家大名取り立ての階梯を順調に登っていた宗高は、二条城における官位に補任された翌月に疱瘡にかかり、京都で客死した。他の子息の多くも、後継者を得ないうちに早世か若死にした。寛永十三年（一六三四）に二代大名忠宗が襲封してからの初入部を果たすまで生き残った弟は、一門岩出山《いわでやま》伊達家の宗《むね》泰《やす》、一門亘理《わたり》伊達家成実の養子となった宗実《むねざね》と、万治三年（一六六〇）に幼君亀千代《かめちよ》（のちの綱村）の後見人として内《うち》分《わけ》大名になった宗勝《むねかつ》の三人だけであった。さらに、忠宗の異母兄秀宗は、伊予宇和島《いようわじま》藩主としてまだ健在であった。政宗は存命中、秀宗を自分の内分大名（自分の家臣に近い位置づけ）として扱っていたが、政宗の死後に秀宗は仙台伊達家との関係を本家・分家からより対等な親戚大名に改めた。以後、宇和島と仙台との間でその相互の立場をめぐる主張の違いがくすぶり続けた。

かくて、子息の生存率の悪さに阻まれ、仙台伊達家の分家大名と家臣団内の最上席としての連枝を創出するという政宗の企てが頓挫した。この計画は、政宗自身の直系の家を多く創出して、自分の血筋による仙台伊達系の継承の安泰と、宗家当主に対する信頼できる輔弼《ほひつ》役を子孫への遺産とすることを狙ったものと考えられる。しかし、この段階ですでに露見していた問題、つまり「奥方」で後継者を産み無事に育てることの難しさが、この先、さらに仙台伊達家の存続を脅かすことになっていった。

3 近世大名としての政宗と家臣団

豊臣政権下の伊達家家臣団

統一政権としての豊臣政権が諸大名に求めた人質（大名の家族や重臣）の京都・伏見定住や、大陸侵略への軍勢派遣と伏見の城郭普請役などの奉仕形態は、従来の戦国大名の領国体制で支えられるものではなく、大名権力の増大・伸長と家臣団統制の強化を不可避とした。あわせて政宗の場合、天正十九年（一五九一）に旧領の大半を没収され、一揆鎮圧で荒廃していた旧大崎・葛西領に転封されたことが家臣団に大きな変化をもたらすことになった。豊臣政権下の政宗の領国経営に関する史料はほとんど現存しないが、後世の史料も参照にするとつぎのような変化が起こったとみられる。

第一には、転封をきっかけにほぼすべての家臣の領地が知行替えとなった。家臣たちは旧領との関係が断ち切られ、かつ知行を政宗からの新しい恩賞として宛行われることになった。それまで伊達の旗下《きか》に属しながら独立領主であると自認してきた大名・国人層は完全に政宗の家臣となることを強いられた。さらに、「地頭」という鎌倉期以来の呼称が藩の公式文書から消え、格下の「給人《きゅうにん》」という呼称に次第に改められた。

第二には、この時に宛行われた知行は、原則、それまでの三分の一に減少されたようである（菅野正道二〇一二）。政宗の所領が転封直前の半分以下に減らされたことを理由とする見解があるが、豊臣政権が課する軍役と、政宗をはじめ多くの人質の長期にわたる上京生活を支えるために、政宗直轄領の拡充を迫られ、即効力のある唯一の方法として家臣知行地を削るほかなかった可能性も高いように思える。

第三には、旧領没収と転封が家臣団構成に大きな変化をもたらした。十八世紀中葉の百石以上の家臣千八十六家の系譜分析から推測すると、天正十九年の転封にしたがった家臣の大部分は上級家臣であり、平士の大半は転封後の政宗と二代忠宗によって召し抱えられたであろう（齋藤鋭夫一九八三、二一三頁）。中下級家臣の不足を補い優秀な家臣を確保するために、転封後政宗は数多くの家臣を新規に召し抱えた。にもかかわらず、家臣団内で古参・新参家臣の区別は設けられなった。そのかわり、仙台伊達家の家臣団内には非常に複雑な階層序列はあったが、古参・新参の区別がなかった限りにおいて、家臣団の中で、働き方次第でだれにでも立身するチャンスがあった。

家臣の由緒の重み

このようにして家臣団の実態が新旧混合でありながら、そのなかにおける家臣の武士としての基本的な性格は、一律に家臣の由緒によって保障されるものとして観念されていた。新興大名の場合、長病など正当な理由があっても相応の役を務めない家臣に対する段階的な減禄・減知、最後には召し放しがおこなわれる措置はめずらしくなかった。仙台伊達家では、役に就かない家臣は知行役という代金を払わされただけで、罰則規定はなかった。この意味において、仙台藩の家臣の武士身分は、藩主から下賜されたものではなくその家固有・古来のものという前提で成り立っていたといえる。地域内の武士を配下にまとめる奥州守護として成長してきた伊達家自身の由緒の自然な結果といえよう。しかしこのことは、のちに大名伊達家の家に対する家臣たちの独自の意識と行動を生む拠り所となった。

家臣団結束にひび

豊臣政権の配下に入った天正十八年（一五九〇）から慶長五年（一六〇〇）の関ヶ原の戦いまでのあいだ、政宗と家臣とのあいだ、そして家臣団内でも激しい変化が起こっていたにもかかわらず、政宗自身はほとんど在国できず領国経営を顧みる暇もなかった。とくに文禄四年の豊臣秀次事件から関ヶ原の戦いまでは、政宗は家臣とその家族などをつねに千人したがえて伏見城下の伊達町に常駐することを強制された。このことは政宗自身および家臣たちにとって耐えがたいほどの経済的負担となった（堀田幸義二〇二〇）。政宗と家臣との意思疎通もおろそかになり、秀吉臣従化以前に鉄壁を誇った伊達家家臣団の結束にひびが入ることになった。重臣の出奔事件（茂庭周防綱元、国分盛重、伊達阿波成実、鮎貝兵庫宗益）も相次いだ不安定な時代であった（小林清治二〇〇八）。関ヶ原の戦後処理が一段落した慶長八年から、政宗が帰国して体制の立て直しを図り、大胆な政策を展開しはじめた。

領国支配の立て直しと検地

その一つは、領内の地方《じかた》支配体制の立て直しであった。豊臣政権の要請で文禄四年（一五九五）に急ごしらえで実測をともなわない領内の指出《さしだし》検地をおこなっていたが、正確さに欠けるものであった。慶長十年（一六〇五）から実測による検地を開始し、元和年間に再検地を実施し、農村と農地、そして蔵入地と家臣の知行地の実態を把握しようとした。これと並行して、農村支配機構の改革もおこなった。中世の惣成敗《そうせいばい》という、重臣による地域支配と年貢諸役徴収請負制度を廃して、官僚である「御代官」による蔵入地支配体制を確立するために試行錯誤を重ねた（籠橋俊充二〇一六）。

家臣による土地開発

政宗が力を入れたもう一つの政策は、家臣団による領内の荒れ地と野谷地《のやち》の開発であった。政宗が新規に召し抱えた家臣の俸禄米の支払いが藩の財政を圧迫するほどに膨れ上がっていた。その支出を削減し、かつ領内に広がる耕作放棄の荒れ地と未開発の野谷地の開発を促進するために政宗は、家臣たちの俸禄を荒れ地、のちには野谷地に換えて、開発に成功した場合には開発地（またはその一部）を高に加増して知行地として家臣に与えることにした。広範囲にわたって農地開発を強力に推し進めながら藩庫の負担を軽減する方法として一石二鳥のものであった（堀田幸義二〇二〇、二〇二一）。

新田開発と多大な陪臣団

ただし、この政策は、その後の仙台藩の社会と政治に大きな影響を残すことになった。対象となる荒れ地は、周囲の農民が長年放置した条件の悪い土地であった。こうした荒れ地・新田開発をするにあたって、藩家臣は、労働力として人を集め、そして開墾した農地から安定的な収穫が採れるようになるまでの過渡期に、開墾者の生活を支えるために相応の金銭を貸し付けた。家臣と開墾者の双方にとって一定のリスクをともなう行為であったため、家臣は、百姓ではなく自分自身の家中（陪臣《ばいしん》）に開発をさせることが多く、開墾した土地も検地して百姓地ではなく、諸役や年貢の負担が減免される奉公人前《ほうこうにんまえ》とされた。既存の家中では間に合わず、家中や農家の次男三男を新たな家中として取り立てる例も少なくなかった。

政宗以降、藩家臣による農地・新田開発が十七世紀を通して進められた結果、最終的に（広義の）武士身分、すなわち農民・町民などとは別の人別改め帳に登録され郡奉行《こおりぶぎょう》（仙台城下では町奉行）の支配に属さないという意味での武士身分の人口は、藩領全人口の約二三パーセントという、全国平均の約三倍という高い水準に達することになった（仙台藩における武士身分の重層性については堀田（二〇一七）を参照されたい）。このようにして、藩士（直臣）の家来（藩から見れば陪臣）が数多く領内で開墾地を耕作する「手作り」状態が広範囲に作りだされることになった。

政宗の死

寛永十一年（一六三四）ごろから体の不調を訴えていた政宗は、寛永十三年四月に参勤交代で国許から江戸に登る途中で体調を崩した。四月二十八日に江戸上屋敷に入ったあと、病状が深まり、五月二十一日に将軍家光が直に見舞いに訪れた。三日後の二十四日早朝に政宗は享年七十で生涯を閉じた。同月二十六日に嫡男忠宗が三十八歳で遺領の相続を許された。

大坂の陣のあとから政宗が目指していた、自分の庶出子による支藩設立や、一門という家臣のさらに上席の三万石級の最上級家臣家の創出は失敗に終わっていた。また、政宗がとくに元和年間に力を入れていた農村の把握と行政機構の確立は、不十分なままに終わっていた。父から六十二万石という大藩と徳川家との親密な関係という遺産を引き継ぐとともに、二代藩主忠宗は、大きな課題を抱えることにもなった。

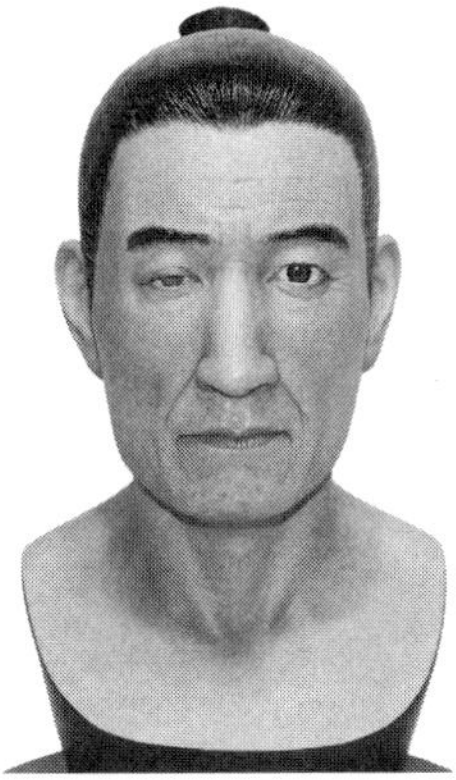

図９　伊達政宗復顔　瑞鳳殿所蔵
法医学による政宗の遺骨からの復元モデル

コラム—2

牟宇姫の手紙にみる大名一族の人間模様

江戸時代の人びとの家族関係をみていると、そこには現代の私たちと何ら変わらない人間の情愛とぬくもりが感じられる面もあれば、当時の人間にとって「当たり前」と信じて疑わなかった家族のあり方には現代人の感覚から大きく外れる側面もみえる。その共通性と落差をみるのには、『牟宇姫への手紙』なる史料集が好材料となる（『牟宇姫への手紙』一・二）。

牟宇《むう》は、初代大名政宗の次女で十四人の子どもの第九子、政宗四十二歳の子であった。政宗には十男四女の計十四人の子どもがいた。正室愛姫が生んだ長女五郎八《いろは》、次男忠宗《ただむね》などの四人以外の子は、牟宇を含め七ないし八人の側妾から生まれた。牟宇は慶長十三年（一六〇八）に産まれ天和三年（一六八三）享年七十六で没した。元和五年（一六一九）、十二歳で伊達家一門首座の石川宗敬《いしかわむねたか》と結婚した牟宇は、石川家への入輿以来、伊具郡角田《かくた》郷にある石川家の在郷屋敷と仙台屋敷のあいだを往来して暮らすことになった。

牟宇姫の母は家臣柴田《しばた》氏の出で、お山《やま》の方（「於山方《おやまのかた》」）であった。慶長十二年に政宗七男宗高《むねたか》（一六〇七—一六二六）を産み、その翌年に政宗次女牟宇を産んだ。宗高に対し、政宗はことのほかに大きな期待をかけていた。元和四年（一六一八）十一月に宗高が元服すると、柴田郡村田《むらた》郷を拠点に刈田郡内と合わせて三万石の所領を与えた。

牟宇姫が相手に差し出した手紙はどれも現存しない。しかし、彼女がたいへんな筆まめであったことの証拠に、石川家には牟宇あての父と兄弟姉妹からの返信の手紙が多数伝わっている。そのなかから同母兄の宗高と、父政宗、異母姉・兄の五郎八姫、秀宗《ひでむね》、忠宗からの手紙を通して、当時の家族関係を垣間見ることにする。牟宇宛の手紙を読んでいると彼女の「得技」は父政宗同様に、人の懐に飛び込んで好かれることだったようにみえる。

兄宗高からの手紙から見る家族関係　一歳上の同母兄宗高が牟宇にあてた手紙は、年代が確定できるものでは宗高二十歳の寛永三年二月九日から五月七日のあいだに集中している。同年の八月十七日に宗高は京都で疱瘡にかかり客死する。二月九日の手紙では、牟宇が宗高の仙台屋敷を訪ね、二人は一夜かけて語り合っても語りつくせなかったとある。宗高は、在国中の異母兄で嫡男の忠宗（「越前」）にしたがって江戸への出発をひかえており、二人はその前にもう一度語り合いたかったのである。

しかし、政宗の子であっても成人した二人は大名の重臣として扱われ、その移動は、すべて「お城」に届けて許可される必要があった。宗高の書状では父親のことは「とのさま」（殿様）と書かれるが、この言葉には、宗高と牟宇にとって父親は主人で自分たちが臣下であるという現実が表されている。殿様に会うためであれば移動の名目はたつが、兄妹の再会のためであれば予定外の移動は許されなかった。それでも宗高は出発前まで「お城」に働きかけて二人の再会を実現しようとしていることを、頼もしい兄貴らしくたびたび妹に書き送った。閏四月三日の手紙で宗高は、二人がやっと同時に仙台にいられるようになったのに江戸出発前の準備が忙しく時間が思うように取れない、その多忙ぶりを牟宇に想像してほしいと書き送っている。念願の再会をはたせずこのように暇乞いするのは、本当に心残りだ。江戸についたら牟宇に頻繁に手紙をだすので、期待して待っていなさいよ、と結ぶ。

図10　牟宇姫実母のお山の方（天渓院）木像
角田市郷土資料館提供，長泉寺所蔵

宗高は仙台を出た翌日の閏四月九日に福島領から早速牟宇に慰みの手紙を出した。しかし、彼の本音は、角田から村田までわざわざ見送りに出向いてくれた二人の乳母の御阿知也《おあちゃ》に情のこもった言葉かけができなかったことを詫びたいが、本人には直接手紙を出せないので御阿知也の主人である牟宇を通して自分の思いを届けようとしたとみられる。牟宇と宗高のあいだの関係を考えると、父母のほかに同じ乳母に育てられたという絆も大きかったようにみえる。また、こうした屈折した形でしか自分の気持ちを大事な人に伝えられなかったところに、武家の主従・身分関係に縛られて生きる当時の人々の姿を垣間見ることができる。なお、御阿知也は、宗高の葬式が村田でおこなわれた日に、追腹《おいばら》を切った家臣十人のうちに数えられる。

閏四月二十二日の手紙では、宗高は江戸には着いたものの、父政宗の屋敷に詰めて、毎日訪ねてくる夥《おびただ》しい数の幕臣たちに対し「きば」（騎場）で「お勤め」して休む暇もない、その姿を想像してほしいと牟宇に書き送っている。現代の感覚で言えば駐車整理担当といったところであろうか。兄の「越前様」（忠宗）までが、父から小姓並みにこき使われている。しかし、自分は二十五日に「上様」（将軍）に「お見舞い」（目見え）がきまっており、自分の希望が叶って大変充実している。五月四日の手紙は、宗高が政宗の屋敷に出勤する前に急いで書いている。自分は奉公に毎日いそしんでおり、牟宇に手紙を書く暇もないほどだ。それでも自分の願いが叶って将軍だけではなく大御所にも御目見えを許され、自分がどれだけ満足しているかを想像してみてほしい。次の目標である上京の予定について知らせたあとに、突然、「ここでの殿様（父親）の御威光は言葉に言い表せないほどだ」と書いている。宗高の興奮が紙面から伝わってくる。そして三日後の七日に宗高が牟宇へ現存する最後の手紙を書いた。父政宗に、宗高が月二回江戸城に詰めるようにとの連絡がとどいたこと、自分が毎日将軍の家来衆とも知り合いになっていることなど、大名への階梯をのぼりはじめていることを記し、最後に江戸で流行っている煙草入れをお土産として贈ると結んでいる。伊達軍勢の先遣隊として忠宗・宗高たちが五月二十日ごろに江戸を発ち、一カ月後に入京したとみられる。七月十日に宗高は大名並みの官位に補任され、八月十七日に没する。

全体を通して、牟宇と宗高は、兄妹のなかでも自分たち二人だけが同じ母親から産まれ、そして同じ乳母に育てられたことによる強い絆で結ばれていると考えていたことが読み取れる。しかし、宗高は手紙の宛名には

「むう」ではなく「うもじ」、つまり石川宗敬正室である「お内」の頭文字をとった女房詞《にょうぼうことば》の文字詞《もじことば》をつかっている。ややよそよそしい宛名にもみえるが、後述するように「うもじ」とは牟宇と親しかった仙台領在住の人たちのあいだの牟宇のあだ名だったかもしれない。

父親政宗　十四人の子どものうち、残存数から判断すると政宗がもっとも多くの手紙を送ったのは、牟宇であった。もっとも早いものは、牟宇の成人のために母親のお山の方を交えて三人で九献《くこん》の儀をあげて祝った翌日に書かれたものである。牟宇が十一歳前後のときと思われる。久しぶりに牟宇母子に会えて思わず酒を飲み過ぎて筆をとるのもやっとであると綴っている。最後にお母さん（「かもじ」）の「酒ぶり」が面白くおかしかったと、お山の方への気遣いを書き綴っている。宛名と日付はない。牟宇に対する父親の深い愛情をあらわすと同時に、そこに大きな「距離」があったことも行間から読み取れる。以後、政宗は折にふれて「むう」・「むもじ」に近況を知らせたり、鷹狩りや釣りの成果を贈ったりして牟宇に生涯を通して手紙をたくさん送ったが、そこには「殿様」でありながらも娘を気遣う父親の姿があり、そして文章の結びにかならずお山の方のことを気遣う言葉を書き添えている。

長兄伊達秀宗からの手紙　政宗の長男で宇和島藩主となった伊達秀宗から牟宇宛の手紙三通が現存する。いずれも正保二年（一六四五）の四月から五月に書かれたものである。天正十九年（一五九一）生まれの秀宗は人質として伏見そしてのちに江戸で育ち、父政宗の葬式が寛永十三年（一六三六）六月に仙台でおこなわれるまで、おそらく牟宇に直接会うことはなかった。三通の手紙の宛名が「むう」となっており親しみを感じさせる。手紙の内容には読み物（和書）と薫物《たきもの》を秀宗が牟宇に贈っていることが記され、牟宇が夫宗敬と二人で趣味・教養を通して秀宗と親しく交流していたことが知られる。秀宗は、父政宗という重石から解放されて兄妹を発見して喜んでいるようにみえる。

五郎八・忠宗との交流　五郎八と忠宗はともに政宗正室の愛姫《めごひめ》の子であり、五郎八は十四歳、忠宗は九歳牟

図11　牟宇姫夫の石川宗敬木像
角田市郷土資料館提供，長泉寺所蔵

宇より年長であった。五郎八は、夫松平忠輝《ただてる》が元和二年（一六一六）に改易されたのちに仙台城傍の西屋敷でくらすことになった。教養人で酒豪でもあった五郎八にとって牟宇は心を許せる大事な相手で、牟宇が在仙のときに生母や子どもと同伴でしばしば五郎八の屋敷に招かれた。兄宗高との交流が厳しく規制されていたのとは対照的である。五郎八主宰の宴会では、忠宗とも交流することができた。牟宇長女おるり（のちに千代鶴と改名）の縁談について五郎八が牟宇の良き相談相手となり、話が一回こじれた時に五郎八が「とのさま」（忠宗）に仲介を頼んで、五郎八と忠宗がおるりの縁談成立を支援した。

忠宗から牟宇への手紙は、おおむね儀礼的な内容となっており、「兄」よりも「殿様」を感じさせる。宛名も「民部《みんぶ》との御内へ」や「かく田つほね（局）」と、他の兄弟より儀礼的である（「民部」は夫宗敬の通称であった）。おるりの縁談仲介を忠宗に頼むときに同母姉の五郎八でさえ「殿様」に大変気を使っていたようすがうかがえる。対して五郎八は、牟宇のみならずその生母の妙安（落飾したあとのお山の方の名前）とも非常に親しく付き合い、おるりの縁談成就を妙案と祝ってひどい二日酔いになることもあった。前述のとおり五郎八から牟宇への宛名は、「御うもじ」が多い。

夫石川民部宗敬からの手紙　牟宇の夫民部宗敬は、牟宇より一歳年長であった。結婚したときは十三歳で、結婚の二年後の元和七年（一六二一）に十五歳の若さで角田石川家三代当主となった。二人の第一子が産まれるのが寛永七年（一六三〇）牟宇二十三歳のときであり、合わせて五人の子宝に恵まれた。宗敬が側妾をおいた記録はなく、夫婦仲は睦まじかったようにみえる。なお、宗敬祖父昭光の代から石川家の当主は側妾をおかなかったようである。

宗敬から牟宇宛の年代不詳の手紙が一通だけ伝存する。政宗が仙台に帰国中に、涌谷の伊達安芸の仙台屋敷で夕方に祝儀の能が催され、宗敬は、政宗から突如その場で舞うように命じられた。手紙は妻への翌日の報告である。「あなた（牟宇）にお灸をすえてもらった瘡《かさ》がとても痛かったが、でも（自分が）でかしたぞ！　殿さま（政宗）から二、三度もお褒めの言葉をいただき、そしてその他の皆にも褒めてもらえた。だから（角田のお屋敷の）皆に集まってもらって喜びなさい」と書いた。それでも興奮が収まらなかったらしく、追伸文では牟宇に仕える侍女の名前を一人ずつあげて「皆にこの一文を見せなさい。本当は、皆にもあまりにも褒められて困るぐらいです。とくに安芸殿は、激しい咳に声も震えて、心配したほどです。あとは、会ったら詳しく話す」と結んだ。涌谷伊達家と角田石川家はともに、伊達一門のなかで能楽を自家のアイデンティティにしており、突然その場で舞うように命じられた宗敬の緊張感と、なしとげたあとの高揚感、そして妻に対する思いも時を超えて文面からあふれ出してくる。しかし、夫であっても手紙の宛名は、意外にも「おうもじ」であり、牟宇ととくに親しかった宗高と五郎八と同じである。だれからも好かれる可愛い性格の牟宇にふさわしい、可愛いらしい愛称だったかもしれない。

三　二代忠宗
大改革の実行

1　二代忠宗の治政

忠宗の襲封

父の跡を継いだ忠宗は、万治一年（一六五八）に六十歳で死去するまで、強力な指導力を示した。

忠宗は、成人してから父政宗と交互に国許と江戸を参勤し、寛永三年（一六二六）には両御所の秀忠、家光の上洛に独自の備えを引率して供奉し、また江戸において諸大名とも独自に交流をおこなっていた。ほかに、江刺《えさし》郡岩谷堂《いわやどう》（現岩手県奥州市）においてお部屋領を与えられ、城代をおいて所領支配をおこなっていた。襲封した時点で忠宗は、大名として必要な経験を多く積んでいたのである。そして、政治姿勢についての明確なビジョンも持ち合わせ、その実現に向けて矢継ぎ早に大胆な政策に着手した。

奉行職制の制定—官僚制の整備

襲封してから初めての入部となった寛永十三年八月二十二日のわずか四日後に、忠宗は奉行職、他藩でいう家老職を任命した。奉行職自体はすでに政宗の代に設置されていたが、彼らは政宗の意思の代行者という役割をもっていたらしく、奉行たちが連名で重大な指示や法令を出すという役割はなかった。忠宗が任命した六人のうち、四人（石母田宗頼、中島意成、茂庭良綱、奥山常良）は政宗代からの再任で、あらたに忠宗側近の津田《つだ》頼康《よりやす》と古内重弘《ふるうちしげひろ》が加わった。政宗は最後まで自分の黒印が押された形で命令を出す形式の文書にこだわったが、忠宗代の重大な法令などは奉行職連名で出される形式の文書にとってかわっていく。

仙台藩における官僚機構による本格的な政治の始動であった。奉行職の再編と一緒に、忠宗はあらたに評定役《ひょうじょうやく》を新設して五人を任命した。そのうちの二人も、政宗代の奉行職経験者であった。このようにみると忠宗の新体制が政宗の治政をほぼ引き継ぐもののようにみえるが、この先、間髪を入れずにより踏み込んだ刷新が進められていった。

奉行職については、月五回の定例会合をもち、奉行を三組に分けて一組は忠宗と一緒に参勤して江戸屋敷担当となり、残る二組は国許担当という、月交代勤務体制を定め、さらに奉行職の勤務規程を作り、奉行の執務する場所としての裁許所《さいきょしょ》を建設した。このようにして、個人の資質に左右されない官僚としての奉行体制を整えた。

監査の目付役

続いて九月に忠宗は目付役《めつけやく》七人を任命した。目付役は当初二組に分けられていたが、寛永十九年（一六四二）に職務規定が定められ定員八人に増員されたうえ、奉行同様に江戸勤番、国許当番、非番の月ごと交代制に改められた。目付役は、諸役人の勤務状況や藩士の動向を監視する役目で、健全な官僚体制を維持するための必要不可欠の監査役である。

図12　二代　伊達忠宗
仙台市博物館所蔵

財政担当の出入司

もう一つ、政治運営上欠かせないものが適切な財政運営である。十月に入って忠宗は、仙台藩の勘定奉行にあたる出入司《しゅつにゅうつかさ》の前身となる財務官僚の任命に着手した。手始めに江戸担当者を任命し、くだって正保一年（一六四四）にあらたに国許担当を、最終的にはもう一人を加えて「三人衆」と呼ばれる体制を築き上げた。これまでの制度改革は、三代将軍家光が寛永十年から着手した幕府官僚体制の整備との強い類似性をもつがゆえに、それを青写真にして進められたとみられる（『仙台市史』近世1、二〇七～二一二頁）。

町奉行と郡奉行などの設置

城下町の町人支配を担当する町奉行、郡村支配を担当する郡奉行・代官の職はすでに政宗代に存在していた。しかし、政宗の町奉行は担当する地区を各自単独で支配したのに対し、忠宗に代わってすでに寛永十三年から担当地域の区分を廃して城下町全体を担当する合議制度に改まったようである。郡村支配を担当する郡奉行（ないし「郡司」、一郡全体を担当、城下町勤務）と代官（各郡内の担当区域ごとにおかれ、代官は現地の代官所に赴いて勤務する）は政宗代には蔵入地だけを把握・支配しており、給人知行地については管轄外であった。忠宗の行政改革の目玉の一つは、給人知行地を蔵入地と同等に郡奉行・代官の管轄に取り込むことであった。

給人私成敗の禁止

手始めに寛永十四年十月に奉行連署で「諸給人《しょきゅうにん》」が「町人百姓」を「私として成敗」することを禁止する法令を出した（『仙台市史』資料編1藩政35）。おもに年貢未進・滞納の百姓を想定して、給人が藩の裁判を経ずに自分の裁量で滞納の百姓を処罰してはならない、という内容であった。続いて、翌寛永十五年には、奉行連署で郡奉行宛に「御物成方《おんものなりかた》」という条目が出された。この条目の特徴は、蔵入地における年貢諸役を定める一方で、給人知行地における年貢諸役徴収の基準を蔵入地なみとすることと、給地固有の諸役（給人の仙台屋敷での労働など）を貫高《かんだか》（石高）を基準に徴収することを定めているところにある。裏返していえば、この法令は仙台藩で蔵入地と給地を別系統のものとして扱う最後の公文書となる。

寛永総検地で大改革

寛永十三年十一月に、政宗代の元和検地帳が収められていた若林御牒蔵《わかばやしごちょうぐら》で火事が起こり、検地帳はすべて焼失した。そして翌年六月に大洪水が起こり田畑が甚大な水害を受けた。この二つが相まって政権内で領内全域を網羅する総検地の準備が着手された。検地実施の条目が寛永十七年八月に出され、検地の完成を受けて、寛永二十一年（十二月に正保と改元）に家臣団全員に忠宗黒印の知行宛行状《ちぎょうあてがいじょう》と検地帳の記載内容を基準とした知行目録（検地奉行連署）が出された。これと並行して郡奉行、代官、給人そして農民を対象とする新しい支配方式を詳細に定めた「御村方万御定《おんむらかたよろずおんさだめ》」が出された。検地帳に記された高（仙台藩では「石高」ではなく「貫高」）に基づく支配原理を領内に一律に広める大改革であった。

「高」による支配の確立

寛永の総検地の評価については、それまでの一反を三百六十歩とする古い測量法を改め豊臣政権以来標準となっていた三百歩とし、よって機械的に貫高を二割多く作り出し家臣の知行高を二割「加増」するように見せかけたことに注目が集まるが、仙台藩の農村支配原則を「高」に基づくものとして定量化したことの意義の方が大きかった（さらに隠田摘発により藩蔵入地の拡大も図られたとみられる。モリス〔一九八八〕第二章参照）。

家臣知行の変質

「高」に基づく支配原理を家臣の知行からまずみてみよう。知行地の内容は、検地帳と連動する知行目録に記載される土地だけに限定される原則になった。検地帳に記載される土地とは田畑だけであったので、田畑以外の土地は藩から特例として許されない限りは給人の支配が及ばないものとなった。そして給人の支配権、つまりどういう種類の年貢諸役をどれだけとれるかが知行地の貫高を基準に定量化・標準化されることになった。元和検地まで給人が田畑の名請け人となることもあったが、寛永検地から、土地を実際に耕作していた家来（仙台藩では「家中」または「下中」と呼ぶ）が名請け人として記載され、給人の耕地名受けは廃止された。

農村支配の一元化

百姓の視点から寛永検地の意義を考えると、元和検地で蔵入り・給地別に作られていた検地帳が初めて一村単位で作成され、以後、藩の法令で蔵入地と給分（家臣知行地）がともに藩の直接支配下に包摂されるものとなった。つぎに、元和検地では百姓屋敷は検地帳には記載されていなかったが、寛永検地から屋敷地が畑として記載されることになった。この変化の意味が大変大きかった。中世以来、百姓の屋敷は「在家」として支配の単位であり、領主の百姓使役権は屋敷地の領有権と深く結びついていた。元和検地で百姓屋敷が検地帳に記載されていなかったことは、百姓屋敷が稙宗以来の「棟役帳《むねやくちょう》」のような形で把握されていたことを示す。寛永の検地帳で百姓屋敷が畑と同じ扱いになり、「御村方万御定」では田畑にかかる諸役が高に基づいて定量化・銭納化されたことは、給人の百姓に対する人身的支配がほぼ否定されたことを意味した。

人数改帳と百姓身分の成立

これと連動して、農民把握の基本となる「人数改帳《にんずうあらためちょう》」も一村単位で作成されることとなった。江戸時代には人が登録されている人数改帳によってその人が属する支配系統が決まった。農村の人数改帳に記載されていれば村肝煎《きもいり》・大《おお》肝煎・代官・郡奉行の支配系統に属し、たとえば犯罪を起こしたときにこちらの系列で捜査と裁判、そして刑罰を受けることになる。同じ農村内に居住していても、給人の家中は、重犯罪を別とすれば同じ犯罪でも主人の捜査と処罰を受けることが原則であった。つまり、寛永検地のあとに、領内の百姓が給人の人数改帳ではなく村肝煎がまとめる人数改帳に記載されたことは、一定限度内で認められた夫役をのぞけば、もはや領内の百姓は年貢諸役を上納する以外に給人の支配を受けないことを意味し、ここに仙台藩における公的身分としての近世的な百姓身分が完成したのである（ただし、慶長期までに固定された一部の大身家臣の知行地において給人と主従関係をもつ「家中百姓」は残った）。

2　給人の「私成敗」にみる政宗と忠宗の治政の違い

以上、忠宗の大改革の意義を理解するために、政宗代に起こった一つの事件を検証することにしたい。

慶長十二年事件の顚末

忠宗の農政改革の始点は給人の私成敗《しせいばい》の禁止にあったが、実は、政宗はすでに給人による「私成敗」を禁止していたのである。それを示すのが慶長十二年（一六〇七）正月五日に起こった屋代《やしろ》勘解由《かげゆ》兵衛《ひょうえ》景頼《かげより》改易事件である。ことの発端は、給人が起こした百姓成敗事件であった。屋代は政宗の幼少のとき以来の側近で天正十九年（一五九一）から慶長五年まで岩出山御留守居役を務めるなどして、政宗の長期の在京を支えてきた人物である。成田一平というある給人の知行所の百姓が年貢未進（未納）を重ねたうえに無礼を働いた。成田がこの百姓の扱いについて当時国奉行であった屋代に相談すると、屋代は「其身《そのみ》ニ下サレタル百姓ナリ、存分ニ計《はからう》フヘシ」と答えた。これを受けて成田は百姓を斬殺した。成田の知行所は、支倉久満《はせくらひさみつ》からの分地であった関係で支倉がこの事件のことを別の奉行の奥山兼清《おくやまかねきよ》に通告し、奥山がその内容を政宗に報告した。政宗は、激怒して「百姓ヲ成敗スル事、甚《はなはだ》夕不法ナリ」といい、成田を領外追放に処した。しかし、屋代は成田を自分の知行所で匿った。政宗からの数々の催促を受けても成田を囲い続けた屋代は、改易となった（『治家記録』二巻）。

政宗の政治の特徴

この事件には、政宗代の政治の特徴と問題点が凝縮されている。まず、政宗はすでに給人の私成敗を禁止していたらしいが、それが明文化され周知されていたならば、この事件は起こらなかった。よって、成田から相談を受けた屋代は自分の考えを述べたが、これが政宗の考えと衝突した。すなわち重大な決定でも奉行個人の判断でおこなわれていたのである。

しかし、家臣団のなかには支倉と奥山のように、成田・屋代と違った考え方・価値観をもつ家臣もいた。屋代が表明した「その身に下される百姓をすきにしてよい」という価値観は、戦国時代以来のものであった。政宗としては、おそらくこの価値観を否定する決定や判例を米沢時代からすでに重ねてきており、それが周知の既成事実で明文化するまでもないと考えていたのであろう。そして成田の知行百姓たちが訴え出る相手として選んだのは藩の代官ではなく、自分たちのもとの領主であった支倉であった。百姓のこの選択は、当時の藩代官制度が未発達なこと、「良い」給人との関係の強さと「悪い」給人との関係の脆さをあらわにしている。

忠宗の改革のねらい

またこの事件には、忠宗が襲封間もなくから遂行した藩政刷新の背景が如実に表れているようにみえる。列挙すれば、政宗の政治スタイルの限界・欠陥とは、重大な決定を個人に任せるのに政宗自身が政治の細かい決定にまで深入りすること、法令を制定せずにその場限りの命令書（黒印状）で行政を回すこと、全体としての官僚制度が不充分であること、そして百姓に対する給人の恣意的支配の温床となる属人的な関係には手をつけていなかったことなどである。

忠宗の一連の改革は、官僚機構と法律に基づく支配の確立により、政治・行政の一貫性の保証と恣意性や暴力の排除を狙ったものであった。百姓が給人に「下サレタル」身分であるという観念が、一部の特例（後述）を除けば、この一連の政策によって完全に絶ち切られたのである。忠宗の家督就任からわずか八年の間に実現したこの改革は、それ以後、仙台藩の礎として継承されることとなった。

3　忠宗とお世継ぎ

正室の男子は夭折

忠宗の治世を伊達家という視点からみると、最大の課題はお世継ぎの確保であった。

忠宗の正室は七歳年下の徳川家康の外孫振姫《ふりひめ》（孝勝院《こうしょういん》）であった。伊達家に入輿した元和三年（一六一七）に振姫はまだ十歳であった。初産は十四歳のときで、第二子光宗《みつむね》を寛永四年（一六二七）二十歳のときに産んだのを最後に出産の記録はない。待望の長男として産まれた第二子の虎千代丸《とらちよまる》が七歳で早世し、光宗も正保二年（一六四五）に十九歳で夭折した。若年出産を重ねた無理がきたのであろうか。

側妾は家督相続後

忠宗としては、光宗がまだ健在のうちでも後継者候補となる男子が一人しかいないことの危うさを身に染みて知っていたはずである。自分の兄弟姉妹十四人のうち、四十歳過ぎまで生き永らえたのは半数以下の六人だけであった。正室との間で子の誕生を期待できない以上、側妾《そばめ》に産ませるしか選択肢はなかったのに、忠宗の側妾の子が初めて産まれるのは、光宗の誕生から十年後の寛永十四年四月の宗良《むねよし》の誕生であった。以後、あわせて七人の庶出子が仙台で産まれた。この十年間の空白と、庶出子が江戸ではなくすべて仙台で産まれたのは、三代将軍家光政権のもとでは、大名には嫡出子以外の庶出子の存在すら公的には認めないとする強固な一夫一妻主義が採用されていたことによる。つまり忠宗が家督を継いで国許に側妾とその子どもを囲えるようになるまでは、側妾をおける客観的状況は整っていなかった。

仙台城二の丸と子づくり計画

忠宗は、仙台藩の官僚組織の整備に取り組んでいた最中の寛永十六年に仙台城に新しい二の丸を建設した。儀礼的空間が中心となっている本丸と違って、二の丸は、新しい官僚組織の執務空間である「表」と、「中奥《なかおく》」という大名の私生活空間と、側妾とその子供たちおよび大名に仕える奥女中たちの生活空間からなっていた。つまり仙台城二の丸建設は、官僚組織に必要な空間を確保すると同時に、伊達家の継承と安定を図る機能を担う中奥空間を新設するという、仙台藩と伊達家の存立にかかわる一大建設プロジェクトであった。

綱宗が継承者となる

仙台二の丸で、忠宗の庶子として七人の男子が寛永十四年（一六三七）から慶安一年（一六四八）の間に産まれたが、元服を迎えた六人のうち、五人までが家臣の養子となった（そのうち宗良は、忠宗生母陽徳院〈愛姫〉の遺言により田村家を再興した）。残った巳之助《みのすけ》（綱宗）は、本人が二歳のときに母親が死亡した。幼い綱宗を憐れんだ振姫は、忠宗に頼んで綱宗を秘密裏に江戸に登らせ実子と装った。忠宗のお世継ぎ光宗が正保二年（一六四五）九月に死去すると、正保三年八月に当時七歳の巳之助が家光にお目見得を果たし、将軍から伊達家の継承者として公認されたのである。振姫の養子とはいえ、庶出子の綱宗を正当な継承者として幕府に認めさせるのに時間を要したとみられる（以上、清水翔太郎〔二〇二二〕による）。光宗の夭折により政宗と家康・秀忠が築き上げようとした両家の特別な関係は途絶えることになった。

二代忠宗は、万治一年（一六五八）七月享年六十にて仙台で没した。正室振姫（落飾して孝勝院と号する）は翌年の二月、享年五十三にして夫を追うように死去した。

忠宗治世の評価

仙台伊達家の歴史を語るときに、初代大名政宗の存在があまりにも大きいために二代忠宗の存在が過小評価されることが多い。歴史物語としてみた場合に政宗の生涯は魅力的であるが、政宗のワンマン体制が遺したもろもろの課題の解決のために、緻密でありかつ藩政の隅々まで行き渡る大改革を集中的に立案して成し遂げた忠宗の手腕も並はずれていた。家督就任直後からこれだけ大掛かりな改革を進められたのは、いくら忠宗個人が優れていたとしても、容易なことではなかったはずである。改革の構想は、忠宗の家督就任前から奉行などとの間ですでにある程度準備されていたのであろう。さらに、総検地・総知行割のように家臣の利害関係に深くかかわるような事業が家臣団から表立った反対もなく受け入れられたことも、上層部と一般家臣との間の信頼関係と何かの共通認識があったことを示唆する。背景には、政宗代の体制では安定的な農村支配が維持できないという問題意識も共有されていたと思われる。幕末まで、忠宗の改革に匹敵する規模の藩政刷新を成し遂げられた当主がいなかったことには、忠宗個人の資質のみならず、彼が改革に取り掛かった時代的背景が反映されていると考える。

忠宗の実績を正当に評価すると同時に、彼が次世代に大きな課題を遺したこともまた事実である。第一に蔵入地不足による藩の財政基盤の脆弱さである。家臣団の多さとそれにかかる財政的負担は、忠宗が父政宗から引き継いだ課題であった。総検地と総知行割を機に、忠宗が家臣知行地の思い切った削減と大身家臣による大規模な新田開発の制限にまで踏み込まなかったことが、改革の支持を得るために必要な妥協だったであろう。第二には、官僚組織トップの奉行については、候補者が一部の上級家臣に限られるという身分序列の縛りに阻まれ早くも六人による合議体制の定員が埋められず、忠宗死去時には三人だけとなっていた。上級家臣のなかに奉行職に適した人材が不足し、制度のほころびが露見しはじめていた。第三には、家光の庶出子相続の禁令が解かれた後で、嫡男光宗の死後に忠宗が適切な後継者を育成していなかったことである。この三つの課題が複雑にからみあって、忠宗死後すぐから永らく、形をかえて伊達家の安定を脅かす不安定要因となった。

四　伊達家の十七世紀後半と御家存続の危機

1　三代綱宗　三年で終わった三代目

二代続いた大名の強制隠居

十七世紀後半は、二代にわたって大名の強制隠居という、伊達の家の存続の危機が訪れた。忠宗が大名による権力の乱用を封じ込めるためにつくりあげた官僚制度は、三代綱宗《つなむね》と四代綱村《つなむら》の不行跡・奇行によって厳しい試練を受けた。二人の治政を論じるときには、強制隠居というその終焉に注目が集まりやすい。綱宗は政治的な混乱を、綱村はさらに財政的な混乱も遺したが、彼らの政治には新しい伊達家のあり方を目指す動きもあったことに注目したい（以下、断らない限り平川新〔二〇二二〕による）。

三代綱宗の一生

三代目綱宗は寛永十七年（一六四〇）仙台城で産まれ、幼名は巳之助《みのすけ》であった。母は忠宗の側妾貝《かい》姫で京都町人の娘とされる。出産の二年後に実母が死亡し、孤児となった巳之助を忠宗と正室振《ふり》姫が江戸にひきとって正妻嫡出の子として育てた。当時忠宗と正室との間の嫡男光宗《みつむね》が順調に成長していたが、嫡出の男子が他にいない状況で補欠を確保する必要があった。忠宗夫妻の懸念は正保二年（一六四五）に現実となった。光宗が急死し、巳之助が嫡男となった。翌年の巳之助六歳のときに将軍家光に謁見し伊達家の嫡男として認められた。十五歳になった承応三年（一六五四）に江戸屋敷で元服し、四代将軍家綱の偏諱《へんき》を拝領して綱宗と名乗った。万治一年（一六五八）七月十二日に父忠宗が仙台で没したあと、綱宗が九月二日に幕府から家督を許された。しかし、早くから不行跡が問題となり、親類の勧告や家臣の諫言《かんげん》を無視したすえに、重臣一同の隠居願いに

図13　伊達綱宗作成と伝わる琴　仙台市博物館所蔵
上：全体図／下：側面の蒔絵

より万治三年七月、二十一歳のときに強制隠居となった。跡式は、生後十五カ月の長男亀千代《かめちよ》（四代綱村）が継いだ。その後、綱宗は正徳一年（一七一一）に享年七十二で没するまで、伊達家の品川屋敷で、文学と芸術に非凡な才能を傾けて暮らした。

なお、綱宗の実母が公卿の櫛笥隆致《くしげたかちか》の次女であり、隆致の長女を母とする後西《ごさい》天皇と綱宗が従兄弟の関係にあったとする説があるが、平川新によると、この説は、継嗣となった綱宗の血筋をよくみせるための忠宗による粉飾であった。承応二年にまだ良仁《ながひと》親王であったのちの後西天皇が勅使として江戸を訪れたときに、忠宗が貝姫を櫛笥家の系図に加えてもらうように櫛笥家に頼んだと平川は推測している。現に、綱宗が親王とその生母の蓬春院《ほうしゅんいん》に進物を献じて厚誼を深めるようになるのは、承応二年ころからであった。

綱宗の襲封

忠宗の逝去直後に、伊達宗勝《むねかつ》が江戸で次期当主となる予定の綱宗に会って、当面の政権運営についての考え方を訊ねた結果を、七月十七日に国許を預かる奉行の茂庭定元《もにわさだもと》宛に手紙で報告し、綱宗の細やかさに感動して「日本一の御大将」と褒め上げた。承応三年（一六五四）十五歳のときに元服して以来、綱宗は父の名代として江戸城や江戸屋敷での儀礼に参加して、次期当主となるための修行を重ねており、重責に見合う心構えと自覚はできていたようである。ただし、宗勝の手紙の裏側に深刻な不安要素があった。

承応四年（一六五五）から父忠宗は、綱宗の行状に不安を抱き、奉行をはじめ側近にまで綱宗を監視させるようになっていた。それでも綱宗の問題行動は改まるどころか、かえって悪化した。万治一年（一六五八）に急死する直前のころには、忠宗は息子を勘当同然の状況にしていた。父子不和の原因は綱宗の酒乱であり、存命中に忠宗は綱宗に酒を一滴も飲ませないよう断酒を厳命していた。家臣団内で綱宗の問題行動が知れわたり、綱宗の襲封がせまると辞職を願い出る家臣も出はじめていたが、宗勝は、実際に会ってみると年を感じさせない綱宗の成熟した態度に感銘を受けた。

家督を継いだ翌月に綱宗は、自分の重臣として見守ってきた大條兵庫宗頼《おおえだひょうごむねより》を奉行に加え、さらに江戸藩邸の留守居、番頭《ばんがしら》と小姓頭《こしょうがしら》を交代させた。藩政に対する実質的な指導権を行使しはじめ、自分の意気込みを示した。さらに年末に伊達宗勝に七千石の加増をおこない、自分を支えてくれた労をねぎらった。万治一年十二月に綱宗は左近衛《さこのえの》権少将兼陸奥守《ごんしょうしょうけんむつのかみ》に任じられた。また、同じ月に幕府が国目付二人の仙台への派遣を決定し綱宗治世の安定化を図った。

大名としてのもう一つの責任として、万治二年三月に側妾《そばめ》の三沢初子《みさわはつこ》が江戸で綱宗の長子を産み、後継ぎも確保した。幼名亀千代、のちの綱村の誕生であった。

図14　三代　伊達綱宗　瑞巌寺所蔵

長子誕生の翌月に綱宗が襲封後初めての入国を許され、万治二年五月から国許で過ごした。その間に代替わりの家臣との謁見の儀礼と知行宛行状の発給、領内巡検をはじめ、寺社への参詣と修造、鷹狩りといった藩主としての務めと儀礼をこなし、翌年の三月に江戸に登った。このときから異変が表面化した。

万治三年二月に幕府は仙台藩に小石川堀《こいしかわぼり》の手伝普請《てつだいふしん》を命じた。総延長四キロメートル以上の大工事で、仙台藩の総力を挙げて取り組む体制で臨んだ。しかし、工事がまだ進行中の七月十八日に幕府から綱宗逼塞《ひっそく》・閉門《へいもん》の処分が、続いて八月十五日に綱宗隠居、亀千代の家督相続が命じられた。さらに伊達宗勝（綱宗の叔父）と田村宗良《たむらむねよし》（綱宗の異母兄）に亀千代の後見と仙台伊達領内から三万石ずつの内分大名としての分与が命じられた。綱宗治世の終焉と亀千代が成人するまでの後見人体制による政権運営の始まりであった。

親族大名の介入

綱宗の不行跡と強制隠居をめぐって、江戸時代以来、脚色された陰謀説などが流布した。しかし、実際には綱宗の不行跡と御家の存続を憂える親族大名と、一門をはじめとする重臣たちとの連携が強制隠居に結実した。

襲封後の綱宗の不行跡とは、酒乱による不作法・乱暴・奇行であった。この問題行動は万治二年の入部中からすでに表れていた。奉行がたびたび諫言していたが、江戸に帰ったあとに問題行動がさらにエスカレートした。幕命による小石川堀普請が始まる五月十九日以前の五月八日に、すでに立花忠茂《たちばなただしげ》（筑後柳河藩主）が池田光政《いけだみつまさ》（備前岡山藩主）を訪ねて、綱宗の不行跡への対処法を相談した。そこに京極高国《きょうごくたかくに》と伊達宗勝が加わり、主席老中酒井忠清《さかいただきよ》に仙台藩の窮状と救済を訴える相談をした。

池田・立花・京極は、元来、伊達家と接点のない西国大名であったが、池田家は忠宗正室振姫の実家、立花忠茂の正室は忠宗・振姫の第一子で綱宗の異母姉、京極高国の正室は政宗の四女千菊《せんぎく》姫で綱宗の大叔母という関係で結ばれていた。さらに伊達宗勝は、正室が立花忠茂の義妹で実の姪であり、宗勝嫡男宗興《むねおき》の正室が酒井忠清の養女で、その姉が忠清の正室であるという関係にあった。伊達の御家は、統一政権の成立によって全国にわたる諸大名との婚姻・縁戚関係をもつにいたっていた。この関係は片側が危機に陥ったときに支えあう重要な生き残り戦略となっていた。

しかし、この時点では綱宗の異母兄の田村宗良と奉行たちは、綱宗の更生にまだ一縷の望みを託して、綱宗排除の急先鋒を担った宗勝・立花忠茂と距離をおいていたようである。両者の隔たりは、立花らが酒井に提出した三条の書付に表れている。その第一条では奉行たちが綱宗に意見しないことが不届きであること、第二条では綱宗のもとでは藩内が治まらないこと、第三条では綱宗の不行跡を増長させている側近を排除すべきこととなっている。事実、奉行たちは前年から綱宗に必死に諫言していた。その効果が上がらないことを、立花らは奉行たちの怠慢と決めつけており、対立していた。むしろ、この書付の第二条で綱村には統治能力なしとする主張には、後に見るように、より重大な意味があった。

五月八日の会議から六月中旬までのあいだに、酒井忠清、徳川頼房《よりふさ》（常陸国水戸藩主）をはじめ、縁戚親類大名そして藩内の実力者から綱宗への再三の忠告・諫言がおこなわれたが、綱宗の不行跡は一向に改まらなかった。最終的に、幕府の内意を確認してから、家臣最高層の一門七人と奉行などによる計十四名連署の、綱宗隠居・亀千代相続を願う証文が立花飛驒守《ひだのかみ》（忠茂）・伊達兵部大輔《ひょうぶたゆう》（宗勝）宛てに届けられ、二人から老中に提出された。

綱宗の隠居と家をつなぐ女性たち

以上のように、綱村の処分は幕府老中から突然言い渡されたものではなく、仙台伊達家から始まった働きかけに続く長いプロセスの末に出されたものであった。その始まりが藩内から漏れてくる声を拾い上げた立花忠茂であったことが特徴的である。この時点で伊達の家臣たちは、家来という立場で若き主人の暴走をとめることはできず、忠宗・振姫の第一子という正統性をもつ忠茂正室鍋姫《なべ》に実家の窮状を訴え、鍋姫が夫を動かしたのであろう。忠茂が綱宗降ろしの急先鋒に立ったのも、やはり鍋姫の存在が大きかったと考える。このようにして自力で解決できない問題、とりわけ幕府との関係で仙台伊達家の存亡にかかわるような危機的状況において、伊達の「家」は娘たちの嫁入り先の家までを恃《たの》んで危機を乗り切ろうとした。その場合、実際に表で活動したのは娘たちの夫であったが、綱宗隠居に際して女性によって結ばれる「家」と「家」とのきずなの強さとその効果が如実に表れている。さらに幕府の方では、江戸時代初期の武断主義から転じて大名家間の横のつながりを利用して問題を穏便に処理する方針に切り替わっていたことも、この騒動の結末にとって重要であった。

綱宗の葛藤

綱宗の治政について、彼の隠居とそれに続く伊達騒動という大事件があまりにも劇的であるため、綱宗がなぜ不行跡におよんだか、そして彼が当主の座にいた三年間にどのような政治を目指したかという問題について等閑《なおざり》にされてきた観がある。伊達宗勝がかつて「日本一の御大将」ともちあげた聡明で繊細な青年綱宗は、和歌をはじめ美術の多様な分野で非凡な才能を兼ね備えた希代の逸材であった。そのような人物を自暴自棄な自滅行為に駆り立てたものは何であったか。

綱宗の親子関係

「酒乱」ですまされてきた綱宗の不行跡の背景に本格に切り込んだのは、清水翔太郎（二〇二二）である。清水は綱宗の生涯を通した人間模様を検討して、彼の行動の根底には血縁関係（母方の伯母、異母兄弟）を重んじる傾向が強く表れていると指摘する。綱宗は実母の記憶はなく、物心がついたころから忠宗正室振姫を母として認識してもおかしくない。にもかかわらず、綱宗が振姫と母子の情をむすんでいた形跡はみあたらない。実父との関係は嫌悪、養母との関係が冷淡という背景で、前述のように綱宗が十四歳のころから櫛笥家出身の蓬春院（後西天皇の生母）と贈答関係を開始し、蓬春院から受け取った手紙が三十七点も現存するという現象が際立ってみえる。綱宗の実母が蓬春院の妹であるとする話が忠宗の創作であったとしても、実父・養母との情愛が感じられず疎外感に悩む綱宗自身が実母の出自の話を真実と思い込み、そこに精神の拠り所をもとめたことは十分に考えられる。

綱宗と兄弟たち

綱宗の血縁関係への執着の別の側面が、彼の兄弟たちの待遇からも読み取れる。初入部をはたした万治二年（一六五九）の際に出迎えや年始儀礼で異母兄弟（および従兄の岩出山伊達宗敏）を他の一門より一段上位の座席におき、彼らの位を既存の一門より高いものにひきあげようとした。さらに、宗良以外の兄弟三人に知行替えや加増をおこない知行面でも優遇した。祖父政宗が抱いていた、一門より格上の連枝の創出構想を想起させる扱いである。綱宗のこの一連の行動の背景として、二点が指摘できる。一つ目は、子どもにとって先立たれた兄弟姉妹と比べられて育つことが大変大きな精神的負担となる。綱宗は、夭折した兄光宗の理想像とつねに比べられ、大きなコンプレックスを抱いて育ったと思われる。第二点として、その傷に塩を塗るように光宗は徳川ファミリーの一員として徳川家から厚遇されたが、綱宗は対照的にその輪の外に押しとどめられて育ったのである。綱宗としてはもっとも屈辱的な思いを強いられたのは、元服のときであろう。彼は仙台藩歴代嫡男のなかで唯一将軍の前での元服を許されず、仙台藩邸でこの重要な通過儀礼を受けさせられた。綱宗の自己認識は、こうした差別的な待遇の積み重ねの結果であった。綱宗には、自分をないがしろにする松平伊達家とそれを具現する父忠宗、養母振姫、そして姉鍋姫への恨みと反発が育まれる条件があまりにも多く揃っていたのである。このようにみると、徳川家とつながる松平伊達家との関係を遠ざけ、母方や異母兄弟との紐帯をもって傷ついた自尊心を癒そうとし悶える青年綱宗の姿が痛ましくさえみえる。

家臣の反発を招く

綱宗の初入部中、家臣の支持をまだ取り付けていない段階から、武士が命をかけてでも守る家の格式と序列を変えようとしたことが、一門の反発を招いたことは想像に難くないが、入部中に綱宗は家臣の離心を引き起こす危険性がさらに高い賭けに出た。家臣が進めていた領内の野谷地・沼沢地などでの新田開発にブレーキをかけようとした。

綱宗のこの政策を直接裏付ける史料はないが、寛文七年（一六六七）以降に田《た》村《むら》図書《ずしょ》顕住《あきずみ》（出入司）・原田《はらだ》甲斐《かい》宗輔《むねすけ》（奉行）が国許から江戸奉行の古内《ふるうち》志摩《しま》義如《よしゆき》に宛てた連署状で、古内《ふるうち》造酒助《みきのすけ》の知行地内で新田開発が遅れた理由として綱宗の代に新田開発が御法度《ごはっと》になり開発を続けられなくなったという一文がみえる（『伊達家文書之五』二一四四、四七八頁）。『仙台藩家臣録』第一巻十五頁石母田長門の項にも、綱宗のときに家臣による開発済みの野谷地を知行高として宛行ったが、未開発部分を収公したという記述がある。この政策自体は、奉行ないしは藩の財政を預かる出入司から進言されたのであろうが、父忠宗が手を付けられなかった難題であった。藩財政再建のために、綱宗はもう一つ家臣・農民の反発をかう危険性の高い政策を導入しようとしたようだ。後世の資料ではあるが、家臣知行地の年貢米と農民がもっていた余剰米を藩が独占的に買い上げて、江戸に回送して莫大な利益を得ようとした形跡がある。現に、「下々米」八万石を藩が江戸に回送した万治二年の記録があり、米の買い上げがおこなわれた可能性を示す（平川新二〇二二、一〇七頁）。

綱宗では治まらない

立花忠茂らが酒井忠清に出した三カ条の書付に「綱宗では領内は治まらない」と断じたことの意味は、まさしく綱宗のこうした政策に対する家臣団の反発をさしていたのではないか。後年、亀千代の後見政治中の寛文二年（一六六二）に奉行奥山常辰《つねとき》が家臣年貢米の江戸直送を禁じて、綱宗と同様な独占販売を導入しようとして失敗に終わった。その翌年に江戸詰めの奉行と出入司が、両後見人に家臣知行地の一割借り上げを上申したが、家臣の反発にあって実現できなかった（平川新二〇二二、一〇六から一〇九頁）。つまり綱宗の財政再建策は大変大きな政治的リスクをともなったものであった。綱宗による家臣新田開発と自由な年貢米販売の制限が、家臣からの大きな反発を招いたに違いない。亡き兄光宗の亡霊を払拭して理想の君主を演じようとする綱宗としては、在国中に家臣からの反感にあってその反動で絶望の淵に陥ってしまったことは十分に想定できる。綱宗強制隠居の動きが本格化しはじめた数日後の万治三年五月十六日に、家臣の新田開発が続くことを前提にした法令の案文が確認できる（『伊達家文書』巻之四、一五四一号）。綱宗保身のための方針転換なのか、今後の研究に委ねる。

江戸に帰ってからの綱宗の不可解な現実逃避・自滅行為は、彼が抱えていた精神的な脆弱性と、入部中に受けた精神的なショックに起因するものとして理解できるであろう。さらにその火に油を注いだのが、綱宗に改心を迫ってくる急先鋒には立花忠茂と伊達宗勝が立っていたことであろう。この二人こそ、その時点で綱宗としてはもっとも忌避したい徳川・松平伊達ファミリーを具現する人物だったのである。双方にとって引くにも引けない事情があり、それが万治三年八月二十五日の綱宗隠居と亀千代の家督相続につながり、綱宗の治政は幕引きを迎えることになった。

2　幼君亀千代（綱村）と後見人政治

綱村治世の概要

四代目藩主綱村《つなむら》は、父の不行跡による強制隠居を受けて万治三年（一六六〇）八月、数え年二歳で家督を継ぎ、元禄十六年（一七〇三）八月に強制隠居、享保四年（一七一九）六月に死去する。元服は寛文九年（一六六九）十二月で将軍家綱《いえつな》の偏諱を下賜され綱基《つなもと》と名乗ったが、延宝五年（一六七七）に綱村と改名した。本書では元服したのちから一貫して綱村と呼ぶことにする。母は綱宗の側妾三沢初子であった。初子は叔母である忠宗正室振姫つきの老女紀伊《きい》が養育していたところ、忠宗の目にとまり世子綱宗の側妾にきまった。

綱宗の治政は、幼少期の後見人による政治指導がしかれた万治三年から寛文十一年（一六七一）三月までの時期と、後見人政治が解かれ綱村の親政となった時期に分かれる。後見政治とそれが招いた寛文事件についての優れた研究があるので委細をそちらに譲り（平川新二〇二二）、本巻ではこの時期の政治がその後の仙台伊達家にどのような影響をおよぼしたかを中心に考察を進める。

奉行の指導権争い

幼少の綱村にかわって仙台伊達家の安定を図るために、幕府の国目付二人が定期的に仙台に下向し監察したとともに、綱村義理の伯父立花忠茂を相談役にすえ、後見人に指定された伊達兵部大輔宗勝《ひょうぶたゆうむねかつ》と田村右京亮宗良《うきょうのすけむねよし》の指図を受けて実務を奉行衆がおこなうという政治体制を築いた。後見人二人は、これをきっかけに仙台伊達家の家臣から内分大名に取り立てられた（内分大名とは、徳川家には大名として直接奉公し江戸に藩邸をおく反面、将軍から領知判物はもらえずに本家の判物に記される領地のなかに自分の所領が含まれる形となる。大名でありながら本家から完全に独立できないため所領支配について軋轢が生じる）。

当初、政治は奉行主導で進んだ。忠宗代からの茂庭定元、奥山常辰および綱宗の部屋住みのときの家老から奉行に取り立てられた大條宗頼にくわえ、綱宗隠居を機に新任された柴田朝意《しばたともおき》と富塚重信《とみづかしげのぶ》の五人体制で発足した。しかし、江戸詰め主席奉行の茂庭定元が綱宗の不行跡を止められず「悪事」を勧めたと主張する奥山が、伊達宗勝と立花にはたらきかけ茂庭をすぐ辞任に追い込んだ。それにより指導権を一手に握った奥山の独断で藩政が進められることになった。奥山は、後見人二人が自分の所領支配の独立を主張しはじめたときに主席老中酒井忠清に直訴して後見人の動きを封じ込めるなど、後見人との対立も辞さない強い指導力を発揮して本家としての立場を守る働きを示した。その反面、藩財政立て直しのために藩士に知行の一部借り上げなど大きな財政的負担を強いる政策を進めようとする一方で、奥山自身の贅沢で高慢な暮らしぶりや、近親者を優遇する不公正・不適切な人事などで家臣の離反と反発を買った。内部告発の末に寛文三年（一六六三）七月にこんどは奥山が辞任に追い込まれた。

後見人伊達宗勝の台頭

奉行の政治指導に後見人として口出しを控えてきたことが奥山の暴走を許した責任を反省して、宗勝は藩政の実務に事細かにかかわるようになった。奥山の辞任直前に伊藤重《いとうしげ》義《よし》と原田《はらだ》宗輔《むねすけ》があらたに奉行に任命されたが、伊藤は就任してほどなく病死した。奥山と伊藤のあとを埋めるために、宗勝は「悪人」と断じてきた経験豊かな茂庭定元を再任させたが、厳しい監視下においた。これで奉行は、茂庭、富塚、柴田、大條宗快《むねよし》（父宗頼の隠居を継ぐ）に原田を加えた体制となった。そのあとの展開を考えると意外に思えるが、任命前の原田について、宗勝はその能力をこき下ろして任命に反対していた。

以後宗勝は、家臣を悪人・善人に色わけして奉行を中心とする執行部での相互不信と内部対立を煽りながら、藩士の監視役である目付役を自分の味方にとりつけて家臣に対する監視を強めた。奉行でも宗勝の手先となっていた目付の顔色をうかがいながら政務をおこなうようになった。このような不健全な環境で陰謀説がまことしやかに流布し、人々が不確かなうわさに振り回されるようになった。宗勝とその派閥は、理にかなわない恩賞と過剰に厳格な処罰にはしり、人々の猜疑心と恐怖をあおった。そのなかで宗勝がかつて無能とこき下ろした原田宗輔は保身のために宗勝と手を組んだ。このような背景から、些細なことが大事件へと膨れ上がることになった。

寛文七年に宗勝に恨みがある重臣が宗勝暗殺を企てていることが明るみに出ると、宗勝が当事者の親類までを厳しく罰したことで、宗勝批判が領内で強まることになった。

伊達宗重と一門衆の結束

宗勝一派批判の急先鋒になったのが一門涌谷伊達家の当主安芸《あき》宗重《むねしげ》であった。ことの発端は寛文五年（一六六五）までさかのぼる。宗重の知行所は遠田《とおだ》郡にあり、登米郡との境に沿って登米伊達家の式部《しきぶ》宗倫《むねとも》の知行所と隣接していた。両郡のあいだには広大な野谷地が広がっていた。政宗の代にこの野谷地はすべて遠田郡に属するように郡境が決定されていたが、十七世紀後半に入って登米領の農民と在地の家中が野谷地の入会《いりあい》権を主張しはじめ、涌谷側との村境論争に発展していた。自領の農民・家中の主張を背景に宗倫は寛文七年に野谷地の新田開発許可を申請して認められ、宗重と対立した。

宗重は両家同士の交渉で問題を穏便に解決しようとしたが、宗倫は奉行の裁定を強固に求めて譲らなかった。寛文九年に奉行は、野谷地の三分の二を宗倫に、三分の一を宗重のものとする案を提示した。宗重は激怒したが、幼君の後見体制下で紛争を起こせば幕府の干渉を招くことを警戒して、奉行案を承諾することにした。問題は、郡境を実際にしくために寛文九年に実施された現地検分から起こった。

現地検分は、宗勝腹心の目付役二人が中心になって実施された。現地調査のあとに担当者が示した郡分けの具体案は、奉行裁定案以上に宗重に不利であった。それでも宗重は、その案を受け入れたが、作戦を変更した。不正と依怙《え こ》贔屓《ひいき》がはびこる宗勝主導の政治そのものを弾劾する道を選んだのである。

当初、登米の伊達宗倫との紛争で宗重は独善的だと、世間から冷ややかにみられていた。しかし、わが身の危険を顧みずに「悪人」の宗勝一派の悪政を訴える姿勢をみせると、国許でも江戸でも人々の宗重に対する、そしてその裏返しとしての宗勝に対する評価が大きく転換した。宗重の入念な根回しの成果であった。宗勝治世に憤慨する人々が幕府役人との縁をたよって幕府中枢部に働き掛けを開始した。寛文十年十二月に江戸から宗重に念願の召喚状が届いた。この時点で宗重と対立していた「宿敵」宗倫は前年に病死していた。出発前に宗重が仙台の一門衆を一人ずつ訪ねて自分の考えを説明、その支持を取り付けた。岳父の石川宗敬が仲介して宗重との間に距離をおいてきた一門との融和が実現し、一門が宗重支持で一致団結した。

酒井邸での裁定と刃傷事件

寛文十一年二月に約二百五十人の行列を組んで宗重は江戸に出立した。二月二十七日から老中による審問が始まり、いよいよ三月二十七日に大老酒井忠清の屋敷で伊達宗重と奉行の柴田朝意、古内義如と原田宗輔の審問がおこなわれた。審問がひととおり終わったあとに、控室で原田が突如脇差を抜いて宗重の首元を切り、老中の部屋へ突進した。柴田が原田を追いかけ斬り合いになったところ、酒井家の家臣たちがかけつけ、乱闘のなかで原田だけではなく柴田と蜂谷《はちや》可広《よしひろ》（江戸藩邸の責任者として同行）ともどもに致命傷を負わせた。この時点で宗重はすでに絶命していた。後世にまで語り草となった、原田甲斐《かい》刃傷《にんじょう》事件（寛文事件・伊達騒動）であった。

事件の処理

事件の事後処理で、綱村は幼少につきお咎めなしと事件当日のうちに決定した。後見人二人は事件を許した責任を問われた。田村宗良は閉門という軽い処分で済んだが、伊達宗勝は領地没収のうえ他領への預け、嫡男も別所に預けられ、家廃絶となった。宗勝派と目された目付や小姓頭などの仙台藩家臣のうち目付役は他領への預け、その他は逼塞となった。原田宗輔自身は死亡していたが彼の子息四人は切腹、幼い男子孫は処刑、家の女性たちは預けで家名断絶となった。

寛文事件と一門衆

綱宗隠居から刃傷事件までの一連の政変は、その後の仙台藩の政治構図に大きな影響を遺すことになった。

まず、のちの仙台藩政に政治勢力として大きな役割を演じた一門衆の起点は、この事件にあった。綱宗隠居事件では一門は受け身の立場であり、伊達宗勝と立花忠茂が事件の牽引役を担った。続く後見人の摂政初期において奥山常辰が「悪政」をしいたときでも、一門としては目立った行動をとらなかった。寛文九年から伊達宗重が宗勝派の弾劾を始めたが、その前段となった寛文五年からの登米伊達家との境目争論において、宗重の拠り所は自分の「家」と自分の領民（家中、知行百姓）、つまり狭義・広義双方の涌谷伊達家の名誉と利害を守ることであった。逆に当時孤軍奮闘する宗重を支えたのは、自分たちのために懸命に働く主人のもとに一致団結した涌谷家中であった。しかし自家中心の論理では、主君の代理人である後見人と争ってもかえって自家の壊滅を招きかねない。そこで宗勝とその一派の「悪政」を糾弾して、幼君を守り忠義を尽くす姿勢を掲げることをもって、宗重は江戸に出立する前に、涌谷伊達家の単独行動を一門の総意に止揚することに成功した。それ以後、伊達家の一門衆・仲間は、大名や奉行など執行部による権力の乱用・誤用や逸脱行為から伊達の家を守る、ご意見番の役割を担う政治集団となった。

寛文事件と官僚組織

官僚制の機能から寛文事件をみると、忠宗が作り上げた組織の限界と課題があらわになる。忠宗が作った組織が正常に機能するためには、官僚同士の能力がほぼ拮抗する必要があった。ところが茂庭の失脚後に奥山常辰が経験と実力において他の奉行を凌駕し、財政の立て直しなど重要な政策課題に取り組む一方で官僚組織を自分の欲望を満たすために乗っ取ることができた。その後、役職の間の権限と管轄があいまいだったため、宗勝の後ろ盾を得た目付役が奉行を抑え込むほどの勢力となった。

大名不在の後見人政治のもと、頂点に立って全体をまとめる正統な統括者はいなくなり、組織が機能不全に陥りはじめていた。その根底にあったのは、家臣団の家の序列という制限のなかで有能な官吏をバランスよく揃えることの難しさであった。そもそも奉行の任命基準には実力以外の要素が多く含まれていた。その実例が原田宗輔の任命であった。意外にも宗勝は原田を無能とみなして、奉行任命に反対した。原田の任命は単に奉行同士の縁戚関係のバランスをたもつためのものであったとされる（平川新二〇二二、一一二から一一三頁）。以後幕末まで、奉行の任命基準と能力が官僚組織の大きな課題となった。

3　綱村親政

綱村親政

寛文十一年（一七七一）大老酒井忠清邸での刃傷事件後、すでに元服していた綱村に対する後見人役は解消されたが、幕府からの仙台目付の派遣は延宝二年（一六七四）まで続いた。この年に綱村は、江戸屋敷で奉行、若年寄、小姓頭《こしょうがしら》、懐守《だきもり》などを集めて初めて政治向きの会合を開いた。延宝三年九月には初入部が許され、供人数三千四百八十余人をしたがえて入国した。記録が残る歴代大名の入国行列として最大のものであった。

しかし、綱村は完全に幕府の監視からのがれたわけではなかった。寛文十一年の刃傷事件を生き延びた唯一の奉行として重きをなしていた古内義如は、同役の奉行には必要ならば主君に諫言できそうな人物がいないと不安を抱いた。そこで綱村に諫言できる人物の息女を綱村の正室に選んでほしいと幕府に願いを立てた（平川新二〇二〇。以後ことわらない限り同書による）。白羽の矢が立ったのが小田原城主稲葉《いなば》正則《まさのり》の娘仙姫《せん》であった。延宝一年（一六七三）に結納、同五年に結婚となった。綱村十九歳、仙姫十三歳のときであった。以後、正則、正通《まさみち》親子二代にわたって、稲葉家が綱村の親戚大名として仙台藩政に重要な役割を担った。

親政を開始してから十九年間、綱村は大名として圧倒的な存在感を放ち続けた。しかし元禄十六年（一七〇三）、四十四歳のときに病気を理由に隠居して、家督を養子の吉村《よしむら》に譲った。形式上、本人の願いによるものであったが、実態は伊達家にとって二度目の幕府による当主の強制隠居であった。

綱村への期待

綱村が推進した藩政については、評価が大きく分かれる。まず、綱村の政治を概観したい。

綱村は幼少のときから学問と諸芸能に優れ、内外から将来の大器として大きな期待を背負って親政を開始した。その期待にこたえるように親政開始後から綱村の名のもとで新しい政策が矢継ぎ早に打ちだされた。

初入部からそのペースは早まった。

人材登用政策

綱村が推進した政策として注目されるものの第一は、家格にとらわれない人材登用であった。これは、儒学にふかく傾倒していた綱村にとって、儒学的政治理念の実践であった。綱村政権下で、行政の頂点である奉行職に綱村の側近が任命され、奉行衆の顔ぶれに知行取りとして中級から取り立てられた家臣が次第に加わるようになった。さらに、綱村は目付役のほかに小姓目付《こしょうめつけ》を新設して、後者が自分の寝室に自由に入ることを認め、諸役人勤務に対する監視を強めた。少なくとも綱村の主観としては能力本位の登用を推進して、家格に縛られない役人任用の実践であった。ただし、この時点では役職候補者の能力を客観的に評定する基準や方法はなかった。さらに、軽輩を重職に任用する場合、役職勤務にともない家臣が負う財政的負担への対策も必要であった。役職ごとに標準役高を定め、知行・俸禄が不足する家臣に役職手当を支給するように俸給制度も整えた。

図15　四代　伊達綱村
仙台市博物館所蔵

家臣家格の整備

人材登用と連動して、綱村は門閥家臣の格式と序列の整理に着手した。一門の班を、政宗の代の約六家から十家まで拡張し、一家《いっか》、準一家《じゅんいっか》、一族《いちぞく》という門閥層の序列を整理した。その下の宿老《しゅくろう》、太刀上《たちあげ》、着座《ちゃくざ》、召出《めしだし》一番座・二番座を非門閥層の家格として整備した。そして着座と召出の班に自分が平士から採用した側近をあらたにくわえ、彼らが役職を円滑に務められるために必要な権威を与えた。つまり、綱村は伊達家家臣団の複雑な家格序列を逆手にとって、自分の人材登用を支えるものに利用した。

綱村の文化事業

綱村治世のもう一つの大きな特徴は、文化事業に大きな力を入れたことである。最初、綱村は儒学にふかく傾倒して頻繁に講義を受けるのみならず、自身が家臣にむけて講釈をするほどであった。優れた儒者を数多くかかえ、仙台藩において政治的実践を支える教養としての儒学教育の基礎をつくった。しかし、天和二年（一六八二）の秋に、突然綱村の関心は禅仏教の黄檗宗《おうばくしゅう》にうつり、儒学を一時顧みなくなった。黄檗宗の高僧を仙台に招き、仙台城内で伊達家初代の念西以来の祖先の慰霊を仏式に改め、さらに座禅室をおいた。しかし、綱村に黄檗宗を勧めた寵臣古内重直《しげなお》が一門の諫言を受け綱村に罰せられることになった事件が貞享三年（一六八六）に起こると、黄檗宗への過度な傾倒を即座に断ち切った。最終的には三十歳代に入った元禄年間（一六八八―一七〇三）以降、綱村は儒学と仏教信仰をバランスよく取り入れ、儒学の講義を復活させるとともに、仙台伊達家の菩提寺として大年寺を元禄十年（一六九七）茂ケ崎《もがさき》に開山させた。

大年寺開山以外に綱村は、塩釜神社の大規模拡張、仙台城下内の亀岡八幡宮の改修・移築など、多くの遺産を後世に遺している。なかでも、世界遺産に登録されている平泉《ひらいずみ》の中心的な遺跡である中尊寺の金色堂《こんじきどう》修復支援をおこなったことが特筆に値する。

綱村の修史事業

儒学への傾倒から偉大な文化遺産も数多く作りだされた。その第一は、綱村が起こした歴史編纂事業の数々である。第一章でふれたように仙台伊達家には稙宗（一四八八―一五六五）以前に作られた系図はなく、伊達家の由緒について問題点が多かった。綱村は、家臣たちが所有していた古文書の提出を命じ、史料をひろく蒐集、書写し、招聘した儒者たちに伊達家伝来の史料と照合して調査させた。綱村自身が編集と執筆にかかわって仙台伊達家の「正統」な「世次」を初代から晴宗まで「伊達《だて》出自正統世次《しゅつじせいとうせいじ》考系図《こうけいず》」としてまとめた。続く輝宗以降の歴代当主については、元禄十五年（一七〇二）に『伊達《だて》治家記録《じけきろく》』とよばれる編年風の歴史書の編纂を開始した。この事業は宝暦十二年（一七六二）にいったん途絶えたものの、明治九年（一八七六）に完成した。綱村は、たとえその内容が伊達家にとって不都合なものであっても事実をありのままに記述するという、基本的な編集方針を掲げた。この方針に則り、執筆陣は必要に応じて史料を掲げ、判断が難しい場合には考察の根拠を提示し、可能な限り儒学的な実証的歴史叙述に徹した、優れた一連の歴史記録に仕上げた。近年の研究では、綱村の修史事業は、伊達の系図認識の創造に大きな先入観（仙台伊達家が鎌倉時代以来一貫して伊達家の惣領・嫡流であったとする思い込み）が働いていたことが指摘されている（伊藤喜良二〇二一）。しかし、当時の綱村をはじめ伊達家と家臣団にとって、綱村の修史事業は、時間の経過と寛文事件がもたらした断絶によって失われていた仙台伊達家の記憶と、そこから生まれる自己認識の「再発見」であり再構築の貴重なプロセスであった。藤原姓伊達家・奥州探題という壮大な歴史物語に「客観的な」史料の裏付けを与え、多様な出自をもつ家臣団を束ねる精神的な支柱としたことの意義は甚大であった。そして、体系化された伊達家のこの自己認識は、幕末まで藩の政治的選択に大きな影響を与え続けることになった（入間田宣夫二〇一七）。

分家創出

綱村は、自分の同母実弟村和《むらより》を三万石の内分大名としてとりたて、元禄八年（一六九五）に中津山《なかつやま》藩（現在の宮城県桃生町）を創出した。しかし元禄十二年、江戸城に登城中に、主人の行列を横切った旗本に村和の従者が怪我をさせた廉《かど》で、村和が謹慎を命じられ、その一カ月後に綱村の願いにより改易となった。これをもって仙台伊達家の内分大名は一関藩田村家だけとなり、その後、支藩の創出はなかった。大藩として仙台藩に支藩が一つしかないことは異例ではあったが、このことは、政宗以来、歴代大名が意図した結果ではなかった。とくに、村和の中津山藩が四年で消えた背景に、名誉・面子を自分の家の存続より重んじる、近世武士の社会的規範の過酷さをみることができる。

4　綱村政治の評価　名君か迷君か

評価が分かれる綱村

現在から綱村政権をながめると、数多くの遺産をつくった偉業の大名にみえるが、彼のもとで奉公を強いられた人々にとっては、綱村は大変やっかいな存在であった。記録に残るものだけでも一門衆から三度にわたり厳しい諫言を受け、最終的に親戚大名の稲葉正通から引導を渡され隠居を強いられた。このことは彼に対する家臣たちの不満・不信の氷山の一角にすぎなかった。

綱村は短慮

綱村の性格と行動の問題を家臣は繰り返し訴えていた。「短慮」である、人の気持ちがまったくわからない、ところかまわずに家臣を叱咤《しった》する、命令に一貫性がなく朝令暮改である、家臣の意欲を引き出すはずの厳格な賞罰に万人が納得できる一貫した基準はなく、かえって家臣が委縮して仕事の妨げになる、といったことである。とくに些細な落ち度で多くの家臣が召し放し・追放に処せられたことは、主人が家臣の家の永続と生活の安定を保障するという主従関係の前提を揺るがすものであり、家臣たちにとって深刻な脅威となっていた。

常軌を逸脱する行為はあったとしても、綱村は家臣に対する大名の地位を高めて大名への権力集中を図ろうとしたとする評価がある。しかし、綱村親政開始時点で古参奉行の古内義如は他界しており、奉行衆のなかに綱村に強くモノがいえる人材はいなくなっていた。親政を開始した延宝二年（一六七四）に綱村は自分で奉行を二人も任命し、藩政機構の頂点をすぐに押さえておいた、はずであった。にもかかわらず、そのあとに官僚機構のなかで民政と財政を管轄し機構の中枢神経にあたる出入司二人に自分の寝室への出入りを許し、彼らに対する奉行たちの監督を迂回して、奉行による組織の統括をみずからサボタージュした。案の定官僚組織の指示系統が攪乱され、役人同士の争いが発生したのに、綱村は全体をまとめるような指導力を発揮できなかった。一見して権力掌握にみえる綱村の行動だが、その権力行使には一貫性がなく組織の攪乱をもたらしただけであった。

綱村にはものごとを俯瞰して決定する力がなかったと考えないと説明がつかないことが多すぎる。形式・外見の細部に非常に強く執着してその論理的一貫性に強くこだわるのに、ものごとの中身や内実には無頓着であった。前述のように賞罰を厳格にしたが、綱村にとってはそれ自体が目的であって、度を過ぎた賞罰が逆効果をもたらすということは理解できていなかった。藩財政がひっ迫し、家臣からの知行借り上げを断行し倹約令を出して家臣に大きな犠牲を強いる一方で、自分自身の寺院建設・修造と文化遊行に金銭を浪費しても、そのあいだの矛盾を認識できなかった。綱村の行動や政策には、一貫した目標があったとは考えにくい。当時の人々が押しなべて綱村を評して「短慮」としたゆえんである。綱村のこのような行動特性は、性格の問題ではなく、彼の認知能力に根差していたと考えるほかない。

綱村の政治理想

しかし、綱村にはおおまかな政治理想がなかったかというと、答えは否である。綱村がめざしたかった大きな方向性を理解するカギとなる言葉は、宝暦六年（一六五六）に十五歳の若さで大名となった七代重村《しげむら》へ、ときの奉行の柴田成義《なりよし》が宛てた意見書に見出せる。柴田は、若い重村に父親（宗村）同様に学問に励むことを勧めた。柴田いわく、学問（儒学）は主君がものごとを判断する際に善悪邪正《ぜんあくじゃしょう》の見分けをするための尺度（「曲尺」）となる。大工が曲尺《まがりじゃく》をもって物の長短を計るように、重村が「御大国《おんたいこく》の政事《まつりごと》」を自由におこなうためには胸に尺度を持たなければ、正確な曲尺を持たないで仕事をする大工のようになると説く（『伊達家文書』巻之八、二七七一号）。幼少期からの帝王学教育と、長じてからの自主的な儒学講義の数々にもかかわらず、綱村の心には曲尺はそだたず、そだったのは人から認めてほしい、褒めてほしいという異常なほどの精神的欲求だけではなかったであろうか。しかし、柴田の言葉には、綱村が目指したものをほのめかすキーワードが別にある。十八世紀に入ると、人々の政治的言説において、仙台伊達家が「大国」、すなわち大藩であることが重要なキーワードとなり、明治維新まで藩の自己認識と行動を読み解くうえで欠かせない概念となる。仙台伊達家の「大国」としての自己認識の起源は、確認できる限り、綱村の代にある。綱村の行動に一貫したものがあったとすれば、大国の名にふさわしい「国」（藩）にしたいという願望であったと考える。綱村の施政・行動を、大名権力の集中・強化という先入観からはなれてみると、そこに「大国」を志向する方向性が貫かれているようにみえる。

5　綱村治世のキーワード「大国」

岳父の言葉

綱村治世中に「大国」ということばが仙台藩のあるべき姿を示すキーワードとしてひろく使われるようになったのであるが、今のところ、綱村自身がこの言葉を使った事例は確認できない。しかし、「大国」こそ使っていないものの、仙台は「大国」であるという自己認識を綱村に与えたとみられる決定的な言葉が、延宝五年（一六七七）の岳父稲葉正則から若き綱村宛の意見書に見出される（『伊達家文書』巻之五、一九〇四）。この意見書の四条目に、綱村が自分の施政の規範とすべきなのは「大身ニては《たいしん》」尾張（徳川）、紀伊（徳川）、加賀（前田）、大隅（島津）、越前（松平）および「細川殿」の六ツの大名家であり、これらの「仕置」（治政）について、常日頃「風聞《ふうぶん》」（市井のうわさ）ではなくたしかな情報を集めて規範とすることを勧めている。正則は、綱村・仙台伊達家と他の大名家とは格が違うので右の六家を規範にして、徳川将軍家を頂点とした序列のなかでつねに自分の立ち位置を意識して、自家を「大身」にふさわしいものにすべきであると綱村を諭している。幕府からみれば伊達家は「大身」の家来であるが、いわれる側としてはより自律的な「大国」を好んだのであろう。

筆者が確認できた範囲で綱村代に「大国」が初めて文書にみられるのは、死期が近いと悟った一門主座の石川宗《むね》弘《ひろ》（一六三一―一六九一）が、元禄四年（一六九一）に病床から主君綱村にあてた「遺言」である（『伊達家文書』之十、三三四七号）。宗弘は、綱村の治世下で「他所《よそ》」（藩外）で仙台藩について悪いうわさが広がっており、「大国」であるからこそこういう噂が広まらないように改善に努めるべきであると綱村に諫言している。宗弘にとって「大国」とはそれにふさわしい政治をおこなうことを求める規範である。規範とはしょせん抽象的・理念的なもので、格式と外見が重んじられるものである。格式と外見的な論理的整合性に強くこだわる綱村にとって、むしろ得意とする領域であった。次に紹介する、綱村がとった二つの有名な家臣団対策に、この綱村の「大国」意識が如実にあらわれている。

領知判物に朱印をすえる

綱村「大国」演出の第一が、綱村の家臣知行宛行状にみられる。亀千代（綱村）の家督就任後の寛文一年（一六六一）に新しい知行宛行状が一斉発給され、家臣との主従関係を確認した。しかし貞享一年（一六八四）に綱村が知行宛行状をあらたに一斉発給した。この二度目の発給が綱村による権力の強化と評されるが、多くの大名家と違い、伊達家は室町時代からすでに家督の絶対優位性が確立していた。より直近のところでは、政宗と忠宗が自分の側近を要職に取り立て、重臣から軽輩までの知行権を大名権力に吸収して、知行地内の土地と農民を直接把握できるように大規模な藩政改革をそれぞれ断行していたのである。対して綱村の貞享一年の知行宛行状一斉発給は、宛行状の様式を徳川将軍の領知判物と同じものにした点以外には、家臣の知行権と知行地になにも変化をくわえるものではなかった。従来の宛行状と比べた最大の変更は、知行判物の黒印を朱印に改めたことであった。

例外はあるものの、当時の社会的通念では領知判物などの公文書に朱印を用いるのは徳川将軍だけであり、諸大名は押しなべて黒印を使うという不文律があった。自分が発給する領知判物に大名である綱村が朱印を採用したことは、当時の社会的・政治的通念に抗って声高に仙台伊達家の優位性を世間一般に誇示する、象徴的な行為であったとみるべきであろう。

家臣の「自分仕置」

綱村による家臣団の統制強化のもう一つの事例として、一部家臣が保持していた「自分仕《じぶんし》置《おき》」権を廃止したことがあげられる。元禄十四年（一七〇一）九月に知行所の百姓町人に対する「自分仕置」（犯罪を捜査・裁判して刑を実行すること、および村役人を任命すること）を禁止する「奉行連名吟味《ぶぎょうれんめいぎんみ》通《つう》達《たつ》」が一門仲間に届けられた。涌谷伊達家に残る記録から、事件の経過を一門の立場から再現できる（以下、断らない限り亘理〔一九七三〕による）。元禄十四年の決定にいたる一連のプロセスは、元禄七年に一部上級家臣がおこなっていた「自分仕置」を禁止する奉行からの通達が引き金となっていた。元禄七年通達の本文では、奉行が「諸国」

（他藩）に問い合わせたところ、藩の大小によらず「国主《こくしゅ》」（大名）以外から領内の「仕置」を仰せ付けるところはない、それにならって、二代忠宗が寛永十四年（一六三七）に布告した「諸給人《しょきゅうにん》」の「私成敗《しせいばい》」禁令を一門中および大身家臣に再通達しその遵守を求める、と通達の趣旨が説かれた。「大国」を目指す綱村政権としては驚くほど他律的な言い訳にみえるが、本意は、将軍綱吉が諸藩の「仕置」に対する干渉を強めていたことを警戒した自己防衛策であったと理解される。奉行たちの通達の趣旨を読んだ一門のなかに、奉行たちの論法に憤慨した者もいたが、仲間で相談した結果、抗議せずに通達にしたがうことに決した。綱村政権のほうでも、当初、「自分仕置」の範囲を死罪や他国追放に相当する重犯罪と限定して考え、これ以上の措置を想定していなかった。

ところが奉行の通達が思わぬ副作用を引きおこした。郡奉行のあいだで、通達の適用範囲を重罪と限定するか重軽罪すべてを含むかをめぐって解釈の不一致が生じた。機会をみて大身

知行地支配の危機

家臣の知行地内に積極的に干渉しようとする郡奉行もあらわれた。これをみた村役人層も大身給人の用人を軽んじ、代官所・郡奉行の権威を笠に「地頭」の命令にしたがわない態度をとり始めた者があらわれ、大身家臣の知行地内の支配に支障をきたすようになった。寛永十四年令のときに一門・上級家臣が対象外と認められたのは、伊達軍団のなかで彼らが一つの「備《そなえ》」（軍団）を自前で編成する責任を負っていたことに由来していた。自領内で仕置権（警察、裁判、行政権）を行使して土地の民を普段から「随従《ずいじゅう》」させておくことが、いざという時の軍事動員を支える基盤として必要とされた。一部の郡奉行と郡村役人の行為を知行地支配の危機と認識した一門は、仲間で相談して元禄十三年（一七〇〇）九月に連名で藩奉行に元禄七年通達の対象範囲を明確にするよう求める書簡を出した。元禄十四年の通達は、一門からの申し立てを受け藩が奉行から大肝煎までの意見を徴して審議を尽くした回答として出された（大肝煎は一郡内の村肝煎をまとめ代官所と村とのあいだの仲介役を担う郡村役人であった）。結果はゼロ回答となったが、一門仲間は期待通りの回答が得られると見込むだけの根拠はあった。

奉行の回答が出されるまでのあいだ、一門は諸役人とのあいだで意見と情報の交換をおこない、理解を示す発言を多く得ていた。情報源には郡奉行から奉行まで、審議過程に深くかかわる当事者もいた。ある郡奉行は、一門が「自分仕置」をおこなうことは郡奉行の業務の支障にならないのみならず、「自分仕置」をおこなう家臣が仙台伊達家に多いことは「御外聞御威光《ごがいぶんごいこう》」にも良いという意見を述べている。「御外聞」とは江戸などでの仙台伊達家の世評のこと、「御威光」とは人が自然に畏れ敬ってしたがうような威厳のことである。郡奉行のこの言葉は、一門など大身給人の存在が「大国」仙台のイメージを支える重要な構成要素であるとする認識が、一部の藩官吏のあいだにも共有されていたことを示す。

一門仲間の勝算

さらに綱村自身が同様の意見であると伝える証言まであった。元禄十二年（一六九九）に盗みの重犯で涌谷伊達家知行地の百姓が仙台の評定所で裁判にかけられた。そのときの審議のなかで、刑量が一郡外への追放程度で済む案件ならば安芸殿（涌谷伊達家）の自分仕置の範囲内で処理できると綱村が述べた、と伝える証言が当事者二人からよせられた。重大事件以外について大身家臣の「自分仕置」を積極的に認める綱村自身の発言であった。

奉行の言い分

しかしながら、元禄十四年に奉行から一門仲間に「自分仕置」全面禁止の理由を伝える文書には、「大国」としての独自性への言及はなく、もっぱら将軍綱吉の藩政干渉と、幕府法を遵守させる圧力の増大といった伊達家の自律性を放棄するような主張になっていた。くわえて、百姓町人に対する領内の「仕置」がまちまちになれば「外聞に悪い」という、上記の郡奉行の意見と真逆の主張が述べられた。一門のなかには「大国の政事《まつりごと》ではない」と怒りと失望をあらわにする意見もあった。しかし、奉行のこの主張には、深いわけがあった。

百姓町人は公的身分

後者の百姓町人の仕置について最初に説明しよう。まず、奉行の論理では百姓町人の仕置だけが問題とされており、大身家臣の家中仕置にはまったく言及していない。主人の自分の家来・家中に対する仕置権は古代以来、主人の「家」のなかでの私的な問題として国家権力の管轄外とされてきた。百姓町人に対する給人の仕置権の禁止は、彼らが給人の「家」に属さない公的身分であることの証であった。つまり奉行たちの決定は、寛永の「私成敗」禁止以後から温存された一部大身知行領主と知行百姓とのあいだの従属的な関係の名残を断ち切る措置であった。なお、一門衆は、寛永十四年の忠宗禁令にあった「諸給人」という呼称を頑なに拒み、自分たちがいままでも格上の「地頭」であると主張してきたが、その主張も否定された形になった。

伊達家自分仕置権の危機

しかし、奉行たちの唐突にみえる論理の転換の主眼は、幕府に対する大名伊達家の自分仕置権を守ることにあった。一門仲間からの申し出を審議している最中の元禄十四年の前半に、仙台領内で重大な刑事事件が発覚した。前年に続いて、南部領から江戸までのびる人身売買組織の、領内での二度目の摘発であった。二度目の摘発で問題となったのは、主犯五人のうちの二人が幕領の者であった点である。

元禄十年には将軍綱吉が「自分仕置令」（仙台藩領内のものとは別もの）を発布し、他領にまたがる裁判については幕府の専管事項となる原則を全国の大名に通達した。仙台藩ではその翌年に担当の老中から、仙台藩は加賀前田藩同様に自藩領内で「いたづら」をはたらいた他領出身者でも従来どおり独自に裁判・処刑できることの確認をとった。まさに稲葉正則から奨められた「大国」としての振る舞いであった。しかし、元禄十四年の事件では幕領の二人は領外に逃亡していたために、仙台藩は手を出せなくなった。そこで奉行は江戸町奉行および老中に事件の扱いについての内意をうかがうことにした。江戸町奉行と老中の回答は、この事件について伊達家の自分仕置権を認めない方向のものであった。

元禄十四年六月十二日まで町奉行と老中とのやり取りが確認できるが、この事件の結末は伊達家の公的記録にはみられず、伊達家にとって不本意な形で終わったことを暗示する（吉田、二〇一二）。つまり一門に出された仙台藩奉行衆の回答が幕府による干渉を強く警戒するという論法へと転換したことは、直前に起こったこの人身売買事件という具体的な脅威がきっかけであった。奉行たちの論理の転換が結果として一門などに対する大名権力の強化とはなったものの、その眼目は、領内の裁判をすべて藩の評定所（裁判所）に集中させることによって、幕府によるさらなる領内干渉の口実を与えないことにあったと考えられる。大身家臣の知行権の否定は、藩本体の自分仕置権を守って「大国」の体面を維持するための捨て駒に過ぎなかった。

このように綱村の集権的な政策の内実や決定過程をつぶさに再検討すると、実質的な権力集中を強く志向した痕跡は薄く、対外的に仙台藩を「大国」としてみせる・演出する効果を狙ったものとして理解したほうが実態に近いようにみえる。

6 綱村の隠居と政治勢力「一門仲間」の創出

綱村の強制隠居

元禄十六年（一七〇三）八月十八日に綱村は、持病が悪化し務めがたくなったとして、自身の隠居と嫡男（養子）吉村の家督相続願を幕府老中に提出した。綱村四十五歳のときであった。しかし実際のところ、綱村の奇行がいよいよ将軍綱吉の知るところとなり処罰の検討に入っていたところで、綱村の義兄であり老中でもあった稲葉正通が先手をうって引導を渡した形での強制隠居であった。正通が幕府内の情報を早くキャッチできたのは老中としての立場ゆえであったが、綱村への隠居勧告は、かつての立花忠茂と同様に親戚大名としておこなった。正通の隠居勧告には前段があり、一門仲間が元禄十年（一六九七）に綱村に隠居を求める意見書を提出しようとしたところを、正通は綱村の言動を監視することと引き換えに一門の意見書提出を差し止めたのである。かくて合計三十二年におよぶ綱村の治世に幕がひかれた（以下、断らない限り平川新〔二〇二〇〕による）。

綱村の諫言奨励

親政を開始してすぐの延宝三年（一六七五）に綱村が近習目付役を新設して、その役目のひとつに諫言を言上《ごんじょう》することを命じた。儒学の理想の君主を演じて家臣からの諫言を奨励する姿勢を明確にした。しかし、綱村の意図とは逆に、年を重ねるにつれて綱村の問題行動が深刻さの度合いをまし、周囲の家臣は主君に本当のことがいえなくなった。綱村に対しモノがいえる存在として残ったのは一門だけとなった。

一門の諫言と綱村

元禄十年以前にも一門が貞享三年（一六八六）と元禄六年（一六九三）の二度にわたって綱村に諫言をおこなった（さらに元禄四年と同八年に未遂に終わった動きもあった）。

初発の貞享三年の諫言は、涌谷伊達の宗元《むねもと》・村元《むらもと》父子と、岩谷堂《いわやどう》の伊達村隆《むらたか》の三人だけでおこなった。この諫言書では、綱村の黄檗宗への過度の傾倒を助長していた綱村寵臣の古内重直が名指しで批判されたため、諫言書提出の四日後に綱村は知行召し上げのうえ蟄居を命じた。そして綱村は自分の非を認めて黄檗宗と距離をおいた。儒学の教えにしたがって綱村が自分の非をすぐに認めたところまではよかったが、にべもなく自分につくしてきた重直を即座に厳罰に処したのは、過剰反応であった。このように綱村が自分の非を認めたかにみえた。しかしながら、綱村は、それ以降も振る舞いを本質的に改めることはできなかった。

元禄六年の諫言では、綱村治世をもはや座視していられないという認識が一門内で共有され、綱村の弟以外で当主が幼少でない一門仲間が名を連ねて、綱村に反省と言動の改善をもとめた諫言書を出した。受けとってから三日後に、綱村はわび状を連署人に送った。再三諫言書を読み返し、自分がわがままで短慮であることを反省して言動を改めたいと返信した。しかし、問題の行動は改まるどころか、さらにエスカレートしていった。

元禄十年の意見書には一門五家と奉行六人が連著し、綱村の圧政・悪行を告発して正通から隠居勧告を発することを求める内容であった。さらに側近に対し綱村が暴力をふるっていたことをみて彼が刃傷事件を起こすことを恐れた奉行たちは、綱村の刀と脇差をとりあげた。しかし、この段階では綱村の言動に「御公儀」（将軍・幕府）に害や迷惑をおよぼすような兆候が認められないことを理由に、正通は強制隠居に同意しなかった。さらに、正通が一門・奉行の隠居願に応じなかったもう一つの理由として、大番頭《おおばんがしら》を中心に強固に綱村支持を表明していた一派がいたことや、奉行の一人遠藤良雄《えんどうよしお》も隠居には消極的であったという藩内の意見の不一致を把握していた可能性もある。

綱宗・綱村父子二代に続き、一門が主君の強制隠居にかかわっていたことが十七世紀後半の仙台藩政の大きな特徴である。ただし寛文事件において一門の役割はまだ限定的であった。一門が集団として大名に諫言するような政治勢力に成長したのは、家内を攪乱・分断する主君から伊達の御家を守る必要に迫られていた綱村の代からであった。いうならば、一門仲間という勢力を作ったのはほかならぬ綱村自身であった。

政治勢力としての一門

仙台伊達家の一門は、藩の役職体系の外におかれる存在であった。一門には権力的基盤も政治的正当性もなく、政治的発言をする拠りどころは本来、伊達家の「御一門」という権威だけであった。一門が正当性を獲得できる道は、領内の武士・領民の声を吸い上げてその代弁者となる以外にはなかった。前述の「自分仕置」一件で一門仲間が完敗を喫したところに、その立場の脆弱性がありのままに露呈した。

仙台伊達家の一門を、改革を志す執行部に対する「保守勢力」としてとらえられるが、このとらえ方は一面的である。一門と時の権力者の平素の関係は、むしろ、協調的であった。一門が役職体系の外にいたからこそ、大名の顔色や行政組織内の利害関係から自由な立場で時の政治について意見がいえる貴重な存在であった。時の奉行などは、具体的な案件について積極的に一門に意見を求めることも珍しくなかった。一門のほうでは自分たちのこうした役割を自認し、そして自負もしていた。十八世紀後半になると、政権外の武士や一般領民からも、一門は自分たちの声を執行部に届け変化をもたらす存在として認識され、利用された（浅井陽子二〇一四）。

江戸時代の支配は儒教的な仁政を建前とした。しかし出世する官僚とは仁政を体現する者ではなく、藩庫を潤し大名の私生活に尽くす者たちであった。仙台藩の一門は、個人または「仲間」として、仙台藩の政治が抱えていた建前と現実との矛盾を埋め合わせ、大名や奉行による恣意的な権力行使や失政を制限し、ただしい施政を担保する防波堤であった。綱村代から幕末までの一世紀半をかけて、仙台伊達家では恣意的な大名中心政治が破綻を迎え、公正で領民に対し責任のある政治を実現する新しい政治の形をめざすことになる。その過程の節目ごとに、領民を含む伊達家の代弁者として一門が大きな役割を果たした。一門仲間を政治勢力にしたことは、綱村が後世に遺した数々の遺産のなかでも最大級のものの一つに数えられる。

コラム―3

仙台伊達家における武士身分の序列について

仙台藩における家臣団内の身分序列は複雑で多元的であった。

仙台藩では領民を士分《しぶん》と凡下《ぼんげ》に大別し、士分は「士《さむらい》」、凡下は庶民（農工商と下級武士）とされた。身分は、本人が登録されていた人数改帳《にんずうあらためちょう》によって決定された。農民や町人が家臣の奉公人になれば、その間だけ主人の人数改帳に記載され、武士の総人数に数えられた。しかし、その奉公人は当然士分になるわけではなく、武士身分内の庶民であった。

武士身分の中には、士分・凡下のほかに、直臣《じきしん》・陪臣《ばいしん》の区分があった。直臣は大名の家臣であり、陪臣とは、直臣が抱える家来であった。藩の足軽は直臣で、百石相当の知行をもつ一門の家老は陪臣であった。原理的に陪臣は、すべて凡下とされたが、一族以上の門閥《もんばつ》家臣のうち、主人の家老など一部上級役職についている者は、その職にいる間だけ、士分最下層の組士《くみし》相当とされた。なお、直臣・陪臣の区分は相対的であり、仙台藩の一門などが江戸にあがれば徳川直臣に対し陪臣となり、位が下であった。

仙台藩の直臣の序列では、石高はいくつもある基準のなかのひとつにすぎず、しかも、副次的な基準でしかなかった。家臣の序列で重要なものは、家格、知行形態、および役列であった。この三つは、それぞれ原理が異なっており、その間の関連性は緩かった。また、石高とは別の序列であった（巻末の表を参照）。

士分のなかで家格がもっとも重要な序列であった。その起源は戦国時代かそれ以前にさかのぼるが、十七世紀から十八世紀にかけて発展・拡張された。完成した士分の家格制は、十段階に分かれていた。最高格の一門から、一家《いっか》、準一家《じゅんいっか》、一族《いちぞく》までは、伊達宗家に直接つながる支族に擬せられた。門閥や歴々《れきれき》とも称される。一族班の成立がもっとも古く、一門は政宗の代に創出された。門閥の下には宿老《しゅくろう》、着座《ちゃくざ》、太刀上《たちあげ》、召出《めしだし》一番座・同二番座があり、宿老三家以外は、仙台城の大広間でおこなう正月儀礼における席順に由来する名称である。中世以来の伊達家の譜代家臣のほか、奉行職など上級職に就任する家の多くはこれらの班から任命された。

平士は大番組に編成され、藩の軍事と行政組織の実務を担当した。十八世紀なかほどには百石以上の家が約千家、百石以下の大番士は、知行取《ちぎょうとり》と俸禄取《ほうろくとり》合わせて二千から三千家ぐらいいた。組士や足軽と大差ない禄高の平士も少なくなかったことが仙台藩の一つの特徴である。

組士は歩兵であるので足軽と間違えられることがあるが、仙台藩では士分の最下層とされた。戦時では斬り込み部隊であったが平時には行政組織の末端を担った。十八世紀後半には千二百四十四家いた。士分の下の足軽以下の諸階層は卒《そつ》と総称され、同じ十八世紀後半には五千四百五家いた。これらの家は原則世襲され、それぞれ家を構成することになっていた。

仙台藩の家格制は、本来、家臣たちの家の由緒に基づく序列であった。由緒のなかには、大名家に対する優れた貢献（軍功や行政実績など）も含まれており、新参と古参の区別がなかったことが仙台藩の家格制の大きな特徴である。

仙台藩では、上級家臣の一部に城《しろ》、要害《ようがい》、所《ところ》、在所拝領《ざいしょはいりょう》の四つの特殊拝領形態があった。第五章第1節でこの制度について論じるが、基本形が在所で、主人およびその家臣たちが公宅として在郷屋敷を拝領し、かつ山林をも拝領するものであった。所拝領ではさらに町場（商業地区）の拝領が加わった。要害と城（刈田郡白石城一か所）では、所のほかに軍事拠点である要害か城をあわせて拝領した。これらが制度として整備されたのは四代綱村から五代吉村にかけてであった。その意味は時代とともに変容するが、新田開発をはじめ地域の交通と商業の拠点開発としての意味合いも強く、単に軍事的な機能にとどまらない広範囲な役割となっていた。綱村代には、要害拝領は家格が着座以上、在所拝領は召出以上と定められ、家格制と知行形態とのあいだの一定の関係づけがおこなわれた。しかし、唯一の城拝領の片倉家は家格が一家の末席、知行高が一万八千石であった

（ご注意）
・この用紙は、
ので、金額を記
にはっきりと記
また、本票を汚し
たりしないでくださ
・この用紙は、ゆうち
郵便局の払込機能付きA
ご利用いただけます。
・この払込書を、ゆうちょ銀
は郵便局の渉外員にお預けにな
ときは、引換えに預り証を必ずお
受け取りください。
・ご依頼人様からご提出いただきました払込書に記載されたおところ、おなまえ等は、加入者様に通知されます。
・この受領証は、払込みの証拠となるものですから大切に保管してください。

収入印紙
課税相当額以上
貼　付

印

※現金でお支払いの場合、手数料が加算されます。通帳またはキャッシュカードを利用し口座からお支払いの場合、料金に変更はございません。
※領収証は改めてお送りいたしませんので、予めご諒承下さい。

お問い合わせ　〒113-0033・東京都文京区本郷7－2－8
吉川弘文館　営業部
電話03-3813-9151　FAX03-3812-3544

この場所には、何も記載しないでください。

申し込みができます。
、記載金額を添えて郵便局で
までとさせて頂きます。
合は、ご返金いたしかねます。ご了承下さい。

ご注文ができます。
欄にご注文の書籍をご記入の上、書籍代金（本
込）に荷造送料を加えた金額をお払込み下さい。
ご注文1回の配送につき500円です。
ルやご入金が重複した際のご返金は、送料・手数料を差
せて頂く場合があります。
確認まで約7日かかります。ご諒承下さい。

本の豊かな世界と知の広がりを伝える
吉川弘文館のPR誌

本郷

定期購読のおすすめ

■『本郷』（年6冊発行）は、定期購読を申し込んで
み、直接郵送でお届けしております。この機会
購読をお願い申し上げます。ご希望の方は、何
始の号数を明記のうえ、添付の振替用紙でお
■お知り合い・ご友人にも本誌のご購読をおすすめ
いです。ご連絡を頂き次第、見本誌をお送り致します。

●購読料●　（送料共・税込）

1年（6冊分）	1,000円	2年（12冊分）	2,000円
3年（18冊分）	2,800円	4年（24冊分）	3,600円

ご送金は4年分までとさせて頂きます。
※お客様のご都合で解約される場合は、ご返金いたしかねます。ご了承下さい。

見本誌送呈　見本誌を無料でお送り致します。ご希望の方は、はがきで営業部宛ご請求下さい。

吉川弘文館
〒113-0033 東京都文京区本郷7-2-8／電話03-3813-9151
弘文館のホームページ http://www.yoshikawa-k.co.jp/

キリトリ線

頂いた方にの
にぜひ定期のご
号からか購読開
申し込み下さい。

払込取扱票

02 東京

通常払込料金加入者負担

口座記号番号	00100＝5＝244
加入者名	株式会社 吉川弘文館
金額	千 百 十 万 千 百 十 円 ※
料金	
備考	

ご依頼人・通信欄

フリガナ
※お名前
郵便番号　電話
※ご住所
※

◆「本郷」購読を希望します

購読開始　　号より

1年 1000円（6冊）　3年 2800円（18冊）
2年 2000円（12冊）　4年 3600円（24冊）
（ご希望の購読期間に○印をお付け下さい）

日附印

〈この用紙で書籍代金ご入金のお客様へ〉
代金引換便、ネット通販ご購入後のご入金の重複が増えておりますので、ご注意ください。

裏面の注意事項をお読みください。（ゆうちょ銀行）（承認番号東第53889号）

これより下部には何も記入しないでください。

各票の※印欄は、ご依頼人において記載してください。

切り取らないでお出しください。

振替払込請求書兼受領証

口座記号番号	00100＝5　244（通常払込料金加入者負担）
加入者名	株式会社 吉川弘文館
金額	千 百 十 万 千 百 十 円 ※
ご依頼人	おなまえ ※　様
料金	日附印
備考	

記載事項を訂正した場合は、その箇所に訂正印を押してください。

この受領証は、大切に保管してください。

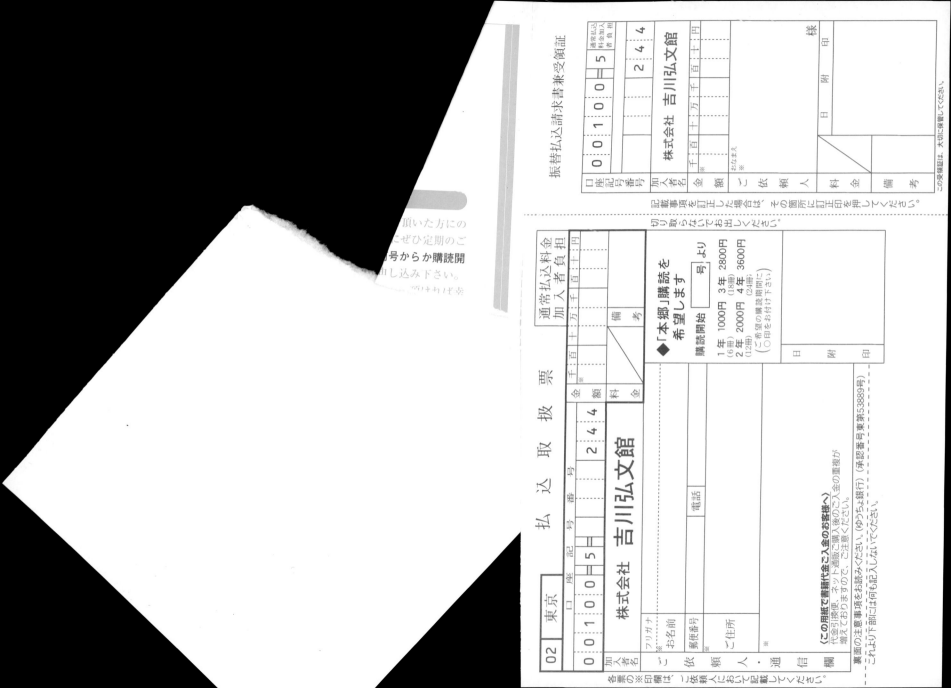

のに、一門の白河家は所拝領で知行高千四十三石余りであったように、家格、知行形態と知行高は、それぞれ別の基準となっていた。

伊達家の官僚組織が整備・発達すると、人材登用が強く求められるようになった。知行・俸禄高が少ない者でも中・上級の役職につけられるように綱村が標準役高を定めたが、さらに、少禄の者が役人として家格の高い家臣と対等にわたりあえるようにするため、役職ごとに相当する家格の対称関係も定められた。これが役列であった。

仙台藩において人材登用にあわせた標準役高と役列の制定にくわえ、石高に依拠しない家格制度と知行形態が独自の序列をつくりだしていた。家臣団内の秩序・序列が知行・禄高に依拠せず、知行・禄高が軍役の賦課基準以上の意味をほとんどもたなくなっていたことがこの藩の大きな特徴であった。

五　伊達家の十八世紀
御家安泰の時代

1　五代吉村　名君への長い道のり

改革と継承

この章では、五代大名吉村《よしむら》から八代斉村《なりむら》までの治政をあつかう。吉村は、養父綱村が遺した正負両様の遺産を引き継いだが、莫大な借金、藩財政の攪乱、家臣団の疲弊と風紀の乱れといった負の遺産の克服に生涯取り組むことになった。吉村が中興の明君として立て直した土台のうえで、宗村《むねむら》、重村《しげむら》、斉村と安定した家督の継承が寛政八年（一七九六）九代周宗《ちかむね》の家督相続まで続いた。しかし重村代から財政はふたたび悪化し、そして政争、飢饉と一揆という試練が続いて訪れた。その試練のなかから新しい伊達家のあり方への模索が芽生えた。

傍系からの入嗣

伊達家家督の継承は、戦国時代の稙宗以前から綱村代まで嫡流直系で代々継承されてきたが、綱村と正室仙姫との間には一男二女の子どもが生まれたものの三人とも五歳未満で早世した。以後、綱村は正室との間の子が生まれなくとも側妾をおかずに、一門宮床《みやとこ》伊達家宗房《むねふさ》（二代忠宗の八男）の嫡男村房《むらふさ》（当時十六歳）を、元禄八年（一六九五）綱村三十七歳のときに養子にして継嗣とした。その翌年に村房は江戸城において将軍綱吉の前で元服し、名前の一字を拝領して吉村と名乗ることになった。

公卿の女性と結婚

吉村は二十三歳となった元禄十五年（一七〇二）四月に公卿の久我《こが》従一位内大臣道誠《みちとも》の養女冬《ふゆ》姫と婚儀をあげた。公卿の女性との結婚となった理由について、綱村は、「吉村は養子であるので万が一自分に実子が産まれたら吉村は継嗣の座を譲って家臣となることになる。そうなった場合、吉村の正室が大名の娘であれば江戸での伊達家の立場が難しくなるので遠方の公卿との縁組を希望する」と説明した（柳谷慶子二〇〇三年、二六七〜二六八頁）。側妾もなく正室との間の子が三人とも亡くなってからすでに十三年経っていたことを考えると、綱村のこの懸念表明に首をかしげるほかないが、冬姫の輿入れ以降、続く伊達家の当主三人のうちの二人もまた公卿の女性を正室に迎えることになり、藤原姓を名乗り「大国」を自認する伊達家の自己認識に大きな影響を与えることになった。また、公卿出身の正室はその後、仙台伊達家のあり方に大きな影響を与えるようになった。婚儀を挙げた翌年の元禄十六年八月に、養父綱村の隠居を受けて吉村が仙台伊達家の家督を継いだ。

将軍も認める明君夫妻

寛保一年（一七四二）十一月に、吉村が持病の悪化を理由に隠居願を出したが、吉村夫妻二人あわせて諸大名の鑑《かがみ》であることを惜しんだ将軍吉宗《よしむね》はこれを認めなかった。しかし、症状がさらに悪化したため、吉宗は寛保三年に吉村の隠居と嫡男宗村の家督相続を許した。吉村の四十一年間の治政は、政宗の五十年間、養父綱村の四十四年間につぐ長さであった。隠居後、吉村は袖ヶ崎の下屋敷にうつり、八年後の宝暦一年十二月に七十二年の生涯を閉じた。

図16　五代　伊達吉村
仙台市博物館所蔵

多難の船出

吉村は隠居時までには累積借金を完納し、嫡男宗村の婚儀にともなう莫大な出費を払ってもなお三万両の軍用金を遺すことに成功した（以下断らない限り『宮城縣史』第八章による）。

しかし、吉村治世の船出は多難であった。吉村は宝永一年（一七〇四）五月、初めて入国した。この年は領内が大洪水となり、年貢収入が大きく落ち込んだ。もとより極度の財政難であったので、対策として綱村代の華美な風習を改めて倹約に励むことを家中に命じることしかできなかった。さらに、綱村が幕府の許可を得て発給した「羽書《はがき》」（藩札）により領内で物価高騰が起こり、人びとの生活を圧迫していた。吉村はその年の十二月に、翌年中に羽書を正金《しょうきん》と引き替えて藩の支出をすべて正金にすることを布告した。しかし、回収に必要な原資は藩庫にはなく、非常手段に訴えるしかなかった。家臣に対し「半地《はんち》借上《かりあげ》」（知行物成・俸禄額面の半額を「借り上げる」こと）を命じ、それとセットでまた倹約を命じた。しかし、宝永二年は干ばつと冷害がかさなり凶作となり、藩と家臣の物成収入が大きく落ち込んだ。

結局家臣から「借上げた」金を藩の財政担当者が赤字の穴埋めに流用することになり、羽書回収はつぎの年まで持ち越された。宝永三年九月には、必要な正金がまだ整わず、来年江戸参勤をしても「公義《こうぎ》御務《おつとめ》」ができる見通しが立たないこととなり「御家《おいえ》御浮沈《おふちん》」の瀬戸際に瀕していることを訴えて「諸士」のみならず「百姓町人」の富裕の者からの「借上」（貸し上げ）を募った（『仙台市史』資料編二近世一藩政一二一号）。しかし、この段階での累積借金は国許・江戸あわせて十二万三千十八両ほどで、羽書回収に必要な資金が捻出できる状況ではなかった。突如、同年の十月七日以降から羽書通用を禁じ正金のみの通用を命じる布告を出した。この措置は羽書の正金との引き替えを放棄し、保障なしに羽書を取り上げる一方的なものであった。ちょうど年貢諸役上納の時期にあたり、羽書を用意して上納に充てようとしていた家臣、百姓、商人たちが一瞬にしてその蓄えを失うことになり、百姓から城下商人まで多数の破産者が出るという深刻な被害を領内中にもたらした（無役の家臣は、知行高・禄高にあわせて役金を上納する義務があった）。

綱村治世の継承

羽書回収の顛末は、吉村政権の船出として社会的信用の失墜をもたらす結果となった。羽書回収一件で指導権を握っていたのは、綱村政権末期に頭角をあらわした奉行の布施《ふせ》定安《さだやす》と近習目附の清水《しみず》照直《てるなお》であった。目前の課題に振り回され、財政改善の長期的プランをもたないで安易に財政負担を家臣に転嫁するという政策の一貫性の欠如は、綱村の悪しき前例の継承であった。あまつさえ、羽書回収の放棄と使用禁止を布告する直前に布施が仙台市中および自分の知行地で銭の買い占めをしたために、布施・清水派の企てを市中が察知して大混乱に陥るという不祥事を起こした。また、大名の信任を独占して奉行合議を軽んじ、本来の財政専門担当の出入司を迂回するという布施・清水の政治スタイルも、まさに綱村代の悪弊そのままであった。じつは、この段階では吉村はまだ新しい奉行や出入司を任命しておらず、布施・清水以外の重職もみな綱村代以来の留任となっていた。綱村政治の問題を熟知した彼らをはじめ、藩儒者など広範囲な人々から布施・清水の政権運営に対し激しい批判があびせられていた。そのなかには一門の大身も含まれていたのはいうまでもない。しかし、これだけ大きな職権乱用と失態を演じても、布施の留任は続き、そして清水はのちに出入司に累進することになった。

積極財政への転換

布施主導の政治に転機が訪れたのは、五年後の正徳一年（一七一一）であった。倹約令（藩からみれば支出抑制令）と家臣の知行借り上げを基軸とする政策で四年間しのいだところ、正徳一年に入ってふたたび江戸での「公義《こうぎ》御務《おつとめ》」ができない状況に陥った。布施は、五カ年の知行借上げか永久の知行役上納のいずれかの実施の可否について一門仲間に意見を諮ったが、一門は布施の提案を痛烈に非難したのみならず、布施の安易な財政運用そのものを非難した。一門のみならず広範な反対にあった布施は引責辞職し、新しい財政政策の模索が始まった。宝永三年に布施派と衝突して出入司を解任された松岡安時《まつおかやすとき》の献策が吉村の目にとまり、松岡を再任して知行借上げを廃止し買米《かいまい》の再建を基本とする政策への転換を宣言した（買米とは藩が領内の米を買い上げ江戸市場に回送して利潤を得る仕組み。忠宗代以来断続的におこなわれていたが綱村以来資金不足により中断していた）。布施の受け身の施政から積極的な財政への転換を狙ったものである。しかしながら、その矢先の正徳二年に仙台藩が幕府から日光廟の修理を命じられ、すぐに家臣手伝金中止の撤回に追い込まれることになった。

家臣困窮への対応

享保一年（一七一六）に入って、藩士窮乏を救うために「催《も》合《あい》金《きん》石物《こくもつ》」制度と、困窮極まった家臣の借金返済のための仕組みを制定した。催合制度とは、有役・無役を問わずすべての家臣から知行・禄高にあわせて少額の米金を徴収し、江戸詰めの家臣とその家来（ただしいずれも侍身分相当の者だけ）に貸し付けて、江戸勤番の勤務期間を一年と短縮し、江戸勤番の負担の軽減を狙った。催合制度とあわせて困窮極まった者の奉公をすべて免じ、知行取りの場合に代官が知行地の年貢をすべて徴収して借金返済が済むまで藩が知行地年貢を借金返済に充てる、というものであった。

年貢米の江戸廻送を藩財政再建の基礎にすえていた仙台藩にとっては、当時、江戸米市場が供給過多にかたむいていたことが大きな壁となっていた。家臣に対する倹約令にくわえ、身分相応に慎ましく生きる規範を説く「百姓条令」と「町人条令」を発布し、藩役人の綱紀粛正を求める布告を出すなどして、精神論に終始した対策しか示せなかった。しかし享保七年（一七二二）から幕府から上米令《あげまいれい》（大名から領地高一万石につき米百石ずつを上納させる令）が出されると仙台の財政が行き詰った。万策尽きた吉村政権がそこで財政問題の根本的解決策を打ち出すことにした。享保十年正月の仕事始めで吉村は、忠宗の寛永の総検地以来、伊達家としての初めての「大改《おおあらため》」という大規模検地をおこなうと宣言した。

財政再建と「大改」（検地）

忠宗検地以来、耕地と耕作者・保有者関係の調査はおこなわれておらず、検地帳と現地の実状との大きなズレが生じていた。さらに、既存の耕地の周辺を給人と農民が少しずつ拡張していく「切り添え新田《きそしんでん》」が検地を受けない隠田《いんでん》となっていたこと、検地帳が紛失されている村もあることなど、忠宗代の検地帳がもはや年貢徴収と土地保有関係の基礎台帳としての機能を果たさなくなっていたことが「大改」が必要である理由として掲げられた。したがって、建て前として「大改」は総検地と違って係争地や不明地だけを対象とすることになっていたが、栗原郡で「大改」の実施が始まると現地役人が総検地同様の態勢で取り組んでいることがあきらかになった。疲弊しきっていた家臣と農民のあいだに発足以来くすぶっていた吉村政権に対する不信が、「大改」反対の大合唱となった。当時のことばでは「士民《しみん》」すなわち武士と百姓などの双方が、「大改」の本質を検地帳外れ地の蔵入地化と考え、政権側の「貪欲《どんよく》」・「私曲《しきょく》」（不正）として拒絶した。

忠宗の「祖法」への回帰を大義名分とする「大改」ではあったが、じつは、忠宗代の総検地はその当初から、測量がゆるくおこなわれ、農民と知行主に意図的に一定のゆとりを認めるものであった（J・F・モリス一九八八）。忠宗検知の実測値と実態とのズレがあったからこそ、農民は代々年貢諸役の負担と自然災害などに耐えてこられたのである。吉村が提案した「大改」は、忠宗以来農民が保障されていた余力を奪いとるおそれがあった。非難の大合唱には一門仲間もくわわった。彼らは、知行主として、また自分の家中と知行地農民の代弁者として、反対する理由は数多あった。しかし一門は、領内の民意を代弁して、藩が「大改」を強行した場合に「士民噪動《そうどう》」（領内騒動・一揆）となること、また検地の結果として新たな内高《うちだか》を報告すれば幕府から予期せぬ介入を引き起こす危険性があることの指摘に終始した。「大改」が引き起こす連鎖反応が御家の危機にまで発展し、仙台伊達家の安泰を脅かす危険があるという論理であった。

「大改」中止の意味

享保十一年（一七二六）八月に「大改」の中止が発表され、責任者の出入司岩淵安次《いわぶちやすつぐ》は職務怠慢・不正行為の廉で家禄没収、士分剝奪・城下十里外への追放となった。在任末期になって岩淵は命じられた仕事をこなせなくなっていたが、これは過度のストレスによる精神疾患を発症していた可能性があろう（藩役人のストレスと健康被害について、J・F・モリス〔二〇〇九〕第二章第二節を参照されたい）。

「大改」中止の背景に、大名権力を制限する一門仲間を保守勢力として否定的にみる評価があるが、この見方は一面的すぎる。一門仲間はあくまでも当時の世論を藩執行部に届けたのであって、綱村代に続いて一門は大名権力、そしてその執行機関である奉行などの藩官僚の権限を侵害しないようにつねに細心の注意を払っていたのである。「大改」が中止に追い込まれた根本的な原因は、「士民」の信用を踏みにじって彼らに多大な犠牲を強いてきた吉村政権の一連の失政の必然の帰結であり、一門仲間の政治的発言は、吉村政権を人心離反が招く危機から守ったという評価のほうが実態であろう。とはいえ、藩執行部が「大改」の実施を放棄したことは、藩の蔵入地不足という慢性的・構造的な財政上の問題の打開だけではなく、忠宗代以来、農村支配の基礎となっていた検地帳が農村・耕地の実態を十分に反映しなくなっていた問題の解決策を放棄したことにほかならなかった。後者の問題については、藩が年貢の査定・徴収法を転換させ「総毛田《そうもうた》地見《じみ》」という年貢査定法を導入して、年貢徴収法の原理を検地帳から毎年の作柄を実地調査する検見《けみ》制に基づく方式にかえることで対処した。

買米制度の確立

「大改」計画が頓挫したあと、吉村は財政担当人員の総入れ替えをして態勢の立て直しを図った。財政再建担当に吉村の信任厚い奉行葦名《あしな》刑部盛連《ぎょうぶもりつら》を任命し、出入司、郡奉行と勘定奉行二人からなる五人の財政再建チームを組んだ。手始めに勘定奉行の石川信安《いしかわのぶやす》が数値目標を掲げた役所内の経費削減プランと藩の年間予算を制定した。これだけでは従来の財政取り組みと大同小異であったが、葦名たちは享保十四年（一七二九）に五分一知行役というあらたな知行役を、家臣たちを説得して徴収し、前述の徹底した経費節減などとあわせて十万両の基金を確保した。これを元手に、領内の家臣年貢米および百姓流通米を、前金を貸し付けてすべて独占的に買い取り江戸に回送するという、まさに領内米の専買制度を作り上げたのである。あわせて米の他領への輸出を藩境や港の番所で差し止めるという徹底した米の流通統制政策も敷いた。農民にとっては収穫前に現金が入手でき、秋の収穫までの借金をせずに済んだので、これまでの藩の政策と違って歓迎された。しかしながら、当初は、幕府の上米令と江戸米市場に対する統制によって大きな利益をあげられなかったが、享保十七年に西日本は天候不順とイナゴなど害虫の大群襲来により飢饉となり、江戸市中は深刻な米不足になり（享保の大飢饉）、江戸市場の米価が仙台領内の米価のほぼ二倍にまではねあがった。領内の蔵入地年貢米のほかに家臣年貢米および農民の流通米をすべて吸い上げる体制を作っていた仙台藩は、財政が一気に黒字に転じることになった。起死回生のチャンスをつかんでの危機脱出であった。

黒字財政への転換

西日本の飢饉が収束して江戸の米価が下値に戻っても、領内と江戸をむすぶ圧倒的な米販売体制を築き上げた仙台藩は、第六代宗村《むねむら》のときまで、厳格な支出抑制の堅持とくみあわせて黒字財政を維持し続けることができた。買米制の確立によって藩は、蔵入地不足という政宗代以来の難題を流通政策で緩和することに成功し、かつ、当初、家臣と農民にとって利益となる形で制度を運用できた。しかし、七代重村の代に藩支出抑制のタガが外れると買米制本金の準備が思うようにできなくなり、この制度が収奪的な性格をおびるようになっていく。

買米制度を立案したブレーンの勘定奉行石川信安自身は、この制度は非常手段であり長くても三十年以上は続けられないと考えていたが（『宮城県史』二）、背に腹は代えられず藩は幕末までこの制度を維持した。仙台藩では吉村代から米作以外の産業を育成するために努力を重ねはしたが、基幹産業となるほどに育つものはなかった。藩執行部は、つねに吉村の満塁ホームランのまぼろしを追い続け、米単作への過度の依存が起こす経済構造の脆弱性、すなわち打ち続く不天候・凶作・飢饉の連鎖が藩経済におよぼす悪影響を緩衝できなかった。

吉村治世の遺産

吉村の治政は、養父綱村が遺した八方ふさがりの財政状況から脱出するための試行錯誤の連続であった。最終的には西日本での大飢饉に「助けられた」形で窮状を脱出できたが、そこにいたるまでの過程では、領内「士民」すなわち武士と庶民双方の合意がないと政策を進めることが困難であること、そして藩執行部に対し「士民」の声を届ける存在としての一門仲間が、大名と領民とのあいだを仲介・媒介する重大な役割を担っていたことが浮き彫りになった。

吉村は財政再建以外にも役職体系の再建、家臣の軍役負担の明文化と制限など、数多くの政策を精力的に遂行した。なかでもその後の仙台伊達家の御家にとってとくに重要なものをピックアップして紹介したい。

正室の地位向上

吉村のもとでは、仙台伊達家における女性の地位が向上した。吉村の正室冬姫は、公卿久我氏の出であった。孫の重村代の記録によると、冬姫は、吉村の緊縮財政・倹約に呼応して仙台伊達家奥方に質素を旨とする「家風」をつくった。吉村のほうでは、二人の実子であった久村《ひさむら》（のちの宗村）が嗣君《しくん》として独立したことをきっかけに、一部の家臣が正月などの年中行事のときに、そして将来的に嗣君の継目家督の御礼においても、冬姫と贈答儀礼を取り交わすように定めた。内容的には「お肴代」の献上という些細なものではあったが、正室が表の男性家臣とのあいだに大名と継嗣同様に主従の紐帯を結び、正室も家臣の奉公の対象であるという象徴的な意味は大きかった（柳谷慶子二〇〇三）。

側室制度の設置

正室以外に当主の子どもを産む役割を担っていた女性たちについても、吉村代にその地位を明確にして、側妾から側室に格上げした。従来こうした女性たちは奥女中にすぎず、大名の子どもを産んでも地位に変化はなかった。吉村代に、彼女たちに奥方女中とは異なる、屋形様方上臈《やかたさまかたじょうろう》を頂点とする七段階の格が与えられた。さらに出産の有無にかかわらず彼女ら全員が、「御一門格《ごいちもんかく》」という表《おもて》の家臣団の家格序列で最高位に相当する格式を与えられた（柳谷慶子二〇一〇）。

奥方の役割の拡大

一般的には大名の奥方の第一義的な使命は、家の継嗣をはじめ当主の子どもをたくさん産み育てることであった。しかしそれにとどまらず、正室は将軍家の大奥をはじめ他の大名家の奥方などとの贈答儀礼をも司り、贈答用の衣服の裁縫・仕立てなどの調達と管理もおこなった。さらに仙台伊達家は忠宗代に将軍家から正室を迎えたことで、徳川家ととくに親しい関係にある大名家だけに許された「女使《おんなつかい》」を大奥に送る特別な格式の任務もあった（柳谷慶子二〇一三）。男社会の「表」の世界とはべつに女性同士の「家」としての外交があり、とくに婚姻関係の決定にこちらのルートが大きな役割を果たした。吉村の奥方改革によって、正室には伊達家の表の政治にもかかわる足場を与えることになった。さらに側妾を側室にして表の一門相当の格式を与えたことも、当主または前当主の生母として正室同様に伊達の御家を守るという立場から、表の政治とかかわるきっかけを与えることになっていく。

大身家臣の知行体系の整備

吉村代には、綱村代に手掛けられた大身給人の特殊な拝領形態の整理が完成し、以後、それが家臣団のなかのひとつの格式として機能するようになった。仙台藩の知行制度の特徴となっている城《しろ》、要害《ようがい》、所《ところ》拝領、在所《ざいしょ》拝領の整備である。実態として、天正十九年（一五九一）の豊臣秀吉の第二次奥羽《おうう》仕置《しおき》以来、領内の要所に大身家臣が在郷屋敷、家中・足軽屋敷など、および町場を拝領してきた。なかでも刈田《かつた》郡白石の地は、元和一年(一六一五)の幕府の一国一城令《いっこくいちじょうれい》以来、仙台城と一緒に幕府が公認する「城」として格づけられていた。

しかし、白石城以外にも「城がましき」居館が領内各地にあり、天和一年(一六八一)に幕府が仙台と白石城の絵図の提出を求めたことをきっかけに、綱村政権では大身給人の在郷状況の調査と整理をおこなった。幕府との折衝をへて貞享四年(一六八七)には、「城」より一段下の「要害」という格付けを設定して領内約二十ヶ所に適用した。「要害」の場合、「城」と違って通常の修繕には幕府への届け出は無用とされたが、構造を変更する普請についてだけ事前届と許可が必要とされた。これによって「要害」も幕府の城郭統制に組み込まれた反面、知行主にとっては居館が未指定であるよりは格があがったことをも意味した。

このようにして綱村代に幕府の介入への対応として大身給人の知行地の整理と格付けがおこなわれたが、吉村代の享保十二年にその内容をさらに吟味して、名称を、「要害」「所拝領」「在所拝領」「在郷《ざいごう》」の計四形態に整理し、その内容を公表した。基本形は在所拝領で、在郷屋敷、家中・足軽屋敷と山林を拝領する形態である。この基本形にさらに「町場」(公認の定期市があり伝馬役など各種夫役や営業税を負担する区画)を含む場合には所拝領となる。さらに町場にくわえ居館が城郭に準ずると指定された場合には、その城郭が要害と呼ばれた。主人の在郷屋敷と家中・足軽屋敷が大名らの拝領であったことは、これらが給人の私有物ではなく公共の建物で要害・所・在所知行に付属するものであることを意味した。最後の「在郷」とは、給人の在郷屋敷に家中・足軽屋敷を自己負担で知行地で取り立てた場合をさし、在所拝領などの格外であることを意味した。綱村代に要害を拝領した場合には家格が着座以上、所・在所拝領の場合は召出《めしだし》以上と定められ、平士《ひらざむらい》が在所拝領以上となった場合に家格が引き上げられることになった。

さらに、綱村代の元禄十四年(一七〇一)に決定された給人自分仕置禁止について、吉村代の享保十二年(一七二六)に所拝領に対し戸結《とゆい》・縄懸《なわかけ》・押込《おしこみ》の三カ条の罰をみとめ、元文二年(一七三七)には前三カ条にくわえ大肝煎・

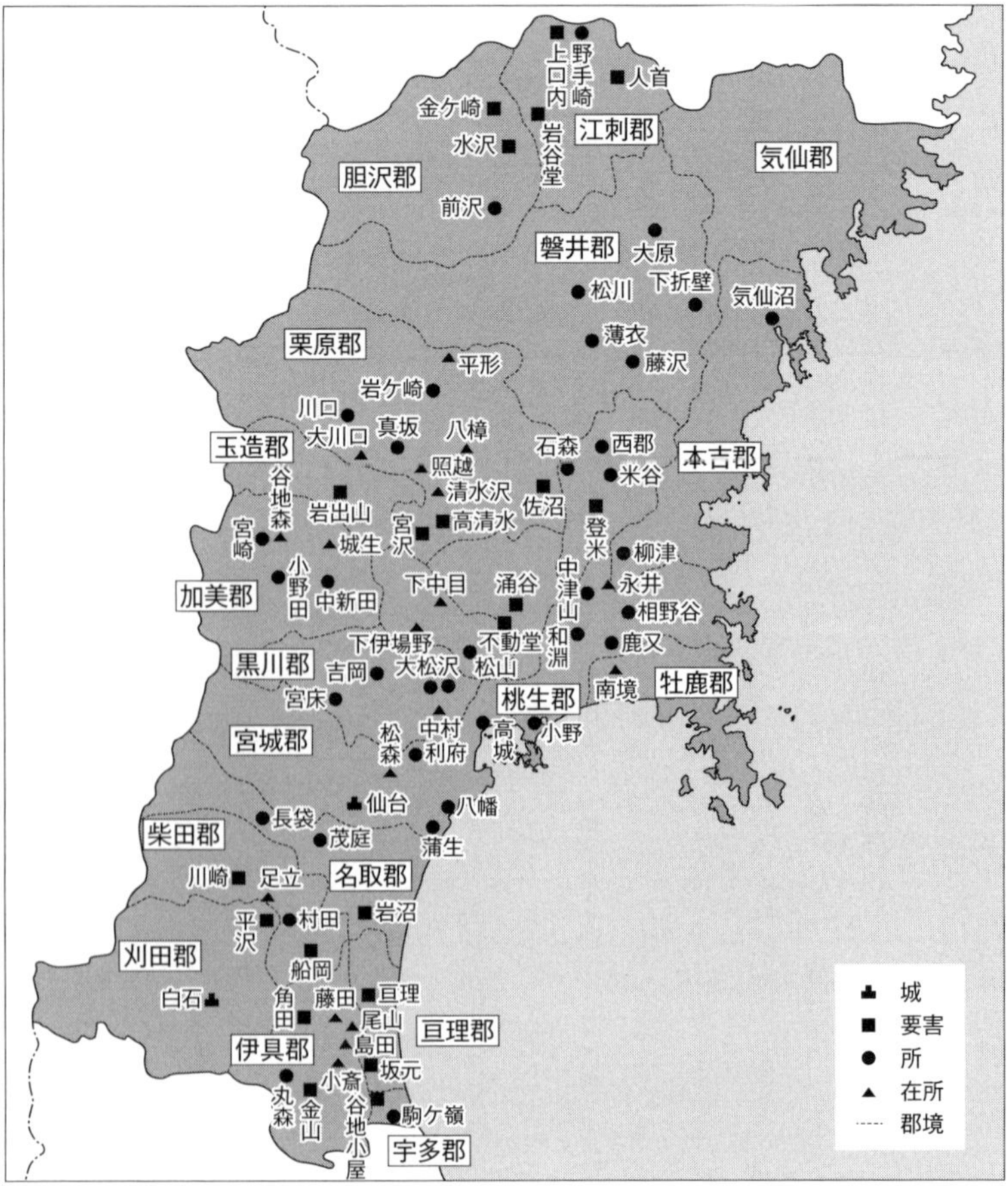

図17　嘉永5年（1852）の城・要害・所・在所の分布　『仙台市史　通史編』をもとに作成

肝煎・検断《けんだん》の任免権を認めかつ公表した（小林清治一九八二、三一～四〇頁。検断は町場の役人）。戸結などの三カ条は刑事法上の処罰には該当せず、その認可とは武士への慮外に対する懲らしめ程度のものであった。元禄十四年の自分仕置禁止一件以来、大身給人たちが藩代官の黙認のもと実施してきたものを追認したものであった。綱村代から始まった大身給人の知行地をめぐるこの一連の措置の原点が幕府からの働きかけにあった以上、ここには大名権力と大身給人・一門仲間の利害対立よりも、仙台伊達家が幕府の要求に応えながら自家の独自性を維持して対外的に自家の格式を誇示する腐心の過程をみるべきであろう。

藩校の創設

吉村が創設してのちの仙台藩に大きく貢献するようになったものには、藩校があった。享保六年（一七二一）以来、人材登用を支えるために教育を通して藩士子弟の能力を養成する藩校の必要性を説く意見書を奉行の遠藤守信《もりのぶ》や藩儒らが提出していたが、緊縮財政を堅持していた当時の吉村にはこうした案に耳をかす余裕はなかった。しかし、享保二十年に儒官の高橋玉齋《ぎょくさい》が藩士の旧宅を改造して約八十人が入れる講釈座敷という簡易な学問所（「学文所」）をつくるという案を献策して採用された。開校は翌年の元文一年になった。校長にあたる学問所主立《おもだち》には高橋が就任し、儒教経典の読書と講釈を担当する四人の指南役が任命された。規模が小さく内容も限られていたので期待されたほどの成果はあがらなかったが、その後の藩政の推移の中で広範囲な人材養成の必要性が認められると学問所が大きく拡張され、仙台藩の政治・行政のみならず、西洋からの技術移転にも大きく貢献するようになった。

学校設立に当たって吉村は、教育の基本として実学を重んじること、および尊卑長幼《そんぴちょうよう》の序列を遵守して礼儀を教える方針を示した。前者の実学の尊重が、この学校が以後、藩政を人材養成と新技術の導入という両面で支えていく役割の土台となった。対して、後者の尊卑長幼の尊重とは、つまり門閥家臣層を頂点とする仙台伊達家の武士社会内の序列と、庶民に対する武士の優位の堅持を意味した。よくいえば、社会的安定の維持を意図した方針であった。しかし、人材登用のための教育機関であるからこそ、この方針に疑問をもつ意見もあった。指南役の一人芦東《あしとう》山《ざん》は、当初から侍身分の者だけではなく能力ある下級武士や庶民の入学をも認めるべきと主張したことにくわえ、受講者の席順を家格順とすることに反対していた。東山自身が磐井郡《いわい》東山渋民村《ひがしやましぶたみ》（現岩手県一関市大東町渋民）の農家の出身で、その優れた才能を認められ吉村に儒官に取り立てられたが、当時としては過激な平等思想のために蟄居の刑を命じられ、元文三年（一七三八）から宝暦十一年（一七六一）までの二十三年間、幽閉された。吉村は東山の主張を拒絶したが、以後、学問所の席順の改定に仙台伊達家における社会序列認識の変化が凝縮されて表れていく。

吉村は名君か―中下級武士からの視点

吉村は、支出を抑え収入を大きく増やすことによって藩財政の収支バランスを立て直し、家臣の風紀をも矯正した中興の明君として評価される。理想の君主として、当時ほかならぬ八代将軍徳川吉宗から夫人冬姫と一緒にたたえられた。しかし、吉村の息子である田村村隆《むらたか》（一関藩主）が吉村の治政を念頭において、宝暦六年（一七五六）に十五歳の若さで七代大名となった甥の伊達重村《しげむら》に対し、奉行が倹約の励行を勧めてきても「下《しも》の痛ミ」となるので聞き入れてはならないと進言した。もし重村が倹約を実行して「下」から吝嗇《りんしょく》とみられるようなことになったら、「御一国は治まりかね、御国家一乱の基《もと》」となると諭した（『伊達家文書』八巻、二七八〇号）。吉村政権下で繰り広げられた政策論争の背景には、藩の公式記録や役人・門閥家臣の書簡にはめったに表れない「下」という中下級家臣の存在があったことを示す、貴重な証言である。村隆自身が「下」の範囲をどこまでと考えていたかあきらかではないが、吉村の経費抑制政策のために微禄の家臣が数多く職を失ったと思われる。仙台藩に関する歴史研究は、公的・私的史料の作成・伝存の特徴からして、侍身分の上位三六パーセントの姿しか見ていないという指摘がある（堀田幸義二〇一六）。政宗代以来の仙台藩における家臣召し抱えの基準には、家の由緒と家臣による新田開発という二つの要素が大きくかかわったため、馬上の侍となる基準である百石より少ない知行・俸禄をはむ家臣が、仙台藩の侍身分の六四パーセントにもなっていた。この層にとって、不作や知行借上げ・知行役により実収入が減ることは大問題であった。また代官所機構内の下位の役職や、藩庁のなかの記録係などに就任して役職手当や各種役得を得ることが、この層にとって生計を維持するためには欠かせなかった。無駄を省いた吉村の倹約政策がこの層を直撃して大きな生活苦に陥れたことは想像に難くない。仙台藩の政治抗争をみる場合には、この層の動向を史料上直接確認できなくとも、念頭に置く必要がある（J・F・モリス二〇〇九）。

2　七代重村　飢饉、政変、そして女性の台頭

重村の襲封と治政

七代大名重村は、寛保二年（一七四二）仙台で六代目宗村《むねむら》側室坂《さか》氏の子として産まれた。父宗村が三十九歳の若さで病没したことにより、重村は宝暦六年七月に十五歳の若さで家督を継ぐことになった。若年当主の襲封により、伯父の田村村隆が後見役を命じられた。宝暦十年には従妹《いとこ》の関白近衛《このえ》内前《うちさき》の養女（大納言広幡長忠の娘）惇《あつ》姫（年子、のち観心院）と結婚した。重村は寛政二年（一七九〇）に隠居し、寛政八年に五十五歳で死去した。

重村は政治向きには関心が薄かったとされるが、不作や飢饉の多発により治世中に強い指導力を求められた。強い求心力を欠いた藩執行部による無策や失策の連続の先に、藩政のあり方を大きく変えることになる新しい政治理念と実践の模索が始まった。重村代にこの模索がもっとも先鋭な形で表に現れたものが、後の宝暦六年（一七五六）と安永二年（一七七三）という二回にわたる奉行の処罰・交代劇という政変であった。その先には伊達の「家」と仙台藩（「国」）が合体した「国家」という新しい政治的概念が、藩官吏や家臣の間で語られるようになった。実際の政治過程には関心が薄かったものの、重村自身は、藩の学問所を改革して、新しい政治を担える人材の育成への道を開いた。ほかに重村と正室惇姫（観心院）のもとで伊達家のなかの女性の地位のさらなる整備がおこなわれた。その結果、伊達家の女性たちが「表」の政治に一定の影響力をもちはじめるようになり、重村亡きあとにこのこと

表１　宝暦から天明期までの仙台領損毛高

年　次	災　害	損害高(石)
宝暦５年(1755)	洪水・冷害	540,000
宝暦13年(1763)	洪水	160,000
明和２年(1765)	旱損	309,700
安永１年(1772)	旱損	320,000
安永３年(1774)	冷害	318,000
安永４年(1775)	天候不順	317,000
安永５年(1776)	長雨・台風雨	400,000
安永６年(1777)	長雨	447,000
安永７年(1778)	洪水	353,000
安永８年(1779)	洪水	280,000
安永９年(1780)	洪水	282,000
天明１年(1781)	洪水	286,000
天明２年(1782)	水害	272,000
天明３年(1783)	長雨・天候不順	565,000
天明５年(1785)	長雨・水害	*552,000
天明７年(1787)	長雨・洪水	313,000

*仙台領および常陸, 下総, 近江領の合計損害高
出典：作並清亮編『東藩史稿』1

がやがて「国家」の危機を救うことになる。

打ち続く天災と人災

重村の父宗村が家督を継いだときには五代の吉村政権の努力の成果として藩財政は潤沢であったが、宗村の度重なる倹約令・財政緊縮もむなしく、米価の長期的低迷と支出増の狭間で赤字に向かっていた。そのところに宝暦一年（一七五一）に幕府から日光廟普請を命じられ多大な支出を強いられた。宝暦三年には洪水となり十八万四千二百石以上の損毛《そんもう》をこうむった。宝暦五年には、洪水と冷害が重なり五十四万五千三百石以上の損毛高となり翌年にかけて宝暦の大飢饉を引き起こすことになった。飢饉が進行していたところに宗村が病床に伏し、容態の悪化を恐れた奉行たちは飢饉の情報を言上しなかった。脇から領民の窮状を知った宗村は激怒して独自判断で一万両を窮民救済に支出し、領民救済をしなかった奉行たちの不甲斐なさを叱りつけた。そのあとから宗村の病状が悪化し、この時の怒りが死期を早めたと当時受け止められた。享年三十九であった。

重村の襲封後も宝暦五年の不作による飢饉がまだ進行中であり、また天明三年（一七八三）から八年まで続いた天明の大飢饉に見舞われたほかに、幕府に報告するほどの不作に十二回も見舞われた。とくに安永一年（一七七二）から天明二年（一七八二）までの十年間のあいだに九回も二十万石以上の不作となった。農村が疲弊しきっていたところへ天明三年に五十六万五千石、天明五年にほぼ同等の損毛、そして天明七年には三十一万石以上の損毛高となった。しかし、不作を大飢饉に導いたのは、藩の対応であった。

仙台藩で不作が続いていたのに江戸の米市場は下落しており、累積した藩の借金返済は思うように進まなかった。

そこで両度の飢饉の前の年に藩が郡ごとに蓄えられていた「貯石」（貯穀）までを江戸に回送し、藩による備荒・救《きゅう》恤《じゅつ》システムの土台を崩した。さらに飢饉が進行しはじめても集められた年貢米を救恤に回すことを許さずに、それも江戸に回送するという飢餓移出を強行した。このようにしてできあがった飢饉状況のなかでの死者の正確な数はわからないが、宝暦の飢饉については藩執行部で約二万人とみており、民間の史料では四万人ほどとみているものもある（菊池勇夫二〇〇三）。天明の飢饉については三十万人という推計があり（『宮城県史』二二）、天明の飢饉による死者数の規模が突出していたことがうかがえる。しかも餓死のほか、極度の栄養失調による免疫力の低下が招いた疫病の流行による死者も大勢含まれていた。飢饉の経過や人びとの対応については『仙台市史』などに譲ることにして、この二度の大飢饉という集団的トラウマが仙台伊達家の政治にどのような変容をもたらしたかについて焦点を絞って検討する。

奉行はなぜ無策であったか

宝暦の大飢饉を経験しても、執行部は飢饉に備えることの重大さを学習するどころか、ほぼ一貫して対応を間違えたのである。たとえば、死に際に宗村がうながした一万両の救恤金が支出された形跡もない。執行部が対応を怠ったまたは間違えたことの背景をみると、統治システムとしての当時の藩政の限界と課題がみえてくる。

藩執行部、具体的には政策全般を統括する奉行および財政・民政を専門とする出入司と、直接庶民と向きあう郡奉行・代官と町奉行とのあいだで飢饉対応についての認識が大きく異なっていた。執行部にとって藩政の第一の目標は、江戸での御公儀（将軍・幕府）に対する大名の「お勤め」を維持することであり、至上命題であった。幕府から課された諸役（寺社修造、河川の普請役など）のほかに、江戸城を中心に繰り広げられる儀礼と社交に参加することも当時の武家社会では欠かすことができない重大なお勤めであった。将軍家に対するこうした互酬的な贈答関係は、仙台伊達家の「大国」としての誇示と自己実現の主要な手段であり場でもあった。

図18　七代　伊達重村
仙台市博物館所蔵

重村の猟官運動

その典型となった一件は、明和一年（一七六四）秋に、官位昇進のライバルとして仙台伊達家が意識していた薩摩藩の八代大名島津《しまづ》重豪《しげひで》に先を越されたときの重村が開始した猟官《りょうかん》運動であった。重村自身の指揮のもと、幕府のときの実力者にくわえ一ツ橋家家老や大奥老女までを巻き込んだ贈与と、普通は忌避される幕府普請役を積極的に引き受けて徳川家に対する奉仕の実績をつくるという、二本の柱からなる攻勢を展開した。それが功を奏して、明和四年一月に幕府から関東諸川普請の手伝役を命じられるという「業績」を得て、同年の十二月に重村が念願の従四位上・左中《さちゅう》将《じょう》に昇進した。重村自身は大変感激したが、諸川普請にかかった二十二万両を捻出するために家臣の知行借上げを実行することになり、以後、これがほぼ恒常化した。しかしそれでは資金がまだたりず、庶民から献金を募った。献金した三百人以上の庶民に献金額に応じて苗字帯刀と知行の宛行が認められた。このいわゆる「金上侍《かねあげさむらい》」の大量創出により、士分と庶民との身分的境界線を乱すことになった。おりしも明和二年に仙台領は、干ばつによって三十一万石弱の損毛高となっており、やがて明和七年には藩の借金は六十一万両弱、借米は二万石以上に膨れ上がることになった。大名個人の自己満足のための家臣の知行借上げの慢性化と窮乏の促進、さらに藩内身分序列の攪乱という代価は顧みられなかった。

出世する役職

執行部の視野に領内庶民が入っていなかったことのもう一つの理由として、当時の官僚組織の体質の問題もあった。仙台藩政を総覧して統括する奉行の典型的な選別・養成コースとは、小姓頭から中次《もうしつぎ》、近習《きんじゅう》、祭祀《さいし》奉行《ぶぎょう》、若年寄《わかどしより》（「若老」とも）といった、大名自身の近辺の世話をする役職を中心にしていた。若年寄の勤務の記録が一部、現存する。そこには政治向きの案件にかかわる記述はなく、早朝から大名に仕え大名の家臣との対面やその他の儀礼をそつなく仕切ることが中心の役職であることがわかる（野本禎司二〇二二、所収「若老方日記」、「御申次手扣」）。奉行出世コースの諸役職は、江戸詰めが長期にわたり、大名の帰国にともなって勤務地が仙台となった場合でも城下の外に出るのは大名にしたがうとき（狩猟など）だけであった。心理的にも物理的にも庶民のリアルな暮らしが視野に入ってくることがほとんどなかった。

奉行たちの認識を示す象徴的な出来事がある。宝暦六年に重村襲封を機に奉行同士の指導権争い事件が起こるが、そのときに敵対した奉行の柴田成義《なりよし》と奥山良風《よしかぜ》の双方が囲い米をして、それを飢餓人救済に出し渋っていたとされる（菊池勇夫二〇〇三）。現代の価値観からみると冷酷すぎる判断にみえるが、本人たちは、囲い米を高く売って、江戸勤務による自家の多額な累積赤字を返済することこそが、大名に仕える身としての適切な判断とみていたのであろう。

出入司についても、勤務地は仙台城二の丸勘定所か江戸藩邸が中心で、出入司みずからが農民または城下町民の暮らしを直接みる機会は、職務上ほとんどなかった。大名とその家族への奉仕がもっとも評価された奉行と違って、出入司になるのには一定の「実績」は必要であったが、その場合もっとも評価されたのは民政領域ではなく、もっぱら財政領域での「業績」であった。天明の飢饉のころになると実務担当役人について人材登用が進んでいて、少なくとも一部の役人の採用にあたって任命前に施策構想を説く「論文」の提出を求める例がみられることや、知行高より本人の適性を重んじて採用する例も確認できる。任命前に一定程度の客観的な評価基準を設けて候補者の適性を図ろうとする姿勢がみえる。しかしながら、勤役中の業績により知行の加増を勝ち取った官僚は、飢饉のときに窮民の救済や農民の負担軽減のために身を粉にして働いた官僚ではなく、庶民や中下級家臣を苦しめた藩札の発行や悪質な鉄銭の鋳造を担当した官僚であった（天明四年から仙台藩は銀札を発行したが、正貨の裏付けがなく市場での信用を失い、物価高騰を招いて人びとの生活苦に拍車をかける結果となった）。儒教的な仁政理念とは裏腹に、重村政権で実際に出世した官僚の多くは、庶民を苦しめていた者たちである（J・F・モリス二〇〇九）。

このようにして、重村代に大小の凶作と二度の大飢饉を経験して、仁政を建前としながらも実態として大名個人と大名の家への奉仕を第一とする官僚組織が、その使命と存在意義を厳しく問われることになった。このような背景で重村治世を特徴づけるもう二つのべつの大事件、すなわち宝暦六年と安永二年の政変・奉行更迭事件の意味を考えることにする。

打ち続く政変
——宝暦六年事件

重村代の二つの政変については不明の点が多いが、現在わかっている情報を検証すると、この二つの事件を通して、大名個人への奉仕を至上命題とする従来の藩官僚制の問題と、その改革を求める動きのせめぎ合いがみえてくる。

最初の政変は、重村が家督を継いだ宝暦六年（一七五六）の九月から表面化し、同年閏十一月に一部奉行の処罰と交代で収束した。発端は、国奉行の柴田《しばた》成義《なりよし》と遠藤善信《よしのぶ》が、大條道頼《おおえだみちより》と但木《ただき》顕行《あきゆき》を奉行に加えるよう、同職の津《つ》田《だ》定康《さだやす》、奥山良風《おくやまよしかぜ》と葦名《あしな》盛壽《もりとし》に提案したことであった。柴田と遠藤は、宗村逝去の一年前以内に奉行に新規に任命され、二人は宗村がこよなく愛した乗馬（柴田）と和歌（遠藤）で主君と個人的に深く結びついていた。対して津田と奥山は宗村治政初期からの奉行であった。葦名はややおくれて寛延三年（一七五〇）に任命されたが、宗村の信頼が厚かったとみえ宗村の霊柩を江戸から仙台に護送して、さらに葬儀奉行を務めた。奉行同士の衝突は、新任の柴田・遠藤と、ベテランの津田・奥山の対立として始まった。葦名は、柴田・遠藤案からの人事案についていったん同意したが、奉行列座の審議のなかで反対に回った。人事案をめぐる両派の主張を記した柴田・遠藤の連名意見書をみると、葦名が反対に回ったのも当然であった。

奉行の資質を問う

高齢の大條は視力を失い業務関係の文書が読めなくなっていた。また但木は、柴田・遠藤も当初から認めるほど「才智はちとにぶ」く、宗村代から奉行職に堪えられない人物として知られていたのである（但木は奉行職を父から世襲して三十二年間勤めた後に寛延一年〈一七四八〉に表向き困窮を理由に辞職した。勤務中の業績には大名とその家族の身辺への奉仕しかない）。柴田と遠藤の案は、つまり、業務文書が読めなくとも、または理解できなくとも奉行職は務まるということを意味するものであった。津田・奥山に人事案の無理を突かれた柴田・遠藤は最終的に、自分二人は「人の信用・服従が薄」く「下知」を無視される結果、「実ハ御法度《ごはっと》の乱れ、御国家の御〆《おしま》りが弛《ゆる》ミ候《そうろう》方ニ相成《あいな》」ると、領内統治が行き届かなくなり「御国家」の存続の危機となると主張した。欠点はあっても、奉行にふさわしい人材が不足している当世では、前例・旧例を熟知していて人望が厚く「人心相《じんしんあい》服《ふく》する」大條と但木であれば「国家」は治まるという。実務をこなす人物だけではなく、家臣から信頼されることも奉行に不可欠の資質であるという主張である。暗に津田と奥山では「国家」が弛み治まらなくなることを示唆しているとも読める。津田・奥山の反対で行き詰った若手二人は、九月に重宗に親裁を仰ぐ前述の意見書を提出するにいたった（『伊達家文書』八巻、二七七二号）。

奉行三人の処分

柴田の主張にしたがえば、新旧奉行の対立の背景には藩政方針に対する家臣団内の深刻な不満が鬱積していた。その不満を酌んで柴田・遠藤派に呼応する形で、一門仲間からも五人が連名で、現状の政事《まつりごと》では「御国家」は治まらないので津田と葦名を交代させ大條・但木と中島成康《なかじまなりやす》を奉行に任命することを重村に進言した。重村は奉行同士の調整を後見人の田村村隆に依頼したが、関係がさらにこじれた。しかし、宗村が死の約二年前に書いた遺言を葦名が預かっていたのにそれを他の奉行に報告していなかったという失態があり、津田がこのことを隠匿するよう葦名に指示していたことが判明すると、政争が事件へと急展開した。田村が津田と葦名の処分に他の奉行の同意を得ようとしたところ、その内容に納得できない奥山は、幕閣や親戚大名への直訴をほのめかして田村たちを脅迫したため、奥山も処罰の対象者になった。十一月に裁定が下され、津田は領地没収・一門石川家への預りで生涯禁固、奥山は罷免の上領地三分の二没収（翌年に領地替え）、葦名は罷免の上閉門（翌年に領地替え）を命じられた。閏十一月に中島、大條、但木にくわえ、重村の部屋住み時代の「世子老《せいしろう》」を務めた芝多康文《やすふみ》があらたに奉行に任命された。

大名の面子

事件の引き金となった葦名の失態に対しての処分に比べると、奥山と津田の罰は格段に厳しかった。奥山の処分は、伊達家内の問題を幕府や親類大名に持ち込もうとして同役を脅したことによるものであった。しかし、それでも奥山は明和一年（一七六四）に赦免されたのに対して、津田の家断絶という処分の重さは際立っている。

判決文によると津田の「罪状」としては、宗村遺言の存在を知っているのに「知らない」と偽りの報告をしたこと、遠藤が田村たちを脅したときに遠藤に同調して自分の「威勢」を募ったこと、そして務め方がよろしからず幼君に対し我意を募り、先日の江戸大火のときに主君などと一緒に櫓に避難したところ、酒に酔って君前をはばからずに不敬の挙動におよんだことなど勤務中の飲酒と「不敬」、という三カ条が処分の理由としてあげられている（高倉淳一九八八、一二九六号）。量刑については、本来切腹に処すべきところを祖先の功績に免じて一等減じた、とある。津田家は、伊達家家臣団のなかで格別の功績を誇る名家であった。定康一代の不敬・無礼程度で家断絶という判決に奥山が納得できず頑強に抵抗したことも頷ける。結局、津田だけが格段に重い罰を受けたのは、自分に対する津田の尊大不遜な態度を重村は許すことができなかったということに尽きるように思う。ここで重村がみせた自分の面子に対する執着が、のちに始まった前述の猟官運動にも通じる。

宝暦六年事件の評価

宝暦六年の政変は名家津田家の断絶と奉行の交代で幕を閉じたが、対立の原因が何であったかは、判然としない。事件の下地自体は、宗村代にできあがっていて、大名の代替わりを機に表面化したのであろう。吉村、宗村が進めた倹約政策を後見人の田村村隆が宝暦七年に「吝嗇」として非難していることから考えると、財政政策をめぐる対立であった蓋然性が高いように思えるが、確証はない。ただし、傍証として、田村をはじめ柴田も重村宛の書簡でしばしば「国家」という語彙を使用していることが一つの手がかりになる。

「国家」は儒学の政治理想の実践をめざす経世済民《けいせいさいみん》学、別名「実学」の用語であった。事件が表面化する九月に、柴田が重村に主君としてのあるべき姿を説いて送った長文の意見書のなかで字数を多く割いて、学問に励む事、とくに実学を重んじることを勧めているところをみると、柴田自身が自分の政治的理念と実践の指針を実学に求めていたとみられる。田村の方では経世済民学を説く芦東山との関係が深く、田村と柴田・遠藤派のあいだで当時の実践的政治・経済理論への傾倒が共有されていたことがうかがえる。そして経世済民学が彼らの津田・葦名批判の源となっていたのであろう。重村の自己愛が津田に対する過重な処罰の主原因であったとしても、後見人の田村や柴田、遠藤などの上層官僚、さらに一門仲間の約半数がこの処罰に同意したのは、彼らのあいだで宝暦の大飢饉に対する奉行職の無策ぶりに対する義憤を共有していたからであったと仮定できよう。

宝暦六年の事件の一面は、主君の自己愛に翻弄されながら絶対服従を強いられる奉行の立場の弱さを示している。しかし、事件当時の柴田や田村の重村宛の書簡の随所に、大名の「国家」統治が家臣・領民の服従を前提とし、彼らの離反を引き起こせば国家の崩壊をもたらすという、大名権力を相対化してその恣意性を牽制する君主像が繰り返し説かれる。柴田・遠藤派の、津田・葦名では「国家」は治まらないという主張は、この思想的背景から出るものであった。この事件で重村の自我の勝利を支えた人たちの価値観に注目すると、大名のための臣民という考え方から臣民のための大名への転換を求めており、重村自身が彼らの考え方を受け入れ、津田・葦名と奥山を排除する道を選んだことになる。

しかし、柴田や田村らは、まだ理念が先走りしていて具体性に乏しかったとみられる。さらに藩の官僚機構のなかで広範囲の支持を得るにいたっていなかった。柴田と遠藤が大條と但木の奉行再任という非常識な人事案を持ち出した元々の理由として、自分たち二人は若年で人びとが自分たちの命令にしたがわない、自分たちが信用されないとする言葉が重要である。柴田と遠藤の政治的理想がまだ官僚組織のなかで広く信用されていなかったことを示す。宝暦事件で経世済民論者たちが勝利したのは、柴田と遠藤が後見人田村の支持をはじめ、一門仲間の約半数や奉行職経験者という上層部内での一定範囲の支持を得ていたからであったといえる。そのような一定の支持を欠いたままに、理想と正義だけを掲げて藩政改革を敢行しようとした場合の結末を示すものが、十六年後に発生した安永二年（一七七三）の政変であった。

打ち続く政変―安永二年政変

安永二年に仙台藩として未曽有の事件が起こった。三月五日に一門二人が官僚の一派と手を組んで在国の奉行四人を幽閉・査問したうえ、その解任を在国中の重村に求めた。改革派は、奉行の失政として、奉行たちが財政問題について協議・連携せずにそのすべてを財務担当奉行の芝多信憲《のぶのり》に任せていた状況で、芝多は財政再建についての見通しをもたず家臣知行の借上げをただ漫然と続けていたということを掲げた。重村は、六日に査問の結果を伝えた一門二人の言い分に納得して、奉行四人を解任して蟄居を命じ、言上した一門の勇気ある行動を称賛した。しかし、別の一門がその一部始終を疑問視し重村を説得して第三者による改革派の取り調べをさせた。十七日から始まった取り調べの結果、改革派は功臣から逆臣に転落し処罰された（『仙台市史』通史編五、二二七～二三〇頁）。事件のあらすじは以上の通りであるが、安永事件の人間模様を検討すると、宝暦事件との関連性と相違がみえてくる。

安永政変と一門

政変の中心人物は、一門の伊達村富《むらとみ》（岩谷堂）、若年寄の葛西清胤《かさいきよたね》（家格は一家、九百石）と武頭《ぶがしら》（兵具奉行屋敷奉行兼帯）の川島行信《かわしまゆきのぶ》（家格は着座、千石）の三人であった。ほかに行動を一緒にしたものとして一門の伊達村好《むらよし》、もと奉行の遠藤善信（家格は宿老）、一家筆頭の鮎貝盛辰《もりたつ》（村富の実弟）、および平士の菅野《かんの》専伴《もろとも》（目付）と河田《かわた》茂頼《しげより》（不明）が確認できる。

まず事件と一門とのかかわりに注目すると、村富自身は当時三十二歳になっていたが宝暦六年当時十六歳で、父親の村望《むらもち》と二人で柴田・遠藤派と歩調を合わせた一門五人の一人であった。村富が安永二年に計画への参加を呼びかけた一門は、亘理の伊達村好と登米の伊達村良の二人であった。勧誘に応じたのは一八歳の亘理の村好のほうであった。その実父の村実《むらさね》は、宝暦六年に一門のなかで中心的な役割を果たした人物であった。さらに村好の姉一人が村富の継室となっており、二人は義兄弟の関係にあった。一方登米の村良は、宝暦事件で決定的な役割を果たした後見人田村村隆（五代大名吉村の五男）の実弟であった。二人の母親は吉村側室の高橋氏であり、村良は重村の家臣であり一歳年長の叔父でもあった。村良は、明和三年（一七六六）に家臣団に対する貸上米令《かしあげまいれい》に反対して奉行を批判した廉で蟄居五十日の処分を受けており、村富一派は、彼の正義感と行動力に期待していたのであろう。しかし、村良は、村富の説得には応じず参加を断った。さらに、村富らが計画を実行に移したと知ったとき、村良は急遽在所の寺池《てらいけ》から仙台にのぼり、改革派の取り調べを重村に進言して、村富たちの当初の成功を敗北にかえるきっかけを作ったのである。

安永政変と官僚

一門以外の改革派一味に目を移すと、遠藤善信は、宝暦事件の改革派奉行二人の片方であった（もう片方の柴田成義は長病により退役していた）。遠藤の参加は村富同様に、両度の事件の思想的共通性を強く示唆する。遠藤は宝暦事件以後、重村のもとで奉行としての実績を順調に積み上げていたところ、宝暦十年（一七六〇）十一月に突如奉行職罷免、知行三分の二没収という処分を受けていた。それでも遠藤は処分を恐れずにいうべきことを言上する剛直な姿勢を堅持していたようであった。

しかし、他の参加者の出自をみると、安永と宝暦事件の差異が浮き彫りになる。改革派の中心的人物とされるもう二人の葛西と川島は、一門でもなくかつ奉行職以下の立場であった点が決定的に違っていた。葛西は、若年寄として重村に言上することはできたはずなのに、上司である奉行を無断で幽閉・査問した責任を問われた。完全な規律違反であった。当初、重村は、わが身の危険を顧みずに四奉行査問を断行した葛西たちの行動と主張の正当性に感銘して彼らの主張を受け入れ、その越権行為を見逃すことにし、二十八日には、あらたに遠藤と石田《いしだ》元直《もとなお》を奉行に任命した。しかし、重村が改革派の取り調べを命じ閏三月十一日に判決が言い渡されると状況は一変した。葛西と川島が主君に訴える正規ルートを無視して奉行の失態を一門に訴え、事件を自分たちの昇進に利用しようと企てていたとして断罪された。二人とも知行没収・他人預けという厳しい処罰を言い渡された。対して村富と村好は、謹慎を命じられて、十月に隠居した。

葛西と川島が事件の黒幕に仕立てられ全責任を負わされることにより、一門の村富・村好が謹慎・隠居という軽い処分で終わり、かつ、彼らの家の存続も保障された。一派のなかで唯一奉行職再任という「成果」を得た遠藤善信は、さらなる知行没収をまぬかれ閉門で済んだ。目付役の菅野は閉門となったが、翌年の正月に許され武頭、十二月に江戸屋敷の公儀使《こうぎつかい》（他家の留守居役に相当）に累進した。広間番士で一両四人扶持という微禄の河田は、牡鹿《おしか》郡田代島《たしろじま》に流罪という重い刑となり、葛西・川島とあわせてトカゲの尻尾として切り捨てられた。推測の域を出ないが、取り調べ担当の老練官僚二人は、藩政運営の難しさを熟知している者として、理想主義に走り実状を踏まえた改革案を欠いた葛西と川島の見通しの甘さを同じ官僚として許せず、重刑を主張したのであろう。

改革派は思想集団

安永の事件は、綱村・吉村代にみられる一門仲間の藩政への介入の延長線上で理解されるが、この事件に参加した一門はわずか二人であって、一門仲間という集団としての行動ではなかった点をはじめとして、新しい形の政治抗争であった。

一門仲間は、身分で結ばれた集団であった。人数が多かっただけに内部に急進的な意見と慎重な意見が混在し、こうした多様な意見を十分に調整して初めて「仲間」としての意見表明ができたのである（亘理悟郎一九七三）。対して安永事件の改革派は、政権批判で結ばれた集団であった。参加者の地位・出自が多様であった反面、一つの価値観で結ばれたという意味において均質性の高い集団であった。村富が一門仲間に相談していたならば、脱法行動にはおよばなかったであろう。改革派がもっていた一門との関係をみると、村富の別の弟が一門の三沢家に養子に入っていたし、葛西清胤の妻が涌谷伊達家の出であった。こうした関係を無視して、改革派は自分と志をひとつにするとみられる人選にこだわっていたことがうかがわれる。しかしながら考え方が近かったはずの登米の村良が村富らの誘いを断ったのは、思想集団としてもっていた独善性と排他性を感知しての判断であったであろう。そして、村富と村好が表に立って計画を実行に移したことを知った村良が主君重村に事件の刑事的調査を勧めたのは、従来からの一門の不文律を踏みにじったその越権行為を、同じ一門として受け入れられなかったからであろう。

身分的序列の相対化

安永事件が従来の一門の政治介入と大きく異なっていたことを、事件の取り調べを任された老練官吏の萱場《かやば》氏章《うじあき》と荒井《あらい》盛従《もりより》も見抜いていたと思われる。関係者の処分が終わったあとの閏三月十九日に、新しい奉行と一緒に二人が新しい執行部に出入司として返り咲いた。その九日後に家臣団の綱紀粛正を求める七カ条の達が出された。その内容とは、現役中も退役後も役人の守秘義務の厳守を求めるものが中心であるが、注目されるのは、士分内で「貴賤長幼《きせんちょうよう》の差等」(階層と年齢の秩序)が遵守されないこと、さらに農民や商人が文芸や武術の会合の席において士分に交じって政治の得失を論評することを、社会秩序を乱す行為として禁止するものであった(『宮城県史』二)。裏を返せば、この達は、本来身分によって隔てられるはずの士分と庶民諸身分が文芸や武術を通して交流しており、その席で政治論評を盛んにおこなっていたことをものがたっている。階層と身分という生まれつきの格差を、学問や鍛錬によって修得された「能力」で相対化して新しい社会関係を作り出す動きを、藩当局は危険視していた。村富たちの一派は、まさにこのような「危険」な結びつきの典型であったのである。

統治理念の破綻

執行部が恐れていたような、階層差を超えた家臣団内の藩政批判の具体例が、宝暦八年に高野《たかの》倫兼《ともかね》が代官の橋本善太夫《はしもとぜんたゆう》と今泉七三郎《いまいずみしちさぶろう》とおこなった会談内容を記録した得難い史料にみられる(菊池勇夫二〇〇三)。高野は家格着座、知行高千六百五十石の家格層に属し、吉村・宗村代に祭祀《さいし》奉行《ぶぎょう》、評定役《ひょうじょうやく》、若《わか》年寄《どしより》そして宗村襲封前の世子《せいし》付家老《つきかろう》などを歴任し、宝暦二年(一七五二)に仮若年寄《かりわかとしより》を最後に現役を退いた人物であった。倫兼は和歌と学問にも秀でて、吉村と宗村からその才能をとくに重宝された。対して橋本と今泉は、推定一両二分四人扶持(約二十七石相当)といった微禄の広間番士であったと思われるが、たしかな史料はない。給人としても官僚としても上級で先代の大名二代との個人的なつながりが強い高野と、現地派遣の末端役人である代官二人とは本来、接点のない組み合わせであった。

宝暦五年、領内北部で飢饉の進行が本格化したときに橋本は、上司の許可を得ずに自分の判断で郡の藩倉から窮民に米を施し上司から咎められたのにくわえ、彼と今泉が上司に働きかけて窮民救済のための種もみと現金の貸下げを実現した。それを聞いた高野が感動して二人に面会することを決心した。接点のない両者をつないだのが高野の学問の師であり、その紹介で宝暦八年に念願の会談が実現した。安永三年の達で藩が警戒した、階層差を超えた政治論評会であった。そのなかで今泉が重大な指摘をした。宝暦の大飢饉を境に藩に対する農民の信頼が失墜したことである。参加者は、その責任が飢饉中の執行部の、農民からみれば背信行為にあるという認識を共有していた。農民は飢饉前まで、困難な時に藩の「御救《おすく》い」をあてにできると信じ、年貢納入時に代官に協力してきたが、飢饉後、「民風《みんぷう》」(農民の素行)が悪くなり藩を信用しなくなっていた、という。以後、頽廃した民風の矯正が藩農政の大きな課題となったが、同時にこの会談は、安永三年の一連の出来事と合わせてみると、仙台藩における身分制と統治理念の大転換が進行しはじめていたことを示すと考える。

政治の変質

安永事件以降、一門が仲間として一致団結して藩政に対し意見表明をして事件となった事例はみられない。一門が意見表明をやめたのではなく、以後、それぞれ個人や一部同士として意見陳述や進言を続けた。しかし逆に、家臣団や庶民の間では、大名・執行部に直接モノがいえる存在として、一門に自分たちの願いの実現を託する行動がみられるようになった。安永事件も、執行部周縁部や外部の家臣が縦断的に結社して自分たちの政治的要求を実現するために一門の村富・村好をたよった最初の事例として理解できる。宝暦・天明の大飢饉という極限の試練を通して、仙台藩の家臣団と庶民は、自分たちの生命と生業を維持するために責任ある政治を希求するようになり、その動きは次第に無視できないほどのうねりとなっていった。安永事件はこうした変化を予告するものではあったが、萱場と荒井のように、役人集団のなかに従来の為政者・被支配者の関係に固執する者もいまだに多数いた。安永事件以降の藩政のながれのなかに、このふたつの勢力の衝突と相克が展開していった。

教育にみる重村の政治理念

重村治世下の政治過程について紙数を多く費やしたが、新旧の統治理念の相克について、別の角度からみることができる。重村自身は、文芸や学問に秀でて日々の政治にあまり関心がなかった。重村の和歌は歴代大名のなかでも評価が高く、また、博物学にも関心があった。この重村の政治理念について直接知る手がかりはないが、彼がおこなった学問所の改革をみると重村の考え方の一端がみえてくる。

五代大名吉村が元文一年（一七三六）に人材育成のために開設した学問所は、当初、出席が振るわなかった。規模が小さく、教科内容も儒学経典の素読と講釈だけで魅力に乏しかったうえ、城下町の中心部から外れたところに設置されていた。宝暦十年（一七六〇）十一月に重村が学問所を城下町一番丁勾当台通《こうとうだいとおり》東南角（現在の宮城県庁所在地）に移転させ、設備と教育内容を充実させた。まず、入学資格を「士分」だけではなく、希望すれば「凡下扶持《ぼんげふち》人《びと》」（家臣団のなかの足軽以下の庶民身分）に広げ、家臣団のなかの階層・身分差の壁に楔《くさび》を打ち込んだ（ただし、凡下には、「実科」という名称で開設されていた弓術・馬術・砲術などの武術・実技の受講は認めなかった）。学業がとくに向上した者は公費で江戸遊学をさせることにした。さらに、藩医を医学講師に任命して学問所内で医学書の講釈を開始した。こちらは藩医のみならず町医師にも聴講を許し、身分格差の遵守よりも藩内の医療技術の向上を図ることを優先した。藩士とその子弟の藩校以外の家塾《かじゅく》（私塾）での修学も認めた。そして、藩校への入学こそ認めなかったが、農商など庶民の寺子屋や家塾での修学を認めることにした。先代の宗村は寛延一年（一七四八）に奉行の名で百姓に学問は不要とする達を出していたが、重村の指示でこの方針が転換され、仙台伊達家は、教育の機会平等にむけての第一歩を踏み出すことになった（『仙台市史』近世二）。

教育と社会復興

重村が開かれた教育実践に大きな力を入れたその意図とは、宝暦の大飢饉後の領内社会の再建のためには身分にとらわれない人材登用が必要であることを彼自身が強く意識しており、新しい学問所をそれに応える人材の養成所にしようと考えたとされる。たとえば、身分を越えた医学教育を導入したのは、飢饉後に発生する疫病への対応能力を強化しようとしたためであろう。学問所への入学を家臣団内で庶民身分の者にまで拡げ、一般庶民にも家塾・寺子屋での学問の必要性を認め、町医師に医学の聴講を認めるという方針は、学問所創設時に厳格な階層・身分序列にこだわった祖父吉村の政治・身分観の否定であった。重村には身分制に縛られない考え方が芽生えていたから、宝暦・安永の二度の政変のときに彼は改革派の主張を受け入れたのであろう。政治家として重村は現実の課題には対応できなかったが、旧態依然のままでは現実の社会的課題には応えられないことを強く意識していたようにみえる。

重村のこうした危機意識は、祖父・父親とは大きく異なっていた。重村がこのような政治理念を修得した過程を跡づける確証はないが、学問所の改革を発表した四ヵ月後の宝暦十一年（一七六一）三月に、祖父吉村が終身幽閉を命じた芦東山の蟄居・御預けを赦免したことに注目したい。当時としては過激なまでの身分的序列の批判と教育機会開放の主張が東山の終身幽閉の重要な理由であったことを想起すると、このタイミングで宥免されたことが単なる偶然とは思えない。前述のとおり、襲封直後の重村後見人田村村隆は東山と関係が深く、村隆を通して若い重村が東山の思想に感化された可能性がある。学問所の改革から十一年後の明和八年に重村は、藩の未来を担う人材が学問所から輩出される願いをこめて「養賢堂《ようけんどう》」とみずから書いた扁額《へんがく》を下賜して、その翌年からこれが学校の正式名称となった。

なお、奉行の一部にも経世済民学的な考え方が広まっていたとみられることは前述の通りである。安永事件で罷免された四人の奉行で財務担当（「御繰合方主立」）の芝多信憲は、安永九年（一七八〇）に多額の私財を投じて養賢堂の学寮と書庫を増築し、蔵書数千冊を献納した。芝多は、安永事件で家中からの手伝い金一辺倒の財政運営を改革派から厳しく糾弾された中心的な人物であったが、安永四年から天明三年（一七八三）十二月まで十八年間奉行職に返り咲いていた。この芝多も養賢堂が教育機関としてもつ重要性を強く認識して、それを行動で表したとみられる。この寄附行為にあたっての芝多の信念を疑いようはないが、役高三千石で江戸詰めが多く財政的負担の重い奉行職をこなしながら、必要な財源をどのようにして捻出できたか、気になる。

正室・側室の地位向上と奥方改革

重村がおこなった改革でその後の仙台伊達家に大きな影響をおよぼしたもうひとつのものが、奥方（江戸屋敷）・中奥（仙台城二の丸）の改革と、それがもたらした伊達家における女性のさらなる地位向上であった。前述の通り、吉村代には、正室が大名家族の一員として家臣の奉公の対象となることを明確にし、さらに大名の子どもを産む正妻以外の女性の地位を側妾（奥女中）から側室に格上げし、表の家臣の最高位の一門格とした。重村の代には、奥方（江戸屋敷）のなかの女中たちの役職と役列《やくれつ》（役職の儀礼的な格付け）がきまり、奥方の役職体系が伊達の家の政治のなかで表と対等の関係に位置づけられていた。

しかし、吉村代に公家出身の正室冬姫（長松院）との協働でできあがった仙台伊達家の奥方の形は、将軍徳川吉宗の養女利根《とね》姫（雲松院）が宗村の正室として入輿したことによって、いったん江戸大奥式に組み替えられた。その違いを端的にいえば、吉村・冬姫の様式が質素を旨とするものであったのに対し、宗村・利根姫のほうは華美であった。正室自身の年間予算が約千五百両増額され、その他の費用で仙台藩の江戸年間経費が約八万両から十三万両あまりに膨張した（『仙台市史』近世二）。利根姫に仕える男女もすべて江戸城から随従してきた者であり、住む建物（御守殿）から人々のしぐさや言葉まで江戸城風に改まった。重村と正室の惇姫（観心院）は、吉村・冬姫代の形式に奥方を戻し、仙台伊達家としての形式を立て直すことにした（『仙台市史』近世三）。

天明七年（一七八七）に江戸奥方の勤務についての心得を細かく定めた八冊の「御奥方格式」が定められた。制定の理由として、奥方女中たちの身のこなし方、行儀作法、言葉遣いが不適切で、勤務に必要な教養を身につける修行もしないという、勤務態度の悪さと自覚の欠如があると序文で述べている。そこで仙台伊達家奥方の風儀の規範を吉村代に求め、そのときの仕来りを記憶している高齢の女中に聞き取りをし、江戸城の風儀とは異なる自家独自の家風を確立しようとした。「格式」では江戸中に「仙台風《せんだいふう》」という表の独自の家風が知れ渡っているように、奥方においても表と同じように自家の独自性を確立しようとした。「格式」の本文で明言されていないが、綱村代以来の強烈な大国意識がその背後にあったことは間違いないであろう。

天明年間に、側室の地位についても改定がおこなわれた。従来、大名の思し召し次第で決まった側室の職階に懐妊・出産という客観的基準を設け、側室同士の不平感を解消し、さらに当主・継嗣付の側室と通常の奥方付女中との差異を明確にした。もっと踏み込んだ変更として、継嗣の生母となった側室に大名の家族の一員に近い位置付けがなされた。具体的には、八代大名斉村の生母喜多山《きたやま》氏（正操院）は、斉村の元服にあわせて「御一門格御子様《ごいちもんかくおこさま》の御次《おつぎ》」という格式にあげられ、扶持と合力金を増額され、さらに国元の家臣と中奥女中が喜多山氏に御機嫌伺の文通をおくる際の挨拶の作法も制定された。側室が継嗣・当主生母という位置付けを与えられ、表の家臣と奥女中とかかわる道が開かれたのである。

正室の窮民救済

重村正室の惇姫、落飾して観心院の活動についても注目すべき変化があった（以下前掲書八二〜八八頁）。天明の大飢饉に際し窮民救済がままならない表の状況をみた惇姫が千両を提供して、天明四年（一七八四）一月から仙台城下で窮民への施行米《せぎょうまい》や施粥《せがゆ》がおこなわれ、三千人以上がその恩恵にあずかったとされる。客観的にみれば焼け石に水にすぎなかったかもしれないが、藩の表の官僚機構の飢饉対応が後手に回っていたところ、惇姫のこの行動が際立っており、領民に対し大名正室の慈悲深さを示す演出効果は大きかったはずである。

惇姫の善行として伝わるもうひとつの事績として、晩年に赤子養育仕法《あかごよういくしほう》の設立のために二万両を供出したという話がある。十八世紀後半から全国的に間引き・堕胎が広くおこなわれるようになり、「悪習」を正し人口減少を食い止めるために官民ともに様々な取り組みがおこなわれた。仙台藩でも養育の資金を支給する取り組みが始まり、寛政四年（一七九二）に八代斉村と隠居中の重村が赤子養育の原資として百両ずつを提供した。その翌年に重村が他界するが、観心院と改名した惇姫が夫の遺志をついで全領規模での体系的な赤子救済に資金を出したとしても不思議ではない。しかし、この話には二つ無理がある。一つ目は、額の大きさである。当主正室の現役時代に惇姫の年間経費が四千五百両であった。現役時代の年間経費の四倍以上の二万両は、隠居している身で通常出せる額の範囲を大きく超えるものである。二つ目は、赤子養育仕法が開始された文化四年（一八〇七）の前の文化二年に観心院が他界していたという事実である（谷田部眞理子〔一九八三〕二三五頁では仕法の開始を文化四年、『仙台市史』近世三、八三頁では同五年とする）。

観心院の事績を伝える基本的出典は、新妻元之《にいづまもとゆき》（大番士、一九九石）が養育仕法について著した『養育草』であり、制度成立当時の史料では確認されていない。新妻によると彼が間引き・堕胎の「悪習」をなくすために養育法を建言したところ、それに賛同した観心院が資金を出したとする。しかし、新妻の公式履歴書では、彼が文化五年から郡横目《こおりよこめ》となり同十年に赤子養育について「勤労」があったので銀七枚を下賜され、文政四年（一八二一）にはさらに知行を十石加増されたことが『伊達世臣家譜』続編（第四巻二四頁）に書かれているが、新妻の献策についても観心院からの多額の寄付についても記述はない。さらに赤子養育仕法の特徴として、養育費用の資金が足りず農民への有利子貸し付けとしておこなわれていたため、現場では仕法が説諭と厳罰に大きく頼っていたことが指摘されている（谷田部眞理子一九八三、二四五～二四九頁）。仕法の実態は潤沢な準備金をもって立ち上げられ運営されたものではなかったようである。その経歴からみると新妻は養育仕法のために生涯つくしたことが知られるが、制度が彼の献策によるものであった客観的証拠はない。新妻が語る観心院の「事績」を歴史的事実とみるよりは、制度運用の最前線で戦う新妻が、養育仕法が抱えていた問題（深刻な資金不足など）を緩和するために観心院の威光をかりて養育仕法の理想的なあり方を「祖法」として示し、制度の改善を訴えようとしたとみるべきであろう。しかしながら、新妻の創作によるとみられるこの寓話を別の角度からみると、隠居した観心院は、死後、多くの人から慕われ絶大な信頼をよせられていたことが読み取れる。夫重村逝去後の仙台伊達家にとって、観心院がそれだけ大きな役割を果たしたという別の意味の「史実」をうつしだすものであることはたしかである（観心院の政治的役割について次章で細述する）。

重村代の政治は政変と混沌、そして政策的な行き詰まりに終始したようにみえるが、角度をかえてみると、重村代の政治は、新しい統治の産みの苦しみであったともいえる。重村自身は政治向きには関心が薄かったといわれるが、藩校養賢堂の整備でみられた人材の育成と登用について並々ならぬ熱意をもっていた。その意味で安永の政変が重村の奉行任命に大きな影響を遺した。

重村の人材登用

その最たる例とは、秋保氏盛《あきううじもり》の奉行職への採用であろう。秋保の出世の起点は安永二年政変の事後処理にあった。家格は一家でも当時知行高二百二十四石余りであった秋保が事件直後の安永二年閏三月に百石の加増を受けて小姓頭兼若年寄となった。葛西たちの処分が決まったあとの同年六月に奉行職に累進し、病気免職となった寛政二年（一七九〇）五月まで財務を担当する奉行として務め、知行高を千石に加増された。天明三年以降、重村代に奉行を務めた九人のうち、秋保のほかに石田元直《もとなお》、平賀義雅《よしまさ》と古田《ふるた》良智《よしとも》は知行地の加増と着座への家格の格上げを受けた（秋保だけは最初から家格が一家であった）。残る五人（大内義門、遠藤行信、中村義景、大町朗頼、泉田胤時）は、知行高千石以上、家格一族以上であり奉行候補者として申し分なかったが、一人遠藤を除いては世襲による就任でもなく、奉行を輩出する家柄でもなかったのである（J・F・モリス二〇〇九）。葛西たちの捨て身の政変は本人たちの厳しい処分に終わったが、その後の重村の奉行職人事に大きな影響をおよぼしたことは、明らかである。

重村の猟官運動と飢饉でずたずたになった藩財政の再建を担う出入司職にも、思い切った人事がおこなわれた。その最たる例が安倍《あべ》松庸《まつつね》の出入司任用であった。多額の献金によって商人から武士身分に取り立てられた安倍（通称清右衛門）は天明以前に出入司に任命され、江戸借金の返済に辣腕を振るうことを期待された。しかし、大不作となった天明三年に領内米の飢餓移出を強行したのにくわえ、囲い米を隠し持つなど城下町窮民に対する尊大な態度から人びとの怒りをかって、屋敷の打ち壊しにあった。本人は一連の事件の責任を問われ裁判にかけられ処分された。それでも、重村のもとでは家格の高下や知行高の多寡に囚われない出入司の任命が続いた。民政をつかさどる町奉行と郡奉行職の選定にあたっては、奉行たちが論文による事前審査を課して明確な政策的ビジョンをもつ少禄の人材を登用するという徹底ぶりであった。重村のこの徹底した人材登用が次の斉村政権を支える基盤となった。

3 八代斉村 早すぎた死と藩政改革の行方

斉村の襲封

寛政二年（一七九〇）六月に重村が病を理由に隠居し、十七歳の斉村《なりむら》が跡を継いで八代大名となった。寛政五年に関白鷹司輔平《たかつかさすけひら》の娘興《おき》姫と婚姻した斉村は、政治向きに積極的にかかわろうとした。手はじめに、襲封した年の十二月に、向こう十年間「大国」の面子を捨てて十五万石の格式で儀礼関係をおこなうことを決めた。以後、天明の大飢饉から藩財政を立て直すための取り組みを数多く発表し一定の成果を収めたものの、寛政八年に参勤交代で江戸に戻ったところ、生後四カ月の乳児と出産間際の胎児二人を遺して逝去した。二十三歳であった。治政六年間の短すぎる生涯であった。

図19 八代 伊達斉村
仙台市博物館所蔵

改革の継承から放棄へ

斉村代の政治の特徴を一言でいえば、父重村代の政策的模索の継承と展開であった。斉村代にかわっても、佐藤春信《はるのぶ》（一族、千石）の新規任命を除いて奉行はすべて重村代からの留任であったほか、出入司以下においては人事の交代はあっても全体として天明以降の重村政権との連続性が色濃かった。

斉村代に領内の農政と商業政策の改革が本格化するが、その芽は重村代にさかのぼる。天明一年に出入司の安倍松庸が領内産物を独占的に買い上げ、江戸に直送する直登《じきのぼ》せ仕法《しほう》を開始して、領内の産業育成と統制を図ろうとした。買米制に大きく依存する財政構造の改善を狙ったものであったが、成果が出ないうちに大飢饉となり藩の財政が破綻に瀕した。

ついに天明八年に五千両の米穀売買不履行で京都の商人から幕府に訴えられる事態となった。しかしながら、飢饉の傷がまだ癒えない天明七年から、農村の社会と諸産業を立て直して年貢・諸役の収入を回復させるという両輪の改革への模索がふたたび始まり、斉村襲封直前の寛政二年（一七九〇）三月に出入司と郡奉行の総入れ替えをもって改革が一層加速した。

そのおもな柱は、代官所機構の人員削減、年貢徴収と行政一般にかかる農民の負担を軽減すること、および買米制をはじめ領内の産業・流通統制の改編であった。改革のキーワードは「郡村潤助《ぐんそんじゅんじょ》」とされた。ただし、奉行をはじめ執行部のあいだで問題意識が共有されていたものの、当初からその実現のための整合性ある具体的なプランや見通しはもちあわせていなかった。改革の推移を追うと、郡奉行候補者から出されたさまざまな改革案を上層部が代わるがわる実験的に採用して、効果のありそうなものを手探りで当てようとしていたようにみえる。それにあわせて郡奉行などの担当者も目まぐるしく交代させられた。その最中、寛政三年と四年（一七九一、一七九二）に領内の豊作に対し大坂の米市場が高値となり、この二年間で藩の累積赤字をすべて返済できるという、吉村代以来の二度目の満塁ホームランという幸運がめぐってきた。一時的な小康状態にすぎなかったにしても、財政収支の改善という短期的目標の達成をもって、執行部は改革全体の目的が達成されたと読み違えて、寛政六年四月に大胆な買米制の緩和をはじめ積み重ねてきた改革のすべてを廃止して旧制に戻すことを命じた。これにあわせて郡奉行職の総入れ替えがまたおこなわれ、改革の放棄が言い渡された（コラム5参照）。その翌年の三月に藩財政を支えていた大坂商人の大文字屋三郎左衛門《だいもじやさぶろうざえもん》（蔵元）と升屋平右衛門《ますやへいえもん》（次期蔵元）を仙台に招待して、城中で斉村自身が茶席でもてなすなど破格の接待をおこなって、今後の藩財政への支援を取り付けた。その五ヶ月後に斉村は江戸にて病死した。

農村・経済の復興と財政再建の両輪からなるものとして進められたはずの改革は、長期的な視野を欠いたまま農村の社会と経済の復興を道半ばにして放棄されたことになった。藩執行部は大胆な社会実験にふみだしたものの、結局、主従共に家の集合体として成り立ち主君の家の都合を至上命題とするという武家政権の構造的な限界を打破できずに、改革は未完成のまま放棄されることになった。

藩執行部としては農政の旧制復帰ですべてが解決されたと考えたであろうが、そこで見捨てられた農民のみならず、家臣団も自分たちの家の「成り立ち」を守るために封建的な論理と倫理に抗って立ち上がらざるを得ないところにまで追い込まれた。その不満は次期大名周宗の代に爆発したが、斉宗の治世との連続性があるため、本章で論じる。

改革を取り戻す農民

改革路線の撤回宣言から三年後の寛政九年（一七九七）三月に、領内北部の諸郡で百姓一揆が勃発した。仙台藩史上、唯一の大規模な百姓一揆であった。各地の一揆勢は、仙台城下に向かわずに地域内の伊達家一門の城館を目指して自分たちの要求書を一門に預けたうえ、説得に応じて解散した。農民は、藩の郡村支配機構に対し深い不信感を抱いていたかわり、自分たちの要求を執行部にとどけ藩政の刷新を促せる存在として一門仲間に大きな期待を寄せていた（浅井陽子二〇一四）。農民の要求は地域ごとに多岐にわたるものであったが、公金の不正経理と諸費用の徴収で私腹を肥やす村方・藩役人に対する怒りと裏腹に、大名、そして大名につながる一門からの慈悲を期待することが共通していた。実際の大名は三歳の幼児であったが、農民のあいだに滋君として観念化され、自分たちの保護者とみられていた。

百姓一揆に対する藩の対応は迅速かつ意外であった。奉行たちは、初期対応として目付役（警察長官相当）大槻《おおつき》安《やす》賢《かた》を一揆勢の説得と鎮静化のために派遣した。その際、奉行が大槻に示した方針とは、（一）一揆勢の要求を受けとること、（二）一揆説諭《せつゆ》のために郡奉行と目付役を廻村させること、（三）一揆の主導者を追及せず一揆勢を刺激しないこと、（四）農民に農政改革を公約することというものであった。一揆という非合法の行動を不問に付しその要求の正当性を公言せずとも認める内容であり、一揆の全面勝利とも評価できる。そしてほどなく寛政六年に撤回された農村行政機構の全面改組がすみやかに実施された。その迅速さの裏には、藩執行部（またはそのなかの一部）が改革案を温存させたままそれを復活させる機会をうかがっていたようにみえる。

「御百姓」から「国民」へ

さらに、農民説諭の呼びかけ文にも大きな特徴がある。執行部は農民を「御百姓」とは呼ばずに「国民」と呼んでいた。「御百姓」とは公的身分で個別領主の支配に縛られない普遍的な「天下」の身分であったのに、「国民」とは、仙台伊達家が統《す》べる「国家」（仙台藩）の構成員を意味し、伊達家と農民との連帯と一体性を含意する言葉であった。近代的な「国民」と同じ意味ではないが、幕府・大名の領国を支える普遍的な百姓身分という考え方とは違った次元の統治概念を含む身分観であった。

藩執行部のなかで奉行たちが採った対応策がもつ意味を見抜いていた一人が、一揆対応の初動で送り込まれた大槻自身であった。大目付らしく、大槻は一揆という行動の違法性を重んじ、厳命に反して独断で一揆の首謀者を捕縛して処刑した。徒党を組んで不当な要求を直訴する行為を見逃せば、百姓がますます増長して藩の支配が根底から覆ると恐れ、「国民」的な観念を真っ向から激しく非難した。実際のところ、一揆後の処理が一段落したのち、藩の法令から「国民」に訴えかけるような言説がいったん消え、従来通りの「御威光」を維持する権威主義的な口調がすぐさま復活したのである。藩執行部のなかにも多様な意見が混在し、各会派の主張を状況にあわせて意図的に使い分けていたようにみえる。

改革を強要する武士

農民の要求を執行部が受け入れたことによって領内の動静が落ち着いたようにみえたころ、同年の六月二十五日夜に涌谷と登米の伊達一門仙台屋敷に、二千三十三人の藩家臣が連署した落ち文が投げ込まれた。その署名人は、「家列《かれつ》」（家格層）の者六十一人（召出以上家格層の約三二パーセント）、平士《へいし》八百二十八人（同約二五パーセント、以下同じ）、「組士《くみし》」（徒歩士）七十一人（約八パーセント）、「卒《そつ》」（旗本足軽からお抱え職人までの凡下《ぼんげ》身分）千八十一人（約一九パーセント）であった。この落ち文の控えしか伝わらず連署人の詳細が特定できないが、家臣団の最高層から庶民身分の凡下《ぼんげ》までを含んでいたところは、五代吉村がこだわっていた尊卑の序列の溶解が安永の政変よりさらに深化していたことを示す。しかも、階層ごと（家格層、平士、組士、足軽以下）の参加率が上層ほど高く、上層家臣のなかでも藩政に対する批判と怒りが強かったことが知れる。

家臣たちの具体的な要求とは、三十石以上の家臣に課せられる手伝い金の軽減、家臣借金返済を無利息で十年間すえ置きとすること、そして遅延かつ減額されていた俸禄・役職手当の支給に集約される。要求が聞き入れられない場合に代表者百五十人が江戸にのぼり、幼君（のちの周宗）後見人の堀田《ほった》正敦《まさあつ》（伊達重村実弟、幕府若年寄）に直訴すると結んでいる。同年九月に手伝い金が減額され、集団での江戸越訴は回避された。この事件の署名人が処罰された形跡はみられない。

新しい統治理念の芽生え

落ち文の執筆者は、農民一揆を意識して農民が奉行以下の諸役人の悪政に耐えられず「不服」となり一揆におよんだとする。「伊達ノ御家《おいえ》の御譜代《ごふだい》御家中《かちゅう》ども」である自分たちもまったく同様に悪政によって苦しめられ、「不服」であるという論を張る。自分たちは伊達の「御家」に含まれる譜代の家中という立場から、悪政を施し家臣団・領民に「不服」を起こし主君の「御威光」を失墜させる諸役人が不忠であり、危険を顧みずそれを訴える自分たちこそが伊達の「御家」の忠実な家臣であると主張する。落ち文のこの論理に注目すべき点が二つある。

一つ目は、身分を問わず藩執行部の悪政に対しだれもが「不服」であり異を唱えることは当然である、と武士が主張することである。江戸時代の幕府および大名権力は、配下の武士（大名、藩家臣）および庶民それぞれの家・経営の成立を保障し、公的秩序を維持することを存立の大義名分としていた。しかし、十八世紀後半の仙台藩の政治は、身分を超えて人々の暮らしと家の存続に対する最大の脅威と化しており、その正当性を失いかけていた。藩執行部のなかでも「不服」の論理を認める人がいたからこそ、農民一揆および家臣訴願運動に対し寛大な対応をとったのである。この「不服」とは、大名の「御威光」を傷付ける悪人を排除するという論法で、封建的な身分制の範囲内に一見、収まった。しかし現実には一揆や徒党・越訴という違法行為の容認を含意する限り、この論法は従来の封建的な支配関係を大きくかえるものであった。そのことをもっともよく示すものが二つ目の点である。

二つ目は、落ち文では、家臣と農民との共通利害が強く主張されていることである。これは、農民側の要求書にはみられない特徴である。落ち文では為政者が主君だけに責任を負うのではなく「衆人」に対しても仁政を施す責任があると主張する。「衆人」の範囲を「御家中は申すにおよばず御扶持人《おふちびと》より民百姓《たみひゃくしょう》まで」と明言している（御扶持人はお抱え職人など）。自分の判断で一揆首謀者を処刑した目付役の大槻安賢にとって到底容認できない言葉である。連署した家臣の一部はこの言葉を要求実現のための便法とみなしていたかもしれないが、武士身分の者が「民百姓」との共同性を言葉にしたことは画期的である。

理念の限界

しかし訴願運動に含まれる限界をも冷静にみさだめる必要がある。十八世紀末の仙台藩の社会は、飢饉という過酷な試練をへて広範囲に政治化しはじめていた。しかしながら、二千三十三人はおろか、少人数でも政治集会の開催が違法とされた当時においては、家臣の訴願書にこれだけの賛同者を短期間に集められたのには強力な結集原理が働いていたと考えるほかない。家臣の家は、本家分家関係と養子婚姻関係によって網の目のように相互扶助の関係で結ばれていた。秘密裏に大規模な政治運動を結集するのには、当時の武家社会の実態から考えると家の論理で結ばれたとみるほかない。のみならず、この家の論理は落ち文の表向きの主張、つまり家臣と農民の利害が一致する、と矛盾するものであった。

落ち文では農民一揆との共通性を謳いながら、農民が求めた群村支配機構の冗員整理によって、家臣団のなかで最低でも三百人以上の失職者を生みだしたと試算される。大量の失職者が出たことが家臣訴願の一つの主要原因であったこととみられる。落ち文のなかで弾劾されるべき藩官僚の具体例として、勘定方役人のほかに郡奉行もやり玉にあがっていることに注目したい。俸禄・諸手当の遅延と手伝い金制度の延長を繰り返す勘定方に非難の矛先を向けたのは当然としても、郡奉行の「不正」は農民にとって大問題であっても、家臣にとってはおおかた直接の利害関係はなかったはずである。落ち文の郡奉行弾劾は、農民一揆後の農政改革で失職した多数の少禄の家臣たちの怨嗟の声であった。そして、寛政六年（一七九四）に藩執行部が唐突にそれまで九年間重ねてきた郡村支配機構の改組と農民負担軽減の方針を放棄した根本的理由は、その改革によって失職した下級官吏たちとその縁者たちの猛反対によるものだったのであろう。

総じていえば、落ち文・訴願運動は、大名の狭義の家と家臣の家の集合体として成り立つ大名の「御家」がもつ求心的な原理と、家臣たちが自家の存続を求める遠心的な力学が顕在化して衝突したものとして理解できる。集合体と個別の利害の相克にくわえ、武家の家と農民の家・経営体との利害関係の衝突が顕在化する一方、運動を有利に展開しようとするなかで大名家臣たちは、農民とのあいだの溝を埋め合わせて共同の利益を見出そうとした。こうした理想が芽生えてきたことが落ち文の論理のなかから読み取れる。当時の政治の実態も多くの藩士の自己認識も、おそらくこの理想からまだほど遠いものであったとみられるが、藩の政治実践に対し、執行部が大名の家だけではなく家臣・領民の家・経営の存立に対しても責任を果たすべきであるという考え方は、続く十九世紀の藩政の展開のなかで重みをまし、それにあわせて大名・藩執行部と領民双方の思想と行動も変化を遂げるようになった。

コラム—4

大名たちの恋

歴史史料を読んで、時を超えて昔の人が自分とまったくかわらないと感じるときもあれば、現代人と大きく異なる顔をみせられることもある。大名たちの恋に関しては、とくにそうである。だれを愛するか、どのように愛するか、大名たちの恋愛のいろいろを追ってみると、日本の「伝統的な家族観」とは何か考えさせられることが多々ある。

政宗の恋　側妾お山の方への歌　お山の方は、別コラムでとりあげた牟宇《むう》姫の生母である。政宗がお山の方にあてた和歌が二首伝わる。書かれた年代は不明であるが、牟宇姫自身は慶長十三年（一六〇八）の生まれで政宗四十二歳のときの子であった。恋文は、このころに書かれたものであろうか。

「五月雨に　雲かかりにし山々も　けふ（今日）よりはるゝ（晴るゝ）心ち（地）こそすれ」

（意訳）「五月雨に雲がかかった山（お山の方）のこころも、今日からは晴れ晴れとするであろう」

「夏虫の身をいたづらになす事も　ひとつ思ひによりてなりけり」

（意訳）「自ら火に飛び込み身を滅ぼす夏虫のように、私も思いという火で身を焦がしている」（『牟宇姫』二、四〇～四一頁）

和歌という形式のなかで政宗は、自分の恋慕の感情を臆面もなく相手に伝えている。正室愛姫のほかに、政宗は認知されたこどもを産んだ側妾だけでも少なくとも七人と関係をもったが、彼女らすべてをわけへだてなく深く愛していたようである。そして政宗は彼女たちを一人ずつ生涯気づかいつづけた。女性たちの方は、御家の継承のために力をあわせたことであろう。

政宗のもうひとつの恋　只野作十郎勝吉への手紙　政宗が女性を深く愛したとするならば、彼が激しく恋したのは、自分の小姓たちであった。慶長十八年（一六一三）から小姓として仕えた只野作十郎勝吉《ただのさくじゅうろうかつよし》あての切なく激しい想いが伝わる消息がある（『仙台市史』資料編一二　伊達政宗文書三、二八六五号）。年号は欠き、「正月九日」の日付だけとなっている。長文の手紙であるが、全体を通して政宗の作十郎に対する激しいほどの恋慕があふれて出てくる。ある人の密告で政宗が作十郎の恋に疑念を抱くようになり、つい昨日の宴席で酒の勢いに負けて作十郎をひどく罵った。そのあと、作十郎がすぐに自分の潔白を訴える文と変わらぬ恋を神々に誓う血判状（「起請文」）を政宗に届けた。酔いがさめ自分の愚行を悔い恥じた政宗が書いた詫状《わびじょう》がこの消息である。当時作十郎は、主人政宗の愛人であっても浪人の子として四季施《しきせ》（衣服代）しかもらえない、いうならば非正規雇用の身であった。しかし政宗の文は、二人の契《ちぎ》りをうたがった罪悪感から召し使いの作十郎に対し敬語をつかっている。真実の恋の中で上下関係は解消されていた。とはいえ、衆道《しゅどう》（「若衆道」の略）という男性同士の恋愛に対し世間の目が以前ほど寛容でなくなっていたことをも政宗は書いている（後述）。さて、この消息の年代推定であるが、作十郎は元和五年（一六一九）三月に突如、千石の知行を宛行われ、着座二番席筆頭という家格と正規の家臣としての高い地位を与えられた。これが作十郎の真心に対する政宗の最終回答であったと考えるべきであろう。政宗五十三歳のときであった。文末の花押の形から元文四年ごろと比定した佐藤憲一のみたてと筆者の見解はほぼ一致する（佐藤憲一一九九五）。

なお、作十郎には姉がいた。姉もその美貌をもって仙台城奥女中となっていた。政宗にみそめられ、二児を産んだ。元和二年に産まれた峯《みね》姫は、一門涌谷伊達宗実の正室となった。元和七年に産まれた男子は、のちの寛文事件で伊達宗実の跡を継いだ弟の伊達安芸宗重と争った、伊達兵部宗勝その人であった。

衆道に対する監視・統制の強化　当時の上級武家社会においては、異性愛はいうにおよばず、異性関係も厳しい統制のもとにおかれるようになっていた。男性の同性愛は、こうした管理された関係性の埒外《らちがい》にあったため、むき出しの感情が激しくぶつかり合う場となった。小姓との恋愛関係のもつれや競合をめぐってしばしば刃傷沙汰《にんじょうざた》となり、社会秩序を攪乱する要因として警戒されるようになってきていた。作十郎への詫状で政宗が世間の風当たりを気にしていると書いたのは、このことの反映であったとみられる。

仙台藩では、明暦一年（一六五五）に、山内荘之助《やまのうちしょうのすけ》なる侍が切腹を命じられた。罪状は、ある小姓に「艶《えん》書《しょ》」（恋文）をおくったことである。艶書をとどけた侍は領外追放、連座責任で荘之助の兄は高清水《たかしみず》家に預けになるという、非常に厳しい処罰であった。ただし、これは衆道そのものを罰するものではなく、大名近くに仕える小姓に手を出そうとしたことが原因であったとみられる。

さらにくだって、正徳四年（一七一四）二月十六日に高野家（着座、千六百五十石、要害拝領）の仙台屋敷の留守居が千手院に出向いて衆道改《しゅどうあらため》担当の武頭佐藤平大夫《へいだゆう》に「御判」を提出したという記録がある。武頭は足軽隊などの指揮官であり、平時には番頭（上級武士担当）と武頭（下級武士担当）が武家街の民政相当の仕事も担当した。高野家の留守居が具体的にどのような報告をしたかは不明であるが、家臣・陪臣を問わずこの段階で藩が衆道を監視していたことがうかがわれる。

五代吉村の恋　しかし、監視・統制こそされても男色そのものは決して忌避されたわけではなかった。千手院で衆道改がおこなわれたときの大名吉村自身もまた、小姓を深く愛していたのである。元禄十六年（一七〇三）に襲封した吉村は、正室冬姫（久我氏）と三人の側室とのあいだに十七人の子どもを設けた。自由奔放に恋愛を謳歌した政宗とちがい、吉村は相手にする女性を非常に慎重に選んでいた。宝暦八年（一七五八）に田村村隆は実父吉村の女性観について、側女中と関係をもった場合、その女性が自分の子を産み、彼女の「人品」が「実直」であると判断できるまで心を許すべきではないと諭されたと語った（『伊達家文書之八』二七八六号）。吉村は、正室冬姫との二人三脚で仙台伊達家の奥方を改革し、正室の政治的足場をつくり側妾の地位を側室に引き上げ、かつ子孫をたくさん残した人物ではあったが、千手院での衆道改の翌年の享保一年に吉村の小姓となった赤塚景寿と「情好《じょうこう》の親《しん》」（恋愛関係）をも結んでいたのである。赤坂家の家譜によると、当時景寿の俸禄は「三両四口」（約六十石相当）と少なく、これをもって江戸において奥小姓、手水《ちょうず》番、納戸《なんど》役、物置役、近習をへて、隠公奥老として吉村の隠居後も近辺に仕えた。宝暦一年（一七五〇）十一月に吉村が逝去したとき、景寿は主君のために剃髪《ていはつ》し「殯斂《ひんれん》」（通夜の前身）をおこない、そして主君の「喪車《もしゃ》」にしたがうことを許されたいと願い出た。しかし藩は、吉村の「公子」（子ども）と「侍妾《じしょう》」（側室）がまだ吉村の隠居所にいることを理由に景寿の願いをとりあげなかった。愛人であっても景寿は家の構成員（家族）ではなかった。そのかわり翌年の四月に、特別の功績があったとして、吉村の遺品を賜った。なお、景寿も吉村との関係とはべつに妻帯し、跡取りの嫡男も設けていた。

若殿の性の管理　七代重村の場合　宝暦六年（一七五六）に十五歳の若さで大名になった七代重村の家督相続にあたり、後見人の田村村隆や奉行の柴田成義がとくに気がかりの問題に、若い主君の性欲処理があった。家督相続から三カ月後に柴田が重村に理想の君主としての身の処し方について長文の意見書を出した。そのなかで重村の性処理について詳しく書いている。いわく、「色欲《しきよく》の道」を慎むべきと進言し、男女によらず色欲（性欲）を満たすために召しつかって、「色欲」の道に陥ったら「はなはだ御政事《まつりごと》のさまたげ、御国政《おんこくせい》乱《みだれ》の始まり、人心が離れていくこととなり、その上、殿様ご自身の健康にこの上なくよろしくないもの」と諭し、性欲に溺れることが国（藩）も自分の健康をも滅ぼすと警告している。それでも側女中をもつばあいには「しかとご工夫」が必要となり、「はなはだ御骨折り遊ばれる」（ひどく苦労する）ことになると忠告した（『伊達家文書之八』二七七一）。宝暦八年になると、自身も側室を拒む主張の田村と、重村に側室を勧めたい生母性善院《せいぜんいん》（坂氏）とのあいだで綱引きが始まった。この年の三月の田村の書簡によると重村はいったん田村の説得を受け入れ自制することに決めた。しかし、ここで重村側近から奉行になった芝多康文から横やりが入り、側室がだめなら児《こ》小姓《ごしょう》を抱えることを重村に言上した。田村は激怒し、若き主君が「御情欲淫事《ごじょうよくいんじ》」（男女とのセックスに耽ること）を謹んでくれるのであれば臣下としてこの上なくありがたいと断言している（同書、二七八三）。しかし七月の書簡になると、国許に江戸から「女中」を送るとの決定に田村が「承知した」とし、せめての抵抗として先述の吉村の女性観について書き送った（同書、二七八六）。重村が正室として近衛惇姫を迎えるのはまだ二年先のことであった。理想の君主よりも御家の継続を重んじる性善院が率いた、江戸奥方の勝利であった。

コラム—5

改革派官僚の素顔

玉虫十蔵尚茂の奮闘と挫折

仙台藩寛政の改革の実質的指導者の一人玉虫十蔵尚茂《たまむしじゅうぞうたかもち》（一七四四—一八〇二）は、部屋住み時代から死の直前まで、日記風の記録を書きつづった。若干の欠巻をのぞき、その記録は現在、仙台市博物館に所蔵されている。この記録に日々の政治の移ろいの記述はほぼ皆無であるが、高い理想をもって行政改革に取り組んだ一人の官僚のキャリアの片鱗を知る貴重な手掛かりとなる。たとえば、本文で述べたように天明年間の役職任命の候補者に政策提案書を提出させ奉行同士でそれを吟味してから任命を決めていたことは、十蔵の記録から知られる情報である。なお、十蔵の家の当主は、代々「茂《もち》」を通字とし、代ごとに「茂」の前に「ノブ」と「タカ」と読める字を交互に冠することを家固有の決まりにしていた。その結果、歴代の実名が大変読みにくく誤読されることが多いため、以後、通称の「十蔵」と記す。

十蔵の家は代々疋田流《ひきたりゅう》槍術を家業としたが、居合、柔術、銃術、兵法を修め、自家屋敷地内に道場を開き広く門弟を集めていた。十蔵の父七左衛門暢茂《しちざえもんのぶもち》は嫡男十蔵の才能を見抜き、儒学などを学ばせておいて、道場を次男渓治《けいじ》武茂《たけもち》に継がせた。

しかし、十蔵の出世は意外と遅かった。明和五年（一七六九）二十五歳のときに藩の地誌・歴史編纂事業に採用された。明和八年から小姓組に入り、江戸番のときに病気知らずに無欠勤であったことやその精勤ぶりを、大名重村と正室惇姫からしばしば褒賞された。安永九年にやっと評定所役人《ひょうじょうしょやくにん》に任命され、その精勤が奉行の目にとまったようである。天明の飢饉が深まっていた天明四年（一七八四）三月十二日に十蔵が月番奉行宅に呼ばれ、町奉行仮《かり》役を仰せつかった。同時に、相役となるはずの町奉行二人が即刻病気休職願を提出し、その日から十蔵が「御用前《ごようまえ》」となり、町奉行機構の業務執行を自宅を役所にして仕切ることとなった。飢饉対応に追われていた民政担当役人の心身への負担が垣間見られる一コマである。

以後、十蔵は天明七年まで町奉行仮役を務め、その年の三月に、仙台藩が幕府預領として支配することになった桑折《こおり》領（現福島県）の郡代《ぐんだい》に抜擢された。その大役を無事務めあげたのちに、寛政二年（一七九〇）三月におこなわれた仙台藩郡奉行の全員交代の際に、十蔵は郡奉行兼金山方係《きんざんかたかか》りとして異動した。十蔵は鉱山土木についても学識があり、桑折領にあった半田《はんだ》銀山の増産の実現を期待されて郡代に任命されていた。その実績があって、金山係りの兼任に執行部が領内金山の増産への期待をこめたとみられる。藩の政策転換にあわせて寛政五年三月に十蔵は郡奉行から脇番頭兵具《わきばんがしらへいぐ》奉行屋敷《やしき》奉行に異動させられたが、翌寛政六年四月に農政改革の廃止・旧制復旧を担当すべく復職を命じられた。ところが、翌七年十二月に、二年前から発症していた肢体の痺れ・痙攣と激しい嘔吐が悪化したため勤務に堪えられないほどの状態に陥り、退任した。過度のストレスによる心身症であった。死を迎える享和二年（一八〇二）まで十蔵は嫡男平蔵《へいぞう》を名代奉公《みょうだいほうこう》に立て家督の座を譲らず、復職への執念を燃やし続けた。

郡奉行となった十蔵は、藩の農村支配機構を根底から再編して、中下層農民を苦しめていた冗長で不透明な組織体質を排除することによって、疲弊しきっていた農村社会の再建を図ろうとしていた。評定所勤務を通して、藩の失政が庶民を苦しめていたことを熟知していた。十蔵の記録で唯一日々の勤務について詳細な記述があるのは、町奉行仮役に就任した天明四年分だけである。その内容をみると、たとえば領外への密輪銭を差し押さえ実行犯の裁判をおこなおうとしているその最中に、証拠の密輪銭をさきに収公して藩財政にあてようとする勘定方役人と衝突するといった類の事件が散見される。順当な法的手続きをつらぬいて藩支配の公正さと正義を守ろうとする民政・司法系役人（町奉行、郡奉行）と、財政破綻の弥縫策《びほうさく》を主張する勘定方系役人との衝突が繰り返し起こっていた。十蔵はこうした体制的・体質的な不正構造と闘いながら、心身ともに蝕まれていった。そこに追い打ちをかけたのが、二度目の郡奉行就任であった。大名斉村の御前において農政改革の撤回を厳命されたにもかかわらず、十蔵はそれをかたくなに拒み続け、担当の気仙《けせん》郡内だけで改革の継承を固持した。改革の解体をつげる数々の触れなどの書き出しに「玉虫十蔵様御扱《おんあつか》いの外《ほか》ハ」と気仙郡が対象外と明記され、藩執行部が十蔵の一人改革の継続を公認せざるを得なかったのである。しかし、十蔵の執念の代償は高くついた。かつて病気知らずとして褒賞された十蔵でも自分の理想と良心が日々踏みにじられるというストレスの累積には勝てず、心身ともに折れた。

十蔵が政治の表舞台を退いたあと、一度だけ、藩農政の政策決定に参与した痕跡がある。仙台藩にとって試練の年となった寛政九年（一七九七）の十蔵の記録は欠巻となっており、この年の十蔵の動きは確認できない。しかし、農民一揆という仙台藩として未経験の危機に際し執行部が十蔵の力を借りた蓋然性が高い。農民の要求の正当性を認め首謀者に対し厳罰を課さないという基本路線もさることながら、一揆勢に対する説諭書の文言で農民を「国民」と呼ぶ言い方には、玉蟲十蔵の思想の影響がうかがわれる。農民一揆に見習った家臣の訴願書で、同じ文脈で家臣と農民とのあいだの利害の一致を語るにあたり、従来の「民百姓《たみひゃくしょう》」という語彙をつかっていることを想起すると、藩説諭書の「国民」という文言の特異性が際立っている。危機脱出のために奉行たちが十蔵を利用したことを強く示唆する証拠である。

十蔵は、独特の政治理念をもって身命をかけて戦った、理想高き改革派官僚を体現するようにみえる。しかしながら、彼は百五十石の知行地の領主であり、かつ玉虫家を預かる一家の当主でもあった。十蔵の父七左衛門がつづった記録の断簡が残っており、そこに映る玉虫家の財政状況は良好であった。しかし、嫡男十蔵を二度も江戸番に登らせるために玉虫家は多大な借金を抱えることになり、そのまま安永年間の連続不作と天明の飢饉をへて、財政破綻の状態に陥った。にもかかわらず十蔵も、嫡男平蔵《へいぞう》に江戸番をさせるために、ふたたび返済ができる見込みもない多額の借金を背負い込んだ。一家の当主としての十蔵の一生をみると、嫡男の江戸番、現代の感覚でいえば国内留学をさせキャリアアップさせるために、十蔵は死の間際まで金策と借金返済に追われることになった。結局のところ十蔵も、藩政改革につねに前向きな姿勢を示しながら家の格式を維持するために無謀な猟官運動に走った君主重村と同様に、まったく矛盾するような選択を躊躇《ためら》いなく追求していたのである。そして、当然その結果、玉虫家の財政を支える知行地の農民とのあいだの信頼関係をみずから破壊し、彼の生涯中にそれを回復することは叶わなかった。

十蔵という優れた学識と理性をもった人間でさえ、彼が抱えていた二面性（公に奉仕する官僚、家の利益を追求する当主・個別領主）の矛盾を解消できず、ついに自己破綻におよんだところに、当時の仙台藩における理想主義と現実の政治の相克と、その理想主義の限界が凝縮されてみえる（J・F・モリス二〇〇九）。

六　伊達家の十九世紀
幼年大名と新しい社会の芽生え

1　九代周宗　祖母たちが御家をまもり、つなぐ

家督相続の不安定

仙台伊達家の十八世紀の当主は、吉村から斉村までは、四人の親子間で九十三年間安定的な家督相続を維持できた。しかし、寛政八年（一七九六）に嬰児として家督を継いだ周宗《ちかむね》から明治維新までの約七十二年間のあいだに当主が五人となり、そのうち傍系からの養子が二人入り、家督継続の不安定性が課題となってきたこうした状況で、伊達の御家の継承を守るために女性たちが立ち上がった。

祖母観心院の働き

寛政八年（一七九六）七月に父斉村の急逝により、嫡男政千代《まさちよ》（のちの周宗）が生後四カ月で九代大名となった。父の死の三カ月前に実母の興姫《おき》と、さらに祖父重宗も相次いで逝去していた。父・母・祖父の後ろ盾を失った嬰児当主を支え、綱村代の伊達騒動の再来から家を守るために立ち上がったのが、祖母の観心院《かんしんいん》（重村正室惇姫）であった。

斉村は跡継ぎを決めないままに他界していた。当時、大名が跡継ぎを指名しないうちに死亡した場合には御家断絶とされる決まりであった。奉行は、初入国から江戸藩邸に帰って七月二十七日に病死した斉村が病に伏していることだけを幕府に届け出て、時間をかせいだ。八月一日に観心院は、重村実弟で堅田《かただ》藩主として幕府若年寄の要職にいた堀田正敦《ほったまさあつ》など親戚大名と協議したうえ、奉行の中村景貞《なかむらかげさだ》（義景から改名）と大内義門《おおうちよしかど》を召喚して、病中の斉村

が快復できなかった場合に嫡子の政千代を補佐するよう命じた。八月十二日に藩内に斉村の死を公表し、続く十五日に幕府に政千代の相続願いを届け出た。九月二十九日に政千代の襲封が認められた。藩内と親戚大名をまとめた観心院と、対幕府工作を担った堀田正敦との連携プレーで危機を切り抜けた。

図20　九代　伊達周宗
仙台市博物館所蔵

政千代の家督相続が決まったあと、観心院がふたたび堀田正敦などの親戚大名と相談して、亘理、涌谷、登米の伊達一門三家に交代で領内の治安維持にあたるよう命じた。次は伊達家の内分大名の一関田村村資《むらすけ》などの親戚大名と協議して、堀田に幼い政千代の後見をたのみ、大事なことについては宇和島伊達家の村寿《むらなが》を相談役とするという後見人体制を整えた。最後に日々の政治を担う奉行に対し、藩祖政宗の遺徳を失うことなく士気を奮い起こし領内の鎮静に尽力するよう諭した。

以後、文化二年（一八〇五）に六十一歳の生涯を閉じるまで、観心院は政千代の養育と補佐に積極的にかかわり、かつ奥方を取り仕切ってその安定を図った。存続の危機に観心院が伊達の家の一員としての強い覚悟と意思をもって御家を守り通しただけではなく、周囲の親戚大名も一門・奉行という藩内の重臣たちも彼女のこの役回りを受け入れ、期待を寄せていた（『仙台市史』近世三）。吉村代に始められた、大名正室と表の家臣との儀礼的なつながりの構築が、ここにおよんで大きな力を発揮することになった。当時の男性中心の武家の家のあり方として大きな変化であった。

観心院なきあと、周宗祖母の正操院《しょうそういん》（重村側室）が奥方を取り仕切り、周宗を背後から支える役割をひきついだ。正室の観心院のように表に出て指導的な役割こそ担わなかったが、このさき御家継承のあり方について決定的な影響を与えることになった（以下、斉邦の襲封と婚礼まで、柳谷慶子〔二〇〇三〕による）。

奥方の機能不全の顕在化

周宗の襲封劇の背景には、藩祖政宗代からくすぶっていた問題が急に顕在化したことがあった。伊達家の奥方・中奥の最大の役割は、世子《せいし》を産み育てることであったが、それ以外に、御家が危機に瀕したときに親族・親類として結束して支えてくれる他の大名と領内の一門などとの婚姻・血縁関係を維持するための女子・庶子も多数必要であった。周宗の曽祖父・祖父にあたる宗村・重村の代には、どちらも正室・側室を合わせて八人の女性から二十人（宗村）と十五人（重村）が産まれたのに、二十一歳以上まで生き延びられた子どもはその半数以下（宗村は八人、重村は七人ずつ）であった。出生した子どもの数は多いようにみえるが、実際には女性一人当たりの出生数は低く、記録に残らない流産も多くあったと推測する。大名の家といえども多産多死という構造的問題を抱えていたところ、斉村の代から、続く周宗、斉宗《なりむね》および斉義《なりよし》も成人した跡取りを得ないうちに若死にし、御家継続の危機が繰り返されることになった。こうした危機に対し奥方をあずかる大名家族の女性たちが立ち上がって御家の安泰を守った反面、これは奥方のもっとも基本的な役割（跡取りなどを産み育てること）が機能不全に陥っていた状態と表裏の関係であったのである。

藩校養賢堂の改革

幼君でも周宗は十九世紀の仙台藩を支えるために一つだけ偉大な業績を遺した。それは、藩校養賢堂を、儒学の土台のうえに最先端の知識と技術を研究・教育する知的拠点に高めたことであった。藩校の創設は五代大名吉村の代までさかのぼり、七代重村のときにその拡充と改組がおこなわれたが、周宗代になっても生徒の出席はわるく、人材育成機関としての役割を十分に果たしていなかった。そこで文化六年（一八〇九）に周宗が藩校のさらなる改革を命じた。その改革の指導者として白羽の矢が立ったのが、当時三十五歳の大槻平泉《おおつきへいせん》（通称民治《みんじ》、実名清準《きよのり》）であった（以下、『仙台市史』近世三による）。

庶民出身の学頭

平泉は磐井郡中里《なかさと》村（現岩手県一関市）の出身であった。生家の大槻家は、一関藩領で代々大肝煎を務める家柄であり、百姓身分でありながら数多くの優れた学者を輩出する家系であった。若いころに、養賢堂学頭の前任者の田辺楽斎《たなべらくさい》と一緒に仙台の儒者志村東嶼《しむらとうしょ》に朱子学を学んだあと、江戸に出て大学《だいがくの》頭林述斎《かみはやしじゅっさい》の門人となった（林述斎は幕府儒者林家の八代目で昌平坂学問所の幕府直轄化を指導した林家中興の祖であった）。長崎を含む諸国遊学をしてから文化三年（一八〇六）に仙台藩の江戸屋敷で藩儒に召し抱えられ、政千代の新年の講釈始めの講師や、その弟徳三郎《とくさぶろう》（のちの斉宗）の学問相手を務めた。文化五年に仙台にくだって養賢堂で講釈をしていた。文化六年十月から田辺のあとに当分学頭を務めるよう命じられ、その一年後に正式に学頭に任命された。つまり、平泉には、前学頭の田邊のほか、現当主政千代と次期当主の徳三郎との接点があった。

とはいえ、庶民出身にくわえまだ若年の平泉が藩士教育の最高責任者となることは、藩校設立当時にその基本とされた貴賤長幼の序列原理に反する人選であり、家格を重んじる一部家臣からは反対意見があったことは想像に難くない。任命者は周宗とされているが、周宗は文化六年一月に疱瘡を患い公務に堪えない健康状態であったことを考えると、新学頭候補者の人選に周宗が積極的にかかわったとは考え難い。任命案は、田辺楽斎など学問所側が中心となって素案をおこしたと考えるのが自然であろう。政千代・徳三郎兄弟は、学校側の案に同意したことは十分に考えられるが、この案を実現に導く政治的手腕をもった人物とは、奉行の中村景貞《かげさだ》（義景から改名）であったと想定される。以後、没する嘉永三年（一八五〇）一月まで、平泉が養賢堂学頭職にとどまり、時代の要請につねに応えるように教育と研究内容を革新し続けたのである。

養賢堂の仮学頭としての平泉の最初の仕事は、改革案を提出することであった。案を一カ月でまとめて提出すると、江戸に上って改革案を大学頭林述斎にみせるよう命じられた。述斎は改革案に自分の意見を添えて政千代後見役の堀田正敦に送り、正敦から文書で賛意を得たうえで文書を平泉に返した。平泉は六月に仙台に帰り、述斎と正敦の賛意を記した書を奉行たちに提出した。奉行の審議をへてその年の十月に平泉が正式に養賢堂学頭に任命された。平泉のこの一連の動きは政千代の命によるものとなっているが、任命を政千代直々の人選に仕立て、当時の学問界の最高権威の述斎と、幕府若年寄で政千代後見人の正敦の賛同を取り付けるという手続きをとったことは、平泉の任命に対する反対意見を封じ込めるための奉行たちの入念な演出であったようにみえる。

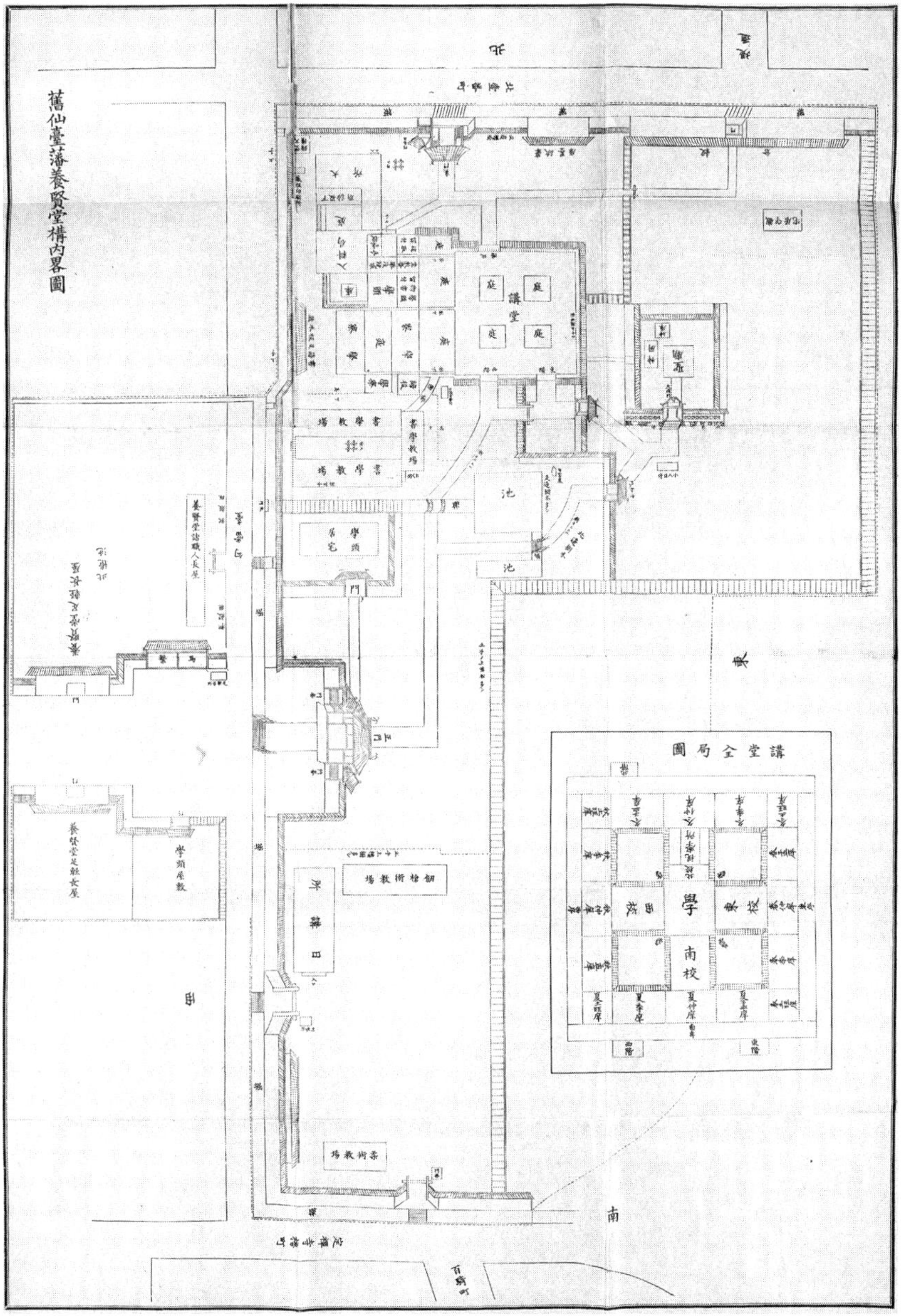

図 21　幕末期の養賢堂構内図　山口県文書館所蔵

図22　大槻平泉　仙台市博物館所蔵

大槻平泉の教育改革

平泉の改革案の骨子は、魅力的なカリキュラムを提供すると同時に、学習環境を整えて少禄の士分、郡部出身の者や凡下家中（足軽以下）でも就学できるように門戸を広くするうえに、就学体制を充実させ、実践科目も揃えて、成績良好な者が相当の役職に採用される制度をも整え、人材養成機関としての全体的・総合的かつ具体的な内容となっていた。その主な内容は次の通りであった。

一つ目は、学校の独自財源を確立することであった。文化八年（一八〇七）十一月に新田一万二千石が「学田《がくでん》」に指定され、その年貢収入を学校運営の基礎財源とした。そのほかに、学校の出版、硝石《しょうせき》製造、機織《はたお》り、薬種製造・販売などの諸事業をも興し、生徒の授業料や礼金負担をなくした。藩直営の印刷所と製墨所を設け、教育に必要な教科書と墨を一般生徒に安く、さらに困窮者には無料で提供する体制を作った。くわえて、養賢堂版として領内の家塾や寺子屋で学ぶ庶民が基本的な教科書を安価に入手できる道を開き、庶民教育の促進をも図った。

二つ目は、一般教養としての儒学（朱子学）を教育の基本にすえながら、素読以外に生徒が討論する形式の授業をも設け、定期試験により学力の評価と学業不振者の退学処分・優秀者の奨学金つき領外留学制度など、学習意欲を高めるよう配慮した。実践力のある官僚養成のために、文化十一年に書学《しょがく》（祐筆など書類を作成する役職に必須）、算《さん》法《ぽう》（勘定方などに必須な算術）、礼方《れいほう》（文通などに必須）の科目も新設した。江戸時代の藩校で算術を正規科目として開設したのはおそらく養賢堂が唯一であろうが、金銭勘定を蔑視する武士社会の先入観に抗って導入したことが平泉の優れたところであった。

三つ目には、学頭をはじめ教師には職位と職給が与えられたことである。学頭については、役料は基本給が二百石で年功により五百石までの増額が認められ、格式は番頭格《ばんかしらかく》を基本として大《おお》番頭格までの昇進が認められることになった。学頭を補佐する学頭添役《がくとうそえやく》・目付《めつけ》・指南統取《しなんとうどり》の三役の格式は詰所《つめどころ》、そのしたの指南役（教師）は大番士上に列せられ、さらに相応の俸給が定められた（学頭の格式は一族以上の門閥家臣、役職でいえば出入司相当であり、三役は勘定奉行や評定所役人など実務担当管理職相当であった〔堀田幸義二〇〇七〕）。学頭・教師陣の経済的・社会的地位が保証され、大名や藩執行部に直接意見や助言を伝え、藩の政策決定に影響を与えたり、専門技術を提供して新事業を起こしたり旧来の産業を改善したりする専門的な智・知識を提供する集団・機関としての基盤を保証された。

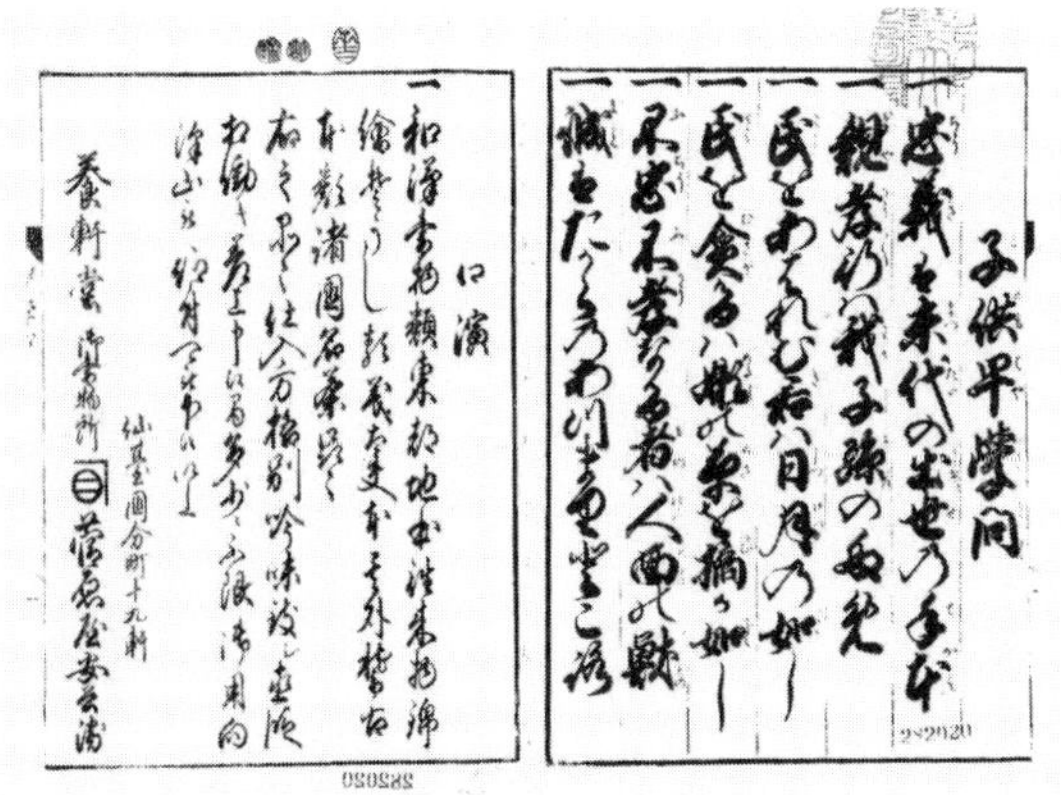

図23　養賢堂版庶民向け教材「子供早学問」
東京学芸大学付属図書館所蔵（頁再配置）　右：1頁目／左：奥付　販売は仙台城下国分町「養軒堂書物所菅原安兵衛」が担った.

医学校の拡充と社会実装

藩校の機能と内容の拡充にあわせて、敷地と設備の拡充も必要になった。文化九年（一八一二）と十一年の二度にわたり、隣接の屋敷を収公して敷地の拡大と施設の大規模な増築がおこなわれた。さらに重村代から始まっていた医学教育を充実させるために文化十四年に東二番丁に医学校を開校した。構内に施薬所を設け、医学生の臨床実習の場として貧民に医療を施した。文政二年（一八一九）には「御《お》薬園《やくえん》」（付属薬園）を開設し、生徒の本草学教育の場と施薬所で用いる各種薬草の供給源とした。医学校の経費確保のために、城下の配薬方御用達《はいやくかたごようたし》に指定した薬種商人を通して医学校で調合した諸薬種、膏薬《こうやく》、油薬《あぶらぐすり》を販売するほか、領内で販売される薬を検査して、その成分の品質保証書を発行する対価として売薬税を徴収した。

養賢堂の教育の拡充・充実との延長線上に、文政四年に医学校に蘭方《らんぽう》を設置し、蘭方外科と内科の講師をあらたに採用した。

日本で初めて公立学校（幕府・藩校）で西洋医学を正規科目として開設する画期的なことであった。同じころに養賢堂において「蘭学和解方《らんがくわげかた》」をも設置して、西洋の科学など、実用的な諸学問の教育と研究を開始した。西洋科学の本格的な教育を開始したことは、養賢堂の実践的応用力をさらに高めることになり、領内の豪農や豪商たちが学校運営に多額の金銭を寄付するようになった。みずから朱子学と蘭学双方を学んだ平泉の養賢堂改革は、単なる藩士子弟の教育機関としての充実を超えて、教育活動の一環として窮民救済、庶民教育の普及、領内医療・薬事環境の全面的改善、藩官僚の実践的能力の底上げ、藩政策決定への専門的な助言など、藩校の教育と研究が広範囲に、そして目に見える形で藩統治の質の改善と領民全体の生活と健康の安定に貢献するように仕組まれた、優れたものであり、庶民からも支持されるようになったのである。生徒の出席も大きく改善され、幕末期には一日の通学者数が千人を下ることはなかった。ただし、庶民出身の平泉の改革の根底にあった能力主義が旧来の武家社会の身分的序列の修正を促すものとなっても、家臣団のなかに身分的序列の保持を支持する考え方も当然、温存されていた。

十代斉宗―庶出の弟が家督を継ぐ

大胆な工作の末に家督を継いだ政千代であったが、文化六年（一八〇九）に疱瘡を患い、その後の快復は思わしくなかった。この年の後半から堀田などの親戚大名が藩の奉行と若年寄と協議をかさね、周宗の庶出の実弟徳三郎を儀式や接客で兄の代役に立てることにした。翌年に政千代が元服して周宗と改名はしたが、将軍への御目見えができる状態ではなかった。ついに文化九年（一八一二）二月には容体が急変した。重臣は周宗名義で病気を理由に隠居願を出し、六カ月下の弟を養子にして家督を譲りたいと幕府に願い出た。幕府は、将軍の御目見えを果たさないままの異例の隠居願を「祖先の勲労《くんろう》（功績）」に免じて弟の家督相続と一緒に認めた。二カ月後に周宗が十七歳の生涯を閉じたことを幕府に届け出た。

かくて当時宗純《むねずみ》と名乗っていた弟が文化九年（一八一二）二月に家督を継いだ。同年三月に十七歳で元服し、将軍家斉《いえなり》の偏諱を賜られ斉宗《なりむね》と改名した。同年の八月に初の国入りをはたし、十六年ぶりの大名の国入りに国中が沸いた。家臣たちが主君に期待を寄せることを当然としても、寛政九年の百姓一揆でみたように、仙台藩の庶民は藩の役人はともあれ大名とその一族に大きな期待をよせていたことがまた確認される。

斉宗は、周囲の期待に応えるべく政治に積極的にかかわろうとしたが、周宗代から仙台城二の丸全焼、江戸の中屋敷焼失にくわえ、文化五年（一八〇八）に蝦夷地警護の幕命をこうむり、二千人あまりの軍勢を蝦夷地に派遣することになった。往復約八カ月の派遣で終わったが、不慣れな気候・風土に悩まされ、確認されるだけで六十八人が病死した。また、総費用が六万円と見積もられていたように、この出兵は大きな金銭的負担にもなった（『仙台市史』近世三）。藩の借金がかさみ、家臣に対する手伝役の復活と物価高の二重苦で家臣の生活が苦しくなっていた。文化十一年（一八一四）に斉宗が紀伊徳川家の鍇《かた》姫と結婚し、また大きな出費を強いられることになった。しかし、文政二年（一八一九）四月に斉宗が病にたおれ、その翌月に逝去した。斉宗は正室との子どもはおらず、側室とのあいだに産まれた息子寔丸《ただまる》は半年後に死亡し、文化十三年六月に産まれた娘芝《しば》姫（蓁子）だけが斉宗の血筋を引き継ぐ者として遺された。

図24　十代　伊達斉宗
仙台市博物館所蔵

斉宗の結婚と伊達家の結婚戦略

斉村の死と幼少当主政千代・周宗の家督相続により、伊達家の結婚戦略に大きな変化が生じた。十八世紀の伊達家の結婚戦略は、五代吉村と正室長松院（冬姫）夫婦によって公卿との結婚と江戸城大奥とは異なった独自の奥方文化として創出された。ただし、この段階では吉村夫妻の主な関心は、公卿との婚姻により伊達家の社会的地位を維持しながら将軍家と大名家との結婚にかかる多額な出費を省くという、吉村治世の基本路線であった倹約と藩財政再建にあったとみられる。七代重村と正室観心院（惇姫）夫婦の代には、伊達奥方の文化（言葉遣い、振る舞いなど）を成文化して、表の伊達文化と対をなすものとして体系化された。健全財政という視点についで、仙台伊達家のアイデンティティ（家風）というもう一つの視点が、ここで結婚戦略にくわわることになった。前田家や島津家では他の大名の娘を正室として迎えていたことと比べると、伊達家の公卿との結婚の一貫性は際立っていた。

その例外である六代宗村の徳川吉宗の養女雲松院《うんしょういん》（利根姫）との結婚は、将軍吉宗の強い要望によって実現された。利根姫のもとで伊達家に持ち込まれた江戸城大奥のしきたりや文化を排除して、仙台伊達家奥方の文化を質素を基調とする吉村・長松院代に戻すために、重村・雲松院が奥方の改革をおこなったことは、宗村の結婚が江戸屋敷の奥方にもたらした変化が伊達家にとって望んだものではなかったことの何よりの証左である。公卿の女性によって監督される奥方のあり方が仙台伊達家の家風に高められその自己認識の一部として位置づけられていたところ、斉村の夭折と幼君政千代・周宗の襲封がもたらした御家継続の危機を引き金に、この結婚戦略は大きな転換を迫られることになった。

時は徳川第十一代将軍家斉の代であった。子だくさんの家斉の子ども五十三人のうち、成人した二十六人の嫁ぎ・入養子先をみつけなければならないという幕府役人と、将軍家との婚姻を通して御家の安泰を図りたいとする仙台伊達家とのあいだを、幕府若年寄で政千代の後見人であった堀田正敦がとりなして、政千代と家斉の息女との縁談が成立した。ところが、政千代の最初の許嫁（家斉三女）が早世し、次の相手の十一女が別の相手と成婚したことによって、この二百年ぶりの伊達家と徳川将軍家との婚姻は実現しないことになった。

兄の夭折により当主の座を継いだ十代斉宗は、かつて三代綱宗が亡き兄光宗を強く意識したように、周宗と同格の婚姻をすることに非常に強い執着をもっていた。しかし、斉宗の襲封時にはすでに将軍家斉の未婚の娘はいなかった。その代案として文化十年に浮上したのが、徳川御三家の紀伊徳川治宝《はるとみ》の娘鍇姫との縁談であった。斉宗は当初この縁談を断り、幕府に、これから生まれる家斉の娘との縁談でもよいから将軍の息女との婚姻以外は考えていないとの内願を、奉行を通して出した。奉行たちは、またも主君の虚栄心とそれがもたらす藩財政の破綻を「ごもっとも」のこととして受け入れ、その実現に努めるほかなかった。さらに内願文の中で斉宗は、紀伊徳川家との縁談を断る根拠として伊達家は他所の大名家からは正室を迎えないきまりであると主張した。斉宗のこの弁明が、吉村・重村たちの路線をさらに一歩踏み越えて、仙台伊達家は他の大名家から正室を迎えないという新たな「原則」を立てることになった。しかしながら、斉宗は現実には抗えず翌文化十一年に鍇姫との婚姻を受け入れた。

十一代斉義の襲封―女性が御家の継承にくわわる

文政二年（一八一九）五月に斉宗が継嗣のないまま死亡すると、五代吉村の血筋をひく支藩の一関藩田村村資の四男顕嘉《あきよし》を斉宗の養子にして十一代目大名に迎えた。彼は将軍家斉から一字を賜わり斉義《なりよし》と名乗った。襲封時に二十一歳の斉義の正室には斉宗の当時三歳の娘芝姫（蓁子）が決まった。婚礼は七年後の文政九年（一八二六）に執りおこなわれた。

年齢的には不釣り合いの結婚には、斉宗祖母の正操院の意思が働いていた。芝姫誕生後に、六代宗村の娘が嫁いでいた出雲松平家から芝姫との縁談が持ち込まれた。しかし正操院は、斉宗にはほかに生存する子がいない状況で芝姫が当主の血筋をひく大事な子であることを主張して、この縁談を断った。斉義自身は、伊達家の継承者として血統的にも地位的にも不足はなく、これまでの伊達家の前例にならって他家から成人した正室を迎えても問題はなかったはずである。しかしながら、跡取り息子を遺さないままに当主が夭折する状況が続く状況では、前当主の血をひく幼少の娘をあえて正室にしたことは、今後、女子にも伊達家の血統を引き継ぐ役割があるという新しい家継承のルールとなった。

図25　十一代　伊達斉義
仙台市博物館所蔵

斉義の治世中は、仙台領は好天に恵まれたのに江戸の米価が下落を続け、藩の収入がそれにあわせて目減りした。文政六年（一八二三）に関東諸河川の普請を一旦命じられたが、その役を免じられるかわりに幕府に八万九千両の上納金を課せられ、藩および家臣の財政がさらに悪化することになった。そのなかで、三十歳になった斉義が文政十年に病魔に侵されることになった。

2　十二代斉邦　青年大名、改革に死す

婿養子の中継ぎ襲封

文政十年（一八二七）十月に、斉義に快復の見込みがないとみた藩は、五代吉村の曽孫《ひまご》にあたる、一門登米伊達宗充《むねみつ》の嫡男幸五郎《こうごろう》を後継ぎとしたい旨を幕府に願い出た。斉義には庶出の穣三郎《じょうざぶろう》という三歳の息子はいたが、藩は、十歳に達していた幸五郎を斉宗庶出の息子に仕立て、穣三郎をその跡目にしたいと願い出たところ、そのとおり認められた。若年当主の夭折が続くなか、藩が慎重になっていたようである。ふたたび幼年大名の誕生となったので、周宗以来、後見役を務めた幕府若年寄で伊達宗村の実子である堀田正敦がふたたび後見役についた。

さらに藩は、幸五郎の正室には穣三郎の姉綵姫《まさ》（徽子）を配し、幸五郎をその婿養子とした。大名後継者となる入養子自身に伊達家の男系の正統な血統を求めるだけではなく、直前の当主の婿養子とすることによって女子を御家の継承に参加させるという斉義代の先例が踏襲された。婚礼は天保八年（一八三七）に執りおこなわれ、そのときに穣三郎が斉邦の養子となって次期当主の座を約束されることになった。

斉邦の治世中、天保の大飢饉をはじめ、仙台伊達家にとって多難の時代となった。領民の生命を守るために命をはって戦った斉邦は、天保十二年に子を遺さないまま、二十五歳の若さで逝去した。斉邦は、領民が飢えるなか主君が贅沢することを拒み、体調を崩しても休養をとらず茶粥《ちゃがゆ》を主食とする生活姿勢を堅持した。ついに脚気《かっけ》を患うようになった。天保十二年六月二日に国許から江戸に戻ったところ、高熱と嘔吐を繰り返して病床に伏し、七月二十四日に息を引き取った。領民や薄禄の家臣から名君として斉邦の死を悼む声が多くあがったが、彼の存命中、役人

や上級家臣のなかに斉邦の施政方針に強く反発する者も少なからずいた。

打ち続く飢饉

斉邦後見人の堀田正敦は、天保三年（一八三二）に没し、その翌年の正月に斉邦が仙台城にて自分が政務にあたることを宣言した。斉邦、数え年十七歳であった。先代からの借金が嵩んでいたところ、この年に飢饉が襲ってきた。奥羽地方全体を襲い七年もの長きにおよんだ天保の大飢饉の始まりであった（以下、佐藤大介〔二〇一七〕による）。

天保年間に奉行が幕府に報告した損毛高を表として示した。天保四年から同九年まで凶年が四回おき、さらに最悪となった天保七年の次の年には、農村・農民の疲弊と種籾《たねもみ》不足のために作付けができないところが多く発生し、天候が順調であったにもかかわらず天明飢饉相当の損毛高となった。

天保四年、窮民救済に奮闘

年次ごとの状況を追うと、天保四年（一八三三）に仙台領で四月から長雨が続き、六月下旬に台風が城下町を通過した。領内には凶作・飢饉の予測が広まりはじめた。七月中に出入司の小松新《こまつしん》治《じ》が二回にわたって、計七千俵の米を城下町に安く払い下げた。宝暦・天明飢饉と比べると格段に対応が良くなっていたが、住民から非常に手厳しい評価をくだされた。そのなか、小松は八月上旬に石巻《いしのまき》港から米一万七千石を江戸に回送し、かつての飢餓移出の悪夢を人びとのあいだに蘇らせた。小松としては江戸市場の米価が上昇していたので、袋小路に入っていた藩財政を立て直す好機として捉えたであろう。しかし、このことが市井に知られると小松、そして小松の後ろ盾の奉行芝多《しばた》常熙《つねひろ》に領民の批判が集中する結果になった。九月には奉行連名で仙台城下町での米の公定価格を設定したが、このことがかえって米の売り渋りを招き、住民が近郊農村に出向いて言い値で米を買う状況を招いた。一方、江戸にい

図26　十二代　伊達斉邦
仙台市博物館所蔵

表2　天保期の仙台領損毛高

年　次	損毛高(石)
天保4年(1833)	759,300
天保6年(1835)	733,522
天保7年(1836)	915,784
天保8年(1837)	632,300
天保9年(1838)	826,000
天保12年(1841)	365,500
天保14年(1843)	480,011

出典：『仙台市史』近世3，110頁

た斉邦は、領民を憂いて食事を一日一回の粥に制限し、九月に恒例行事の十六夜《いざよい》の月見会を中止した。年中行事の中止に反対意見は多かったが、家臣などを説得するために斉邦が詠んだ和歌が世間にひろく流布し、内外の世論の支持を得た。幕府のほうでは、参勤のために江戸に留まっていた奥羽の諸大名に、飢饉対策にあたるために帰国許可を出した。十一月二十五日に帰国した斉邦が仙台城において、民を飢えや寒さから守るためであれば自分は命を縮めてもかまわない、民を憐れむ心持ちのない役人は一日たりともその職にとまる資格はないと心得よと、内外に対し、窮民救済にあたる覚悟と役人に求める自覚のほどを宣言した。数え年十七歳、現代でいえば高校一年生が重臣・重役の歴々を前にして妥協ない飢饉との戦いを宣言した。数日後の十二月一日に斉邦が小松新治と芝多常煕を解任し、城下町住民の心をつかんだ。六代宗村以来、奉行・出入司が主導権を握ってきた藩政を主君である自分の掌中に取り戻したのである。

斉邦は、まだ江戸にいた十月二十日に藩の運営を倹約して一万三千両の元手を捻出して、領民救済をおこなうことにした（翌年の一月十一日政務始めの日には、向こう五年間、諸事を十万石の格式でおこなうことを宣言し、支出をさらに抑え込む策を講じた）。浮いた財源をつかって、農村、城下町、家臣の各支配系統をとおして困窮者を把握し、必要に応じて金銭や米穀を与えた。さらに十一月から御救普請《おすくいふしん》を起こし、城下町から貧困者を集めてその家内人数にあわせた米と銭五十文ずつを払って働かせた。亀岡八幡宮では大規模な造営を起こしたほか、城下の道路普請でも毎日三百〜四百人の貧困者を雇用した（ただし、八幡宮の建物が華美すぎることを理由に幕府から差し止められ破却を命じられた〔『仙台市史』近世三〕）。

天保五年、奉行をしたがわせる

天保五年は不作とならず小康状態となった。この間に斉邦は、政治体制を整えようとした。三月には、斉邦と奉行とのあいだの主導権争いが表面化した。きっかけは、前年の国入りにあたって、斉邦が家臣に対し、施政方針について意見があれば遠慮せずに上申するよう達しを出したことだった。斉邦の狙いは、人びとの政治に対する不満をすくい上げて「御国家《おんこっか》」（仙台藩）の静穏を図りながら活発な政策議論を藩政の立て直しに活かそうとするものであった。安永事件のあとに家臣・庶民の政治議論を封じ込めようとした重村代の治世とは真反対の判断であった。奉行たちは、主君の命とあらば議論を認めること自体には異論をはさめなかったが、上書の提出は奉行衆を経るものとすべきと主張した。奉行たちの主張の背景には、柴多・小松の解任にくわえ、斉邦が郡奉行をはじめ芝多一派とみられる郡村役人の大幅な入れ替えも断行していたことがあり、人事や行政の実務といった政務の中身に介入している青年主君に警戒心を強めていた。奉行の主張に対し斉邦は、上書・意見書の提出を自分が近習目付から直接受け取ると宣言し、主君である自分と役人である奉行との役割の違いを指摘し、奉行たちから斉邦にしたがう趣旨の誓約書を提出させた。

財政再建と大坂蔵元の解任

斉邦は、つぎに六月から九月のあいだに出入司たちと財政のありかたについて議論をかさねた。両者は、前年の飢饉からの農村の復興と、将軍に対する伊達家の御奉公とそれを支える基盤である家臣団の財政保障とを再建の「両輪」とすべきことで考え方が一致していた。焦点となったのは、仙台藩財政の土台となっていた、買米制という蔵入地年貢米以外の領内流通米を専買統制下におく制度をどうするかということであった。現行の買米制度は弊害が多く、農民と、年貢米・俸禄を換金して生活する家臣にとっても経営と生活を脅かす元凶となっていた。制度の廃止までが議論の俎上にのせられた。

買米制は建て前として、春から秋までの米作に必要な資金を農民に貸し付けて秋の収穫で返済させ、農民にとっての「御恵み」となるはずであった。しかし現実には、資金不足により前金の支払いが滞ったことと、秋の買い上げ相場があまりにも安く設定されたことで農民と家臣の生計を圧迫する重荷となっていたことが実体であった。とくに制度運用に必要な前金は、ひさしく大坂の蔵元商人からの貸し付けに頼っており、江戸での米販売の主導権が完全に蔵元の手にわたっていた。くわえて、天明の飢饉後に蔵元を一手に引き受けていた大坂の升屋《ますや》は、文化十一年にいたって藩の借財返済が滞っていたことをきっかけに、蔵元を継続する条件として国許の経費管理と鉱山産物の買い上げ独占権を獲得していた。平常時であれば、升屋が藩財政をにぎっていてもそれが領内経済全体の安定をもたらす限り、仙台藩にとってもそれなりに意義のある関係であったが、飢饉という非常事態のもとでは藩が財政の主導権を失っていたことは、大きな足枷となっていた。九月二十五日に出入司五人連名で升屋の蔵元解任を命じた。理由は、天保四年に凶作の救済金として大坂で八万両余りの調達を升屋に命じたのにそれを果たさなかったばかりか、升屋は仙台伊達家「御大変の場」にあってもそれを救おうとする心はなかったこととした。飢饉に苦しむ民を救おうとしない役人を許さないとした帰国時の斉邦の警告の通りとなった。出入司たちは領民のために正義をとおしたが、升屋をはじめ大坂商人の信用を失った状況で領内経済と藩財政をどう成り立たせるかという重い課題を抱え込むことになった。

升屋の蔵元解任のあと、増田《ますだ》菊之助《きくのすけ》（主計《かずえ》）と森儀兵衛《もりぎへい》という、斉邦腹心の出入司が大坂におもむいて米屋平左衛門《こめやへいざえもん》を蔵元として採用することに成功した。

天保六年、地震に洪水

天保六年は、またも試練の年となった。六月二十六日には大地震が襲った。約四十年周期で起こる宮城県沖地震であった。地震により各地の備蓄米を納めた蔵を含め建物が大きな被害を受けたところへ、七月七日に日本海側から大型台風が襲い、領内で大洪水が起きた。領内の耕地が水没し、家屋と治水施設が甚大な被害を受けた。村々で備蓄していた米穀にも大きな被害がでた。

天保七年と八年

天保七年（一八三六）は、前年に続いての凶作となり、農民は種籾も残せないほど追い詰められた。藩の指導による種籾の貸与や他領米買い入れはおこなわれたが、飢饉の規模が大きすぎて事態に追いつくことはできなかった。仙台城下では翌年にかけて何とか飯米を確保することができたが、飯米購入に依存する漁業や山林労働者が多かった三陸沿岸部の村々では、死者が多数出ることになった。いよいよ天保八年二月には、出入司から郡奉行と代官たちに対し、執行部として郡部に対応することはもはや不可能であるので各自の担当地域内において自力で対応するよう言い渡された。

天保八年は、前年から続く飢餓状態と疫病流行による農民の疲弊と種籾不足により、天候が順調でも不作となり、天保九年にはふたたび天候不順により凶作となった。升屋の蔵元解任以降、藩は領外から十分な資金が得られず領内商人の資本にたよって数年にわたり他領米を買い入れた結果、貨幣が領外に流出し枯渇していた。領内の物価が高騰し、人びとの生活苦に拍車をかけることとなった。藩庫には領民救済などはおろか、行政機能に必要な資金すらももはや残っておらず、現金入手のために仙台近郊で買米制による米穀の強制的買い上げを再開し領内米の飢餓移出を断行するしか選択肢はなかった。

一門の斉邦批判

斉邦治政の基本は、五代吉村以来おおよそ百年ぶりの大名による強力な政治指導の復活であった。連続的な天候不順、自然災害、凶作という不可抗力のリスクに対し、青年大名は、高い政治的理想の実践で乗り切ろうとしたのである。最終的には斉邦自身がその重荷に耐え切れずに落命することになるが、彼が進めた政治のなかで仙台藩のあり方そのものが大きく変わるものとなった。

そもそも、斉邦が直面した政治課題が人力《じんりょく》を超えるものであった。生活を追い詰められ生命の危機に晒された人びとのあいだにはやり場のない怒りが堆積し、斉邦の右腕として奮闘しながら群衆が期待するような結果が出せない役人たちに対し、絶望感を募らせるようになった。さらに、群衆の惨状を前にして上級武士までが沈黙して傍観できなくなった。天保七年九月に、またも大飢饉の兆候が深刻化していくなか、斉邦は、出入司の桜田良佐《りょうすけ》を大坂に派遣し八万両の資金調達を託したが、桜田は九千両しか確保できなかった（桜田は後年、過激思想のために幽閉される。大役には不適切な人選であった可能性がある）。救済資金の調達が頓挫したとの情報が領内に漏れると人びとのあいだに絶望感が一層広まり、仙台城下に窮民がおしよせてきた。世相の不安と惨状をみかねた一門筆頭の石川宗光《むねみつ》は、同じ一門の涌谷伊達義基《よしもと》と亘理伊達宗恒《むねつね》と相談して、十一月二十六日に斉邦にあい、斉邦の最側近である奉行の増田主計《かずえ》（菊之助から改名）の処分を求めて激論を交わした。宗光らは、凶作を前に執行部が身動きを取れない原因を、天保五年に升屋を蔵元から解任したことが大坂での信用を失墜させ大坂から必要な資金を集める道を閉ざしたことにあると主張した。その決定の最大の責任を負うとみた増田の処分をもとめた。一門が増田を諸問題の元凶と決めつける根拠のひとつに、増田のもとの知行高が百八十五石で家格が太刀上であり奉行職にふさわしくない禄高・家格であることを主張した。重村襲封時に柴田義成らが奉行のもっとも重要な資質として衆人の信頼を掲げたことが形をかえてまた噴出していた。宗光の論に対し斉邦は、升屋の蔵元解任の決定が執行部内の議論をへて決定されたことであり、増田一人の責任とすることは事実無根と反論してその進言を退けた。そしてすぐに増田の家格を、奉行を多く輩出した着座という班に一等進めた。

仙台伊達家は「国家」

宗光らの主張には現状打破の具体策はなく、単に増田一人をスケープゴートに仕立てただけのものにみえるが、そこには新しい動きも見出せる。ひとつめは、一門衆の批判は、領民の生存と生活を保障できない藩政を問題にしており、主君斉邦を含め、執行部が領民に対し責任を負うものであることを議論の前提にしている。口先だけの理念的な仁政ではなく一門衆が実効性ある仁政を執行部に公然と求めるという動きは、宝暦・天明の飢饉のときにはみられなかった。ふたつめには、宗光は、自分の直訴行為の正当性を「御国家の臣下」であることに求めていたことである。この場合の「国家」とは「四民一統《しみんいっとう》」つまり領民全員を包摂する仙台伊達家全体という意味合いであり、主君個人への絶対的な服従を求める旧来の主従関係と異なるものであった。斉邦自身も、べつの場面において現状に対し「国家が立ち続き難い」局面にいたっており、その「国家」の構成員を「四民」とも「万民」とも表現し、自分自身の立場を相対化していたのである（『伊達家文書』之十、三四二八）。寛政九年の一揆勢説諭の際に一度だけ藩の公式文書にあがった、「国民」という領民全員を仙台伊達家という政体の構成員とする考え方が、ここにおよんで「四民一統」や「万民」という言葉として、一門衆や大名自身ら最上級の武士のあいだで共有されるようになっていた。領民をひとしく飢饉の被害者とみることは、またひとつ「四民」の人命に優劣をつけるという身分制に由来する考え方の後退を意味したのである。なお、別の視点から宗光らの直訴をみると、斉邦は一門の要求こそ退けたが、一門衆が大名・執行部を直接批判する行為を認めたのである。藩政の重大局面で、一門衆が担保してきた仙台伊達家の権力構造の健全な多元性がまた発揮されたとみられる。

役人の自己認識の変化

斉邦は宗光らを論破はしたが、増田に対する誹謗中傷や怨嗟は収まらなかった。事態の収束を狙って斉邦が増田を罷免した。追い詰められた増田は、天保九年一月に江戸藩邸において自刃した。右腕を失った斉邦のショックは大きく、彼自身の死期を早めたのであろう。

増田の奉行職就任は悲劇に終わったが、斉邦治世中には、少禄・微禄の家臣が出入司以下の実務的役職につくことが当たり前であった。増田の奉行職就任を非難する人もいれば、奉行職を含めた人材登用を擁護する意見もあった。前章でのべたとおり、役人任用にあたって知行・禄高の多寡にとらわれない人事はすでに重村の代に定着していたが、斉邦代になって大きく変わったのは、役人の自己認識であった。重村代には、飢饉で苦しむ民衆や薄禄の家臣の窮状に心を痛める官僚もいたが、官僚組織総体としては大名の家と将軍への御奉公を第一義に考え、領民救済は視野になかった。斉邦代になると、飢饉対策・領民救済と、将軍への御奉公の両立を維持することが官僚としての責務であるとする考え方が広まりはじめており、前述の上級武士の意識の変化もこれに呼応していた。

理想追求から現実の受容へ

そのような流れのなかで斉邦は、一見して逆行するような人事をおこなった。天保八年三月に、出入司たちの財政運用能力を高めるために小松新治を再任し、正貨と米穀確保の担当を命じた。天保四年に江戸廻米を強行したことで解任された人物の再任は矛盾するようにみえるが、実のところ、小松も当時の買米制度に対し増田や森以上に否定的な考え方をもっていた。増田らは領内の米市場を自由化したうえで市場価格での買米制運用を考えていたが、小松は、藩財政の慢性的赤字の本質が江戸市場への米の供給過多によることを理解し、買米制のかわりとなるあらたな産業を育成すべきと考えていた。しかし、当面の資金がないと藩は完全に破綻するという現実を前にした小松は、天保九年一月に大坂に向かって升屋に蔵元再就任と融資の再開を依頼しようとした。大坂滞在中に藩の負債を一部整理できたものの、升屋から再任への同意が得られないうちに小松は客死した。心労による殉職の可能性が高いように思える（役人の過労死については、J・F・モリス〔二〇〇九〕）。

芝多派再登用

天保十一年六月に斉邦はまたも、意外な人事を打ちだした。同輩奉行たちの反対を押し切って、天保四年に小松と一緒に罷免された芝多常煕を奉行に再任した。増田亡きあとに、難局打破に必要な指導力のある人物が現職奉行にいない現実を、斉邦が受け入れたのである。世間では悪評高い芝多ではあったが、復帰後の彼の施政はたしかであった。人事面では、七月に仙台町奉行として物価高騰を抑えるために商人たちの囲銭《かこいぜに》を徹底的に摘発して城下町住民の信頼を得ていた玉虫勇蔵《たまむしゆうぞう》（崇茂）を出入司に昇格させた。余談であるが、勇蔵は重村代に町奉行や郡奉行として活躍した玉虫十蔵《じゅうぞう》の孫であった。勇蔵の財政の手腕は、父平蔵《へいぞう》（伸茂）が早死にし、祖父と父が家の昇格を狙った奉公をとげるために作った多大な借金の整理を否応なしにさせられたことで磨かれた。

さらに十月には、商人として城下町の飢饉救済に活躍し、その功により侍身分を得、人びとから「助様《たすけさま》」と慕われていた佐藤助右衛門《すけえもん》を郡奉行に任命した。ここまでの人事は、広く支持されるものであったが、それ以外にも、芝多と一緒に罷免された郡方役人も芝多推奨の人事として再任させた。彼らは、いわゆる斉邦派とは考え方が基本的に共通で、その解任理由は「芝多派」とみなされたことだけであった。官僚機構内での「芝多一派」への反発は、政策上の対立よりも、役人同士の人間的な軋轢を本質とする疑いが濃厚である。

選りすぐりの能吏で布陣をかためたうえで、芝多は天保十二年一月に大きな賭けに出た。奉行自身が出入司以下の諸役人をしたがえて大坂に赴いて、新しい蔵元任命の交渉に挑んだのだ。総額一万両を投じる大がかりな交渉作戦の結果、下馬評に反して、三月十九日に炭屋彦五郎《すみやひこごろう》を筆頭に大坂商人五人とのあいだで、江戸および国許での蔵元就任などの合意にいたった。派手な演出を駆使した芝多の交渉力と、全国に知れ渡っていた「明君斉邦」のブランド力の成果であったろう。飢饉救済のために領外流出した正貨を確保して、領内の物価高騰に歯止めをかける目途が立った。

しかしながら斉邦自身は、その交渉の実をみないうちに、天保十二年七月に急逝した。症状からすると、長年の栄養失調と脚気を基調に、斉邦も過度のストレスに倒れたとみられる。皮肉なことに本人の意思とは正反対に、葬儀の費用が藩財政を圧迫し、また領内の白木綿の値段が高騰し、領内経済の混乱を招いた。

斉邦治世の評価

斉邦自身は、命を賭して窮民救済と領内復興にあたろうとした姿勢で領民から絶大な信頼を得ていた。すくなくとも上層の町民や農民は、大名伊達家に対し強い一体感を抱くようになっていた。しかしそれとは裏腹に、大名を支えその手足として働く藩吏たちの多くは、政権外の人びとから、士分と庶民の区別なく疎まれ、飢饉と領内経済の崩壊の全責任を負わされたのである。

斉邦の治世が本当に領民のためになったかどうかについて、判断を留保せざるを得ない。たしかに、天保四年段階まで領民の生命を救うことはできたが、天保七年以降から次第に万策尽きる状態になった。その状態が天候不順という不可抗力によるものか、それとも、斉邦が頑強に理想主義を貫いたことが被害を人為的に増大させたか、判断するには当時の客観的な情報は足りない。天保七年十一月に直訴した石川宗光らの一門衆は、領内の悲惨な状態を、斉邦の独裁政治を支える悪役人の責任であると確信していた。しかし、石川らをはじめ当時の世評は、無根拠の風評にふりまわされていた観が否めない。群衆の眼中には、斉邦というカリスマ的な青年大名のもとに結集し、領民救済に奔走して過労死を厭わない、実際の役人の一群の姿は入っていなかった。群衆は斉邦個人には感涙したが、藩吏に対しては、目にみえる成果以外は認める余裕はなかった。

斉邦政権の施政の功罪についてては保留するにしても、斉邦の治世中に仙台領内で大きな変化が起こっていた。

第一に、大災害の連続という領内社会全体を覆った過酷な試練のなかで、大名から家臣まで、武士身分の自己認識が大きくかわった。その認識には幅があった。武士と庶民の関係を「万民」のように身分を超える包摂的な言葉から、「四民一統」という士分と庶民との身分的格差をひとつの全体に束ねる言葉まで流布した。いずれの立場でも、武士身分内において自分たちが非武士の領民といっしょに「国家」という運命共同体を共有しているという意識はたしかに育っていた。

しかも、この自覚は単なる理念的なものでなかった。藩は、飢饉対策をはじめ、財政再建に必要な産業や交易商品の育成・開発を富裕層に頼っていた。藩の統治機能は、上層領民との協働なしには成り立たなくなっていた。前述のとおり、襲封時に五代吉村が富裕の庶民から献金を募ったときに「御家《おいえ》御《ご》浮沈《ふちん》」という言葉で主君としての危機を表現した。斉邦代までには同じ状況を「御国家なりたち」ということばで言い表した。吉村の「御家」（家運）は「浮沈」するものであったが、斉邦の「御国家」とは人びとのあいだの関係性として「なりたつ」もので、大名の「御家」を大きく拡大した枠組であった。天保期の連続飢饉により領内社会が崩壊の危機を迎えたとき、絶望の淵に立たされながらも人びとはお互いに連帯することに一縷の光を見出した。これこそが斉邦の後世への一番の遺産となった。

コラム—6

藩校養賢堂

教育の力で社会を変える

藩校養賢堂《ようけんどう》は、五代目吉村が元文一年（一七三六）に士分の子弟の教育機関として設立した小規模な学問所が始まりであった。設立の目的は、官僚として十分な能力を有する人材の育成と、四代綱村の治世がもたらした家臣風紀の乱れを矯正することであった。

仙台伊達家の教育をもって御家を守るという発想は、おそくとも寛文六年（一六六六）までさかのぼる。このころ、江戸屋敷において儒学の講釈と議論を中心とする家臣の集団学習がおこなわれていた。仙台伊達家では、三代綱宗の強制隠居の経験から、幼君亀千代（四代綱村）を支える周辺の従者に常識的な判断ができるよう、江戸詰め家臣の集団学習を通して適切な人材を養成しようとした。当時、武士の子弟の教育は、各家の責任と事情で個別におこなうものであったため、仙台藩の取り組みは先代には前例はなく、世間で噂になるほど当時の社会では奇異なものとされた（平川新二〇二二）。元文一年の学問所設立とそれ以降の藩の教育機関としての展開は、十七世紀にすでに醸成されていた仙台伊達家独特の土壌を継承・発展させるものであった。

学問所のあり方にとって、宝暦・天明のふたつの大飢饉が大きな転機となった。宝暦十年（一七六〇）の七代重村がおこなった改革・拡充をへて、文化六年（一八〇九）九代周宗のときに学校の大改革に踏み切った。新しい学頭の大槻平泉のもと、実践と学問の社会的実装を重んじる科目を次々とカリキュラムにくわえた。養賢堂が担った社会的な役割のひとつの帰結として、安政四年（一八五七）に構内に「日講所《にっこうしょ》」という庶民のための学校が開設されたことが注目される。

嘉永三年（一八五〇）に大槻平泉が逝去し、長男の習斎《しゅうさい》が跡を継いだ。嘉永六年（一八五三）のペリー来航を受け幕府が大船建造《おおぶねけんぞう》の禁令を解くと、習斎は軍艦建造を上伸した（以下、佐藤大介〔二〇二二〕による）。習斎の構想は、海防と経済振興を表裏一体とする壮大なものであった。船は軍商両用に設計し、領内産品の輸出および

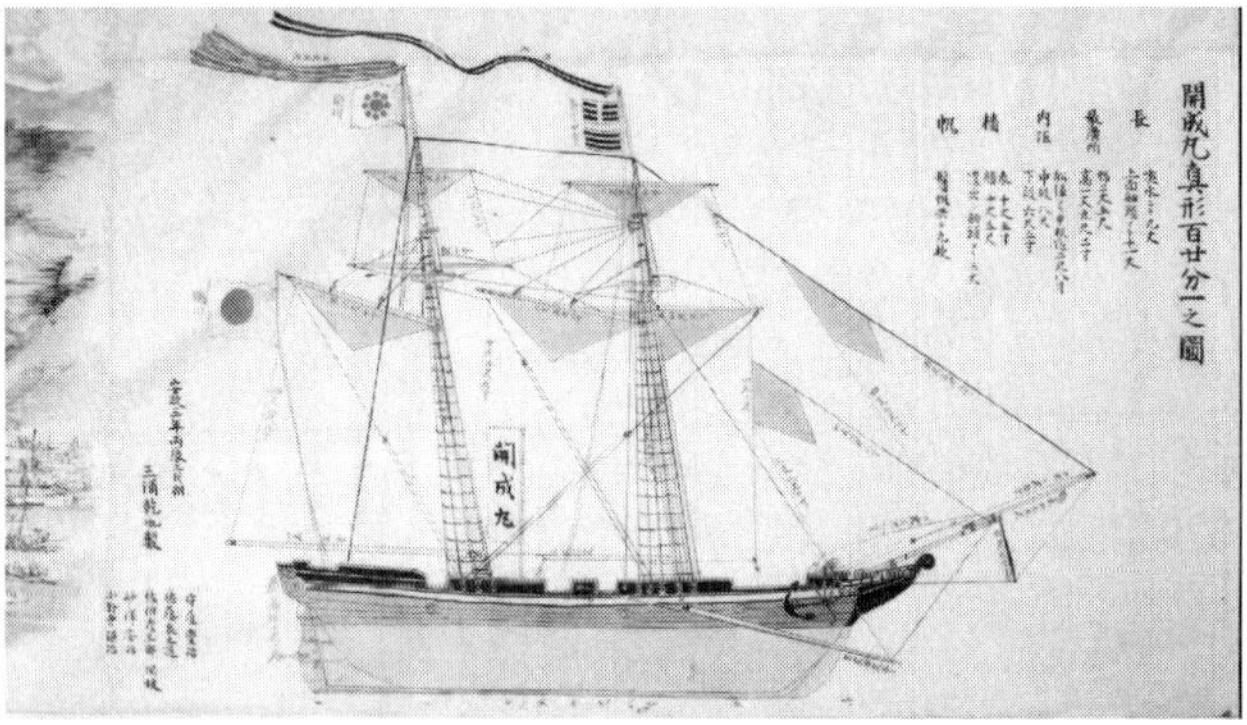

図27　開成丸（「寒風沢嶼造艦碑他図」より）　東京国立博物館所蔵
Image: TNM Image Archives

他領からの輸入品双方の運送コストを下げることと、洋船建造技術の移転を図って洋式造船業を興すことによって領内に多大の経済的利潤をもたらすほか、砂糖や薬種など諸輸入品の仕入れコストを下げて領民の生活を便利にすることまでを視野にいれていた。造船の費用については、多大の利益をこうむる領内商人からの献金で新しい船の建造資金を確保できることを見込んで、藩庫に負担をかけないで継続可能な事業にすることをも狙っていた。さらにこのころから領内産品の品質を向上させ領外市場での競争力を高めるために、製塩業など領内産業の技術改良に養賢堂で蓄積されていた西洋産業技術などの知識を応用する取り組みも手掛けた。

安政二年（一八五五）に大名慶邦が、奉行の芝多常則《つねのり》を筆頭に習斎を含む洋式軍備推進チーム（「大銃及《おおつおよ》び軍艦製造用係《ぐんかんせいぞうようかかり》」）を任命し、習斎の構想の具体化が始まった。それから一年余りの安政四年にスクーナー型洋式帆船の軍艦開成丸《かいせいまる》が完成した。江戸から洋式造船と航海法を習得した三浦乾也《みうらけんや》という技術者を惣棟梁として招聘したほか、領内の技術者などを総動員して、船の建造と運航を実現した。養賢堂教員の小野寺丹元は領内の船大工を連れて幕府の洋式帆船の製造と艤装法を調べ、江戸で三浦をスカウトしてきた。造船過程は、養賢堂の算術（和算）の教師陣が担当し、運航・航海は天文方の教師があたった。船の実際の操縦を藩抱えの御水主《かこ》衆（水夫）がおこなった。

三年間の訓練期間をへて、万延一年（一八六〇）に開成丸の商業運航として領内米を江戸に初めて運んだ。

同年の十二月にふたたび米を関東に運び、浦賀から塩を仕入れて帰還した。その夏に全国各地の塩田が嵐の大被害を受け、塩が不足するなか、保存食の漬物作りなどに必要な塩を確保して、人びとの生活を安定させることが目的であった。続く文久一年（一八六一）に琉球と奄美産の砂糖を城下商人の注文として運んできた記録もある。習斎が構想した交易による経済振興と生活向上の実現が軌道に乗り始めた矢先のこの年に、開成丸は破船した。折しも奉行の只木成幸が妥協ない緊縮財政を敷き、さらに蒸気船の時代が幕をあけており、領内で新たな帆船は造られなかった。

慶邦代の養賢堂には十二科があった。そのほとんどは、教師・学頭からの上申によってできたと思われるが、ひとつだけ、大名慶邦個人のこだわりとしてできた学科がある。「楽」（音楽）であった。基礎的教養（儒学、国学）、実践（外国語、医学、兵学、算術）や実技（剣術、槍術、柔術）のなかにあってきわめて異色であった。

楽科創設の事情をつたえる奉行芝多常則の「請書《うけがき》」によると、音楽教育を導入したいという慶邦の要望を受けて芝多が学頭らに諮問すると、学頭は「よろしい御思《おぼ》し召《め》しである」と回答し、早速音楽教育を開始するための準備に入りたいと答えた、とある（『伊達家文書之十』三四八二号）。慶邦がなにを考えて音楽教育を提案したかは不明であるが、芝多と教師陣にとって音楽教育の目的とは、身体障碍者などを救済する授産の技であるという認識であった。藩校として音楽科があったこと自体はきわめてめずらしかったが、それを社会福祉事業として位置づける例もまためずらしい。ただし、楽科は慶邦と芝多らのいずれの期待にも反して、実際のところ、振るわなかった（『宮城県史』一一）。芝多の「請書」の内容からして、楽科の創設は仙台藩の蝦夷地警衛が始まった安政三年（一八五六）から、芝多が失職する万延一年（一八六〇）までのあいだと推定される。

七　十三代慶邦

新時代の幕開けと仙台藩

1　慶邦治世の前期　藩政改革から社会改革へ

慶邦襲封　天保十二年（一八四一）七月に十二代大名となった養父斉邦が病没すると、十一代斉義《なりよし》の実子慶寿《よしとし》（幼名穣三郎）が仙台伊達家十三代として家督を継いだ。十七歳のときであった。「慶」の一字は、元服に際して将軍家慶《いえよし》から賜わった。天保十四年にさらに養父の一字をとって、慶邦《よしくに》と名乗った。二十八年間の治世の末に、明治一年（一八六八）十二月に戊辰戦争の責任を問われ隠居・謹慎を命じられた。跡式は、わずか二歳の次男亀三郎（宗基）が継いだ。慶邦は、謹慎が許されたのち、伊達家の先祖祭祠を神道式に改め、みずからが教導職となり、明治七年（一八七四）七月に五十歳で逝去した。

慶邦の結婚　慶邦は三度結婚することになり、その時の相手に仙台伊達家の政治的立場がよく表れている。最初の正室は公卿の近衛《このえ》忠熙《ただひろ》の養女（実父は関白鷹司政熙）綱《つな》姫で、弘化一年（一八四四）に婚礼を挙げた。忠熙は、京都で公武合体を進める中心的な人物であった。しかし綱姫は、子を授からないまま嘉永五年（一八五二）に二十五歳で早世した。継室には水戸徳川斉昭《なりあき》の娘八代《やちよ》姫を安政三年（一八五六）に迎えた。八代姫もまた、明治二年に二十九歳で逝去した。伊達家では以前に、二代忠宗・六代宗村は徳川宗家から、十代斉宗は紀伊徳川家から正室を迎えて徳川家との関係強化を図った例はあるが、この時に斉昭の娘を正室に迎えることで、藤原姓を自認する慶邦が将軍宗家と一定の距離をおき水戸徳川の尊王攘夷思想に理解を示す姿勢を明らかにした。

慶応二年（一八六六）に、のちの宗基《むねもと》となる男子を産んだ側室の松岡道子《まつおかみちこ》と明治維新後に入籍し、道子が伊達氏を名乗ることになった（作並清亮一九七六、巻之十、一九頁）。江戸時代から夫婦同姓を定めた明治民法（明治三十八年施行）まで夫婦別姓が一般的であったが、華族となった慶邦の妻として、門閥層に属さない家臣である実家の松岡姓よりも伊達氏を名乗った方が釣り合いがとれたのであろう。

困難をきわめた継嗣確保

慶邦は、世継ぎを得るのには苦労した。最初の正室二人との間には子は産まれなかった。弘化一年（一八四四）、同三年、同四年、文久一年（一八六一）に側室二人（河上氏、天童氏）とのあいだに子どもは生まれたが、天童氏の子は死産、河上氏の子三人は二歳未満で夭折した。慶邦襲封から二十二年経った文久三年に支藩の一関田村家嫡男の茂村《もちむら》を養子に迎えたが、慶応三年（一八六七）に茂村は十八歳にて夭折した。その前年に慶邦側室の松岡氏に男子（のちの宗基）が産まれていたが、家の継承を保証するために近衛忠熙と関係が深かった大納言広幡忠礼《ひろはたただあや》の娘徳子《のりこ》を養女に迎え、親戚の宇和島伊達家当主宗城《むねなり》の五男宗敦《むねあつ》（十六歳）を婿養子として迎えた（広幡家は観心院の実家であり、女系による家継承をさらに拡大した婚姻であった）。しかし、翌年に宗敦が養父とともに官位剥奪・謹慎の処分となり、廃嫡となった。かわって幼児宗基が仙台伊達家の家督を継ぐことになった。明治二年（一八六九）の版籍奉還《はんせきほうかん》にともない宗基が仙台藩の知藩《ちはん》事《じ》となったときに、同年に刑を解かれた宗敦がその補佐役となり、その翌年に代わりに知藩事職に就いた。

慶邦の刑が解かれた翌年の明治三年以降から、正妻となった道子とのあいだにさらに四人の子どもが産まれた。そのうち三人が三歳未満で夭折し、成人したのはさきに産まれた宗基と第三子の

図 28　十三代　伊達慶邦
仙台市博物館所蔵

邦宗《くにむね》の二人だけであった。

慶邦自身は早世こそまぬかれたが、実子七人と養子二人養女一人の早世にあい、生き延びられた実の息子二人の成人した姿をみないままに他界した。それでも彼は側室を多く設けることをせず、養子で御家継承の危機を乗り越えようとしたことは、歴代当主のなかで際立っている。

なお、大名家とその領国を指す言葉として「藩」という語彙が一般的に使われるのは幕末からである。仙台伊達家が「仙台藩」といえるようになるのは、慶邦代からである。

慶邦の治世

慶邦が襲封したときには、前代からの難題が山積みであった。まず、養父斉邦が命をささげた、天保の大飢饉後の社会と経済の復興をとげることであった。そのためには、経済政策として領外商人から藩財政の主導権を取り戻すこと、領内経済の停滞をもたらす買米制（領内流通米穀の専買制）による悪弊の改善、藩財政の江戸米市場への過度の依存の克服、米にかわる新しい産物とその販売路の開発、実態にあわなくなっていた年貢徴収システムの改革といった、歴代の当主と官僚が取り組んでも有効な解決策が見つけられないまま、藩財政と領民の生活を圧迫する数々の課題であった。さらに嘉永六年（一八五二）のペリー来航を引き金に始まった開港と諸外国との条約締結の可否をめぐって、支配階級内での政争と尊王攘夷《そんのうじょうい》運動が起こった。そのなか、安政三年（一八五六）に奥羽諸藩が幕府から蝦夷地の警備を課せられた。幕府との交渉のすえ、東北諸藩に担当領域の一部領国化も認められることになり、新たな財政的負担と表裏一体で新しい経済関係を開拓するという正負いりまじりの課題も出現した。最後に、尊王攘夷を大義名分とする政争が激化し、国内戦争へと拡大した。これらの難題に対し、いかにして奉行をはじめ有能な人材を選抜して彼らの能力を活かすかということも慶邦にとって大きな課題となっていった。

最終的に慶邦政権は、奥羽越列藩同盟の結成をへて、薩摩・長州両藩との軍事的衝突と無惨な敗北という結末を迎えることになった。この結末を所与の条件にして慶邦の治世を評して、明治維新という日本の近代国家樹立の重大な局面における政治的判断を誤った、旧態依然の「遅れた」政権・藩であったという解釈が長いあいだ主流であった。しかし先入観をすてて、明治維新を薩長によるクーデタ（武力による政権奪取）から始まった国内戦の局面と、全国的に展開していた近代的な社会への脱皮過程とをわけてとらえてみると、慶邦代の仙台藩の政治と社会に対し違った角度から理解できるようになる。仙台藩の近代は、決して外から一方的に押し付けられた過程ではなかったのである。

奉行の家風の対立で政治が動く

慶邦政権の基調は、いかに藩財政を再建するかという一点に尽きたといっても過言ではない。しかし、その道のりは決して容易なものではなかった。

まずは、大任に応えられる指導者の確保に苦労した。政権発足間もなく、重村襲封時の奉行交代劇を彷彿させる事件が起こった。慶邦が襲封した約十四カ月後の天保十三年（一八四二）九月に奉行の芝多常煕が罷免させられ、天保八年から奉行を務めていた遠藤元良が主席奉行となった（佐藤大介二〇一〇）。芝多は、斉義代の文政四年（一八二一）に奉行となり重用されていた人物であった。しかし斉邦代の天保四年に飢饉への対応が不十分として部下と一緒に罷免された。芝多一派を排除した斉邦が自分の腹心の官僚と一緒に打ち続く飢饉と闘ってはみたものの、ついに天保十一年六月に芝多と彼のもとに結集していた能吏たちを再任した。斉邦は芝多個人の人格に対し嫌悪感を抱いていたようであるが、その一派の行政手腕を認めざるを得なかった。その翌年に斉邦が他界すると、主君の後ろ盾を失った芝多に対しくすぶっていた批判が噴出した。芝多失脚後の藩政立て直しを託されたのが遠藤であった。しかし遠藤は、そもそも芝多の再任時に斉邦が力不足として蚊帳の外においた奉行たちの一人であった。有能ではあるが煙たがられる芝多と、清廉潔白だが行政能力が評価されない遠藤の違いは何であったか。

奉行としての指導力が高い芝多ではあったが、性格が豪快で、自宅とその庭園が豪華だったこと、刀剣や美術品を多く収蔵していたことをもって、市井から役得を貪って私腹を肥やしていると疑いの目でつねにみられてきた。しかし、奉行就任中に私財を増やすことが芝多という家の代々の家風であり、重村代の安永二年（一七七三）の政変でいったん失脚した芝多信憲が安永九年に多額の私財を養賢堂の拡張に投じたことがその例である。芝多家代々の蓄財が職権乱用・不正・収賄によって支えられていたか否か客観的に判断できる証拠はなく、よそから分不相応に豪奢とみられる生活態度は、芝多家では大国仙台藩の奉行（家老）に相応しい面子をたもつための必要な投資とみなされていたとも考えられる。また、飢饉直後の藩財政と領民の生活が大変なときに派手な生活を続けることも時機不相応とする自粛の社会的圧力もあったが、大変なときだからこそ委縮せずに経済をまわして人気《じんき》を奮い立てることが人心の復興につながるとする考え方も、藩吏のなかで一定の支持を得ていた。

対して遠藤家は、家格は宿老《しゅくろう》であった。宿老は家格であると同時に新年に仙台城内で護摩焚《ごまた》きという宗教儀式を執りおこなう役目を代々務める家柄であった。遠藤家の祖先はもとは山伏《やまぶし》であり、遠藤基信《もとのぶ》が伊達輝宗に外交担当のブレーンとして抜擢され、伊達家の家臣となったあとでも新年の重要な宗教儀式をまかされたのは、遠藤家のこの伝統と関係があったのであろう。宗教者としての背景があったせいか、後代の当主は神道と国学に傾倒し、儒学的な道徳観が加わり公的道徳に高い関心をよせる家系となった。遠藤善信《よしのぶ》は、六代大名宗村代末期に重宝され奉行となり、七代重村襲封後の宝暦七年（一七五七）の奉行交代劇のときに高慢な勤務態度で排除された津田定康を弾劾する側に加わった。しかし、今度は宝暦十年に善信自身が罷免と知行三分の二没収という処分を受けることになった。処分の理由は伝わらないが、歯に衣を着せないでモノをいう剛直な性格が災いしたのであろう。善信はそれに懲りずに安永二年（一七七三）の政変のときにも芝多信憲を含む当時の奉行たちの政権運営を弾劾する葛西清胤《かさいきよたね》らの一派にくわわり、いったん奉行に返り咲きしたが、ほどなくまた免職閉門の処分を受けた。善信から三代目の元良も、歯に衣を着せない物言いで襲封直後の慶邦の目にはたいへん信頼できる人材のように映った。

しかし、天保十三年九月段階で大名となって日が浅い慶邦は、潔癖で私生活を厳しく律することを信条とする遠藤が一藩の政治を牛耳る器ではないことを見抜くだけの経験はまだなく、能力はあるが派手好みの芝多を排除して、難局でのかじ取りをすべて遠藤に委ねた。遠藤元良は以後、弘化二年（一八四五）に辞職するまで奉行を務めたが、慶邦の期待に応えるだけの実績を残せたか、また、主席奉行の地位をいつまで維持したか、不明である。通常、あたかも大名個人を中心に語られる藩政の推移の内実をのぞくと、十九世紀の仙台藩の場合、そこには芝多家と遠藤家といった対照的な家同士の価値観の衝突と、それぞれの家の政治的手法に対するプロの官僚と市井の人々の評価の落差が働いていたことがみえてくる。

遠藤元良の奉行としての功績であったかどうか不明であるが、奉行交代劇のあと、慶邦の治世はおおむね安定したようである。その翌年の弘化一年には、天保五年に斉邦の飢饉対応の一環として蔵元の座から追われた大坂の巨大商人の升屋と関係修復をとげ、潤沢な資金を得て藩は何とか安定した政権運営ができた。しかし、この小康状態を打ち破る一連の大事件が嘉永六年（一八五三）から始まった。ペリー来航とそれに続く開港によって巻き起こされた嵐であった。

ペリー来航―海防と蝦夷地警備

慶邦は、嘉永六年（一八五三）のペリー来航前の嘉永二年に、藩校養賢堂にロシア語学科の新設を命じると同時に、大槻盤渓《ばんけい》（大槻玄沢の次男、養賢堂学頭大槻習斎の従兄弟）に西洋砲術を幕臣の江川英竜《えがわひでたつ》に学ぶように命じ、かつ家臣団に大小砲の演習を奨励し、北方に対する備えの強化を図った。ペリー来航に際して幕府が諸大名の意見を徴したときに、慶邦は外国との交易を拒絶して交戦を厭わない趣旨の強固な意見書を上申した。しかし、翌年のペリー最来航に際し、外国事情に明るい養賢堂の教員らを浦賀や神奈川に派遣し、実態の把握と情報収集に努めた。

安政一年（一八五四）年三月に日米和親条約が調印され、そのあとにイギリス、オランダ、ロシアとのあいだにも同様の条約があいついで結ばれたことにより、箱館《はこだて》港（現函館）が国際貿易港に決まった。開港期限直前の安政二年二月に、幕府は松前藩の居城がある松前周辺以外の松前地および蝦夷地をとりあげ、幕府領とした。開港がはじまった翌三月に幕府は、松前藩にくわえ仙台を含む奥羽の諸藩に分担して蝦夷地の警備を命じた。仙台藩は、東蝦夷地（白老から知床半島まで）および国後《くなしり》と択捉《えとろふ》の両島という広大な地域の警備を命じられ、自領の沿岸部と合わせると総延長約二四〇〇キロにおよぶ領域を警備することになった。その財政的負担を軽減するために、仙台藩は「持ち場」とよばれる蝦夷地での陣地周辺を預領地にして、そこからの産品販売利益を陣地維持費に充てたい旨、幕府に願い出た。紆余曲折のすえ、安政六年（一八五九）に蝦夷地当番の諸藩は担当地域の一部を「領分」（領地）として与えられることになった。蝦夷地に飛び地を得た仙台藩は、これによって多民族「国家」となった。仙台藩は、蝦夷地領内の「場所」（アイヌとの交易拠点）からの運上金を当初の年約三千両から段階的に引き上げ、慶応二年（一八六六）までにはおおよそ八千両に達した。仙台藩の警備隊全体の一年の維持費が約六千四百両から一万両と見積もられていたので、このころから蝦夷地警備事業が黒字に転じた可能性もあるが、裏返していえば、最初の十年間は藩にとって大きな財政的負担となったのである（『仙台市史』近世三）。また、一般論として「場所」からの運上金がアイヌの人びとの過酷なまでの労働によって支えられたことを考えると、仙台藩領内のアイヌへの影響が甚大であったことも想像に難くない。

洋式軍備の導入

蝦夷地警備を命じられた翌月の安政二年四月に、慶邦は前年の七月に奉行に任命された芝多常《つね》則《のり》（常煕の嫡男）を筆頭に、出入司二人と養賢堂学頭の大槻習斎を「大銃及《おおつつおよ》び軍艦製造用係《ぐんかんせいぞうようがかり》」に任命し、具体的な立案を命じた。大槻と養賢堂の人材が中心となり、洋式造船技術を学んだ人物を招聘して、安政四年にスクーナ型洋式帆船開成丸《かいせいまる》を完成させた。領内経済復興の牽引車となるように設計されたが、洋船の操縦技術を習得するのに年月がかかり、江戸・浦賀方面への商業運航が始まった矢先の文久一年（一八六一）ごろに座礁して、大槻の構想は未完成に終わった（コラム6を参照）。

洋式軍艦建造と並行して、安政三年から洋式の歩兵隊の編制と訓練が開始された。慶邦の意向を受けて、城の近くの河原と仏閣裏側に調練所と練兵所が設置され、西洋銃法の講習を始めた。さらに、城下北外れに海岸部の砲台を模した大砲・鉄砲射撃の訓練所が設置された。これらの施設では、家臣の当主・嫡男のほかに次三男や陪臣《ばいしん》にも門戸がひらかれ、身分序列よりも新しい軍事技術の普及が重要視された。前藩主斉邦の実家の一門登米伊達家のように洋式銃法の採用に反対する重臣もいたが、多くは率先して自分の家臣たちにも洋式の訓練と練兵を導入した。蝦夷地警備にしても西洋銃法の導入と洋式軍艦の建造にしても、莫大な資金が必要であった。借金を多く抱える仙台藩としては、財政構造の改革が火急の課題となった。改革の中心として、奉行の芝多常則と高泉兼善《たかいずみかねよし》に白羽の矢が立った。

軍拡も金次第―安政の財政改革の開始

前述の通り、仙台藩は、蝦夷地警備を支えるために、幕府に陣屋周辺の土地の仙台藩領への編入を認めるよう求めた。また、軍艦建造に際しては軍商両用に船を設計して、平時に遠隔地交易を通して領内経済の復興を促進する計画であった。どちらも先見の明がある構想ではあったが、期待された利益を上げられるまで年月を要した。しかしそこまでの時間的猶予は仙台藩にはなかった。即効性のある対策が求められたのである。そこで芝多たちは、前代大名斉邦が天保五年から試みた財政運用、すなわち米以外の輸出品の開発と領内商人の活用に立ち返ることにした。

ペリーの第一回の来航の嘉永六年に藩は、「御国産仕法《おんこくさんしほう》」という新しい専売制度を発足させた。従来からの米のほかに、大豆、雑穀、海産物、魚粕《うおかす》、油粕《あぶらかす》、生糸、鉛など十六種の特産商品を、江戸深川の藩蔵屋敷の役人の管理のもと、江戸商人の手をへて販売する計画であった（以下断らない限り、『仙台市史』近世三による）。この計画は、弘化一年から蔵元に返り咲いていた大坂大商人の升屋を、仙台藩の蔵米と特産品の江戸回送と販売業務から一方的にはずすものであった。

蔵元に領内商人を起用

年貢米と買米の江戸回送と販売に偏った藩財政の構造的脆弱性の改善を狙った限りにおいて優れた計画ではあったが、問題が二つあった。ひとつめは、升屋からの累積借金の整理ができていなかったため、借金の返済・整理が終わるまで升屋との関係を断ち切ることができなかったことである。さらに致命的な問題として、これだけ多様な商品を領内で買い集めるのに要する資金が確保されていなかったことがある。升屋を一方的に蔵元から切ったことが知れわたり、大坂で新たな借り入れが見込めなくなっていた。

安政三年（一八五六）に藩は、仙台城下に支店を構える近江商人の中井《なかい》家（商号は「日野屋」）を中心に、仙台城下町の裕福な商人を総動員して資本を確保しようとした。その資金は、まずなにより、国産仕法と買米制の前提となる生産者への前貸しを通して、生産物を集積するのに必要であった。蔵元を引き受けるにあたって中井家が試算した安政二年の藩の一年間の収支決算では、買米だけでも総額十四万二千両が必要と計上されて、領内から江戸までの年貢米を含む米穀類の運送費にさらに約五万両が必要とされた。ほかに蝦夷地警備と軍艦建造費、洋式軍備もあわせて二万三千両と見積もられていた。全体として五万二千四百五十九両あまりの赤字決算となっていた。

中井家は、他の城下町商人と連名で買米制度の運用に必要な正金を自前および領外からの借金をもって集めることができ、安政三年からかつてないほどの規模で領内での市中米の強制的な買い付けがおこなわれた。さらに、蝦夷地警備と軍備に必要な資金を捻出するために、中井家は以前から仙台領内で流通していた「手形」（事実上の紙幣）の回収と再発行を進言した。既存の手形には升屋など商人が発行したものや藩発行のものもあったが、いずれもその時価が額面のほぼ四分の一に下がっていた。その総時価が一万両と見込まれていた。それらを回収して額面通りに流通させれば時価四万両の価値となり、三万両の利益を得る計算となった。手形の信用は、兌換《だかん》するのに十分な正金の裏付けに支えられるものである。しかし、改正手形《かいせいてがた》という名で安政三年十二月から始まった事業では、旧来の手形を作り直さずに新しい手形と交換することになり、当初から乱用される危険性をはらむ船出となった。

安政改革の破綻と芝多の失脚

いざ新しい仕組みを運用してみると、支出が嵩み収入は予想通りには増えなかった。そうなると藩の財政官僚は、買米前貸し用の正金に手を付けて流用し、かつ改正手形の乱発も始め、財政規律を次第に失うことになった。そのすえ、万延元年（一八六〇）までに手形発行の総額は七十二万千六百十四両二分にまで膨れあがっていた。同時に、藩からつぎからつぎへと新しい融資を強要された中井家などは、その担保として藩に新しい特権の譲渡を求めた。その結果、飢饉後、耕作放棄の荒れ地となっていた耕地の再開発権と開発後の所有権や、国産品販売の役金徴収権などが中井家の手にわたり、藩は財政の主導権の大半を手放すことになった。ついに手形の価値が額面の六分の一に下落、諸物価は高騰し、諸人の生活と生業を圧迫するようになった。市井では中井家と芝多に対する批判が鬱積し、打ちこわしが起こりかねない、一触即発の状況になっていた。

このような状況で、一門をはじめ重臣たちから、財政政策を担当してきた芝多常則の罷免を求める声があがった。さらに市井では、芝多の贅沢な私生活への批判や、公金着服や商人との癒着が噂された。じつのところ、芝多の手法に対する批判は任命当初からあったとみられる。彼は、すでに安政二年七月に免職蟄居となったものの二カ月後に再任となり、安政五年九月ごろにまたも免職逼塞となり、安政六年一月に再々任となった。慶邦は当初、芝多の罷免を進言した一門宮床伊達六郎を罰して芝多をかばおうとしたが、ついに状況を看過できなくなった万延一年（一八六〇）四月に奉行の芝多と高泉を罷免し、一生逼塞を命じた。芝多の財政運用を支えてきた出入司なども罷免された。奉行罷免の理由は、近年不作が続き財政運用が厳しいなかで失政をかさね諸人を苦しめたうえに、身持ちを慎まなかったこととされた。失策の問題はさておき、芝多家の家風が親子二代にわたり罷免の理由にあげられたのである。中井家については、蔵元を罷免されその手代数名が評定所で尋問を受けた一方で、骨折金《ほねおりきん》（褒賞金）を与えられた手代もいた。手形の交換や買米・特産品専買制に必要な前貸金・運送費の資金提供をめぐって、藩と中井家などの近江商人たちとの話し合いは決裂し、藩の無理強いをのがれるために中井家は仙台店を一時閉鎖した。

奉行但木成行の藩政再建

困難と混乱をきわめた藩政の立て直しは、但木《ただき》土佐《とさ》成行《なりゆき》（家格宿老、黒川郡今村所拝領、千五百石）に委ねられた。但木は、嘉永四年（一八五一）にいったん奉行に就任していたが、安政一年（一八五四）のころに辞任した。芝多らの改革の挫折の後始末の責任者として万延一年四月に再任されたとみられる。但木は、前代から山積していた構造的な問題に芝多以上に踏み込んだ改革を大胆かつ慎重に進めた。一見して二代大名忠宗以来の封建的な支配関係の再構築ともみられるが、その内実は、十八世紀から漸次進められてきた、支配関係の近代的な国民国家の形への再編成に大きく近づく方向性を秘めたものであった。

但木は、手形の乱発が招いたインフレーションに歯止めをかけるために、その価値を額面の十二分の一と定め、物価引き下げ命令とあわせて物価と貨幣の安定を図った（以下断らない限り、『仙台市史』近世三による）。改正手形の整理と連動して軍事方調達金《ぐんじかたちょうたつきん》の献上を奨励するために、身分上昇（大番士、徒歩士、大肝入格への昇格）、知行や俸禄の給付、または営業特権の授与など、多面的で段階的な褒賞体系を定めた。従来、「売禄制度」と非難されたものであるが、城下町や在郷の富裕層を支配者身分に抱え込む道筋となった側面への注目も必要である。

つぎに文久一年（一八六一）に慶邦名で役人の役職手当を減額するなどの倹約令を二度も出した。そのあおりで軍艦造船計画は中止、洋式小銃の製造と訓練は規模縮小となり、軍拡路線が大きく縮小することになった。さらに文久三年には、むこう五年間、十万石の格で諸事を運営することを命じた。収入面では、幕府とのあいだで仙台米の買取前金として融資を受ける交渉を成立させ、また、大坂の旧蔵元升屋などの商人との関係を修復して、買米制と国産品の専買・江戸回送を維持するために必要な資金を獲得した。さらに、開港後、外国との交易商品として急に重要性が増していた生糸・蚕種《さんしゅ》の販売を、中井家が退いたあとに一般入札にして上納金の引き上げを図った。

領内の生産力を底上げするために、但木は養賢堂に開物方《かいぶつかた》を設けた。開物方は、西洋の技術を導入した製塩法の改良、製茶と養蚕の奨励、海苔《のり》業の創始、陶器の製造、鉱山開発、洋式織機の導入などに取り組んで成果をあげた（『宮城県史』二）。

吉村代以来の農政改革

但木は、五代大名吉村以来の農政改革にも挑んだ。文久二年（一八六二）から年貢徴収の見直しの検討に入った。その主な内容は、（一）収穫が安定しない耕地の年貢を金銘《きんめい》という現金で計算・納入する制度の廃止、（二）凶作・飢饉で荒れ地となった耕地の軽減年貢率（「定免」）の引き上げ（「破免」）と、（三）凶作・飢饉時の備蓄米（「囲米」）の財源となる「月溜銭《つきだめせん》」の徴収であった。内容としては年貢増徴策にちがいないが、この一連の政策の進め方は従来のように農民の反対を力でねじ伏せるものではなく、増徴分が農民にも利益をもたらすように制度を設計し、かつ、その実施にあたって、農民にその必要性と正当性を、意を尽くして丁寧に説明したのである。

年貢の現金納入制度である金銘は、元来、米相場を基準に設定されるものであったが、設定以後、改定されず現実の相場と連動しなくなっていた。領内の高に対する米納年貢率の平均六一パーセントに対し、金銘を米納に換算すると平均三八パーセントにすぎず、農民のあいだにいちじるしい不公平が生じていた。農民には、金銘の廃止がこの不平等をなくす措置であることを平易な言葉で説明した。

荒廃した耕作地に対する定免《じょうめん》の設定は、本来、荒れ地の再開発を促すための期限付きの特別措置のはずであったが、いつのまにか、既得権として低年貢率が定着していた。破免《はめん》とは、耕作が再開された土地の年貢率をその土地の生産力相応のレベルに引き上げることであった。米（田）や大豆（畑）の現物納にたえられない不安定な耕地に対する救済措置として、その年度の米相場の換算率を適用して金銭での代納を認めることにした。このように緩和措置も講じられたが、村ごとの個別例から確認できる限り、破免は増徴策として相応の効果が得られたとみられる。

農民保護としての農政改革

但木たちの政策が従来の増徴策と大きく異なるのは、増徴した年貢の使い道にあった。

手はじめに藩は、文久三年（一八六三）に月溜銭の導入から着手した。このころの農村には、耕地をもたず日々の糧を現金で買ってくらす人びとが増えていた。農業・林業・漁業の労働者や在村の零細職人などであった。米価が高騰すると、こうした村内の細民の生活は簡単に危機的状況となった。彼・彼女らを救済して農村社会の安定を維持するために、村役人が月溜銭を運用して非常時の備蓄米を確保することになった。

村々の備蓄米の運用が軌道にのると、元治一年（一八六四）から荒れ地の定免を引き上げる破免の導入を開始した。増えた年貢の半分を農村にためて、代官と大肝煎の管理のもと貧民救済に充てさせた。残り半分は、仙台城下に集めて困窮する薄禄の家臣の救済に充てさせた。さらに慶応二年（一八六六）二月に開始された金銘廃止による増徴分を農村内の荒れ地開発の原資に充てる計画であり、前の措置と合わせて、疲弊しきった農村の復興をおし進める制度的枠組みの樹立をめざすものであった。

改革に対する農民一揆と藩の対応

金銘の廃止にあたって藩は、その廃止が「上《かみ》の御無理」ではなく農民間の負担の不公平をなくす措置であると、安易な言葉で教諭する触書を出した。藩としては異例の低姿勢であった。

しかし、通告から五ヶ月後に、栗原郡《くりはらぐん》三迫《さんのはさま》若柳《わかやなぎ》（現宮城県栗原市若柳）を中心に、月溜金の徴収から金銘廃止までの一連の改革の撤廃と旧制復帰を求める大規模な一揆が勃発した。三迫は、藩内でもとくに耕作条件が不安定な地域であり、金銘廃止の影響がほかより大きかった。一揆後、執行部は、仙台城下の家臣救済に回していた破免による年貢増徴分を農村の貧民救済という本来の使途にもどし、農民の慰撫に努めた。

しかし、現地で農民支配にあたっていた代官たちは、寛政九年（一七九七）以来の大規模一揆発生に大きな危機感を抱いていた。その背景には当時の農村で進行していた社会変化があった。天明一年（一七八一）から徐々に作り上げられた国産仕法という専買制度もそうであったが、但木たちの農政改革も、村役人や豪農たちを末端の担当者にして成り立っていた。但木たちの意図に反して、藩の政策は副作用として村落上層部の蓄財をおし進め、村内の貧富の差の拡大に拍車をかけることになった。しかしながらそのもう一方で、藩は、宝暦の飢饉以来、農村復興政策の一環として庶民の教育の普及を奨励してきた。幕末期になると仙台藩の一般農民の識字率が高くなり、村役人の仕事を監視できるレベルの識字と計算能力を習得する農民もいた。

代官たちによると、三迫の一揆に刺激され領内各地まで不穏なうごきが広まっていた。農民が村役人の不正を摘発し、近隣に知行地をもつ家臣に訴状を託して是正措置を求め、それが功を奏さなければ藩への直訴におよぶ。紛糾すると農民は年貢を滞納し、かつ、農民に似つかわしなく文筆と弁論がたつ者が指導者となり、農民はもはやお上を恐れないようになっている。農民に「恐怖」を抱かせるような改革が必要である。そのように、代官たちは主張した。

慶応三年六月に、藩は代官たちの要求にこたえて「郡村御改革」の方針を打ちだした。徒党・集会の禁止、人別《にんべつ》改《あらた》め（宗門改め）の徹底、検地にかわって農地の作付け状況を調査して記録する「野帳《やちょう》」の作成などの農村支配の強化をも図った。「御改革」と銘うつものの、中身は二代大名忠宗の寛永の検地を頂点とする農村支配への回帰であった。

支配関係の変質

文久二年（一八六二）の改革構想をめぐる藩支配機構内の議論から、慶応二年（一八六六）の百姓一揆をへて、慶応三年の代官たちの反動としての「御改革」にいたるまで、当時の仙台藩において、藩の支配と藩社会のあるべき姿をめぐる、相対立する考え方が競合していた実態がみえてくる。

慶邦自身、首座奉行の但木、そして二人に政策提言をする養賢堂の教師陣など、政権の中枢部では、自分たちが為政者として一般の人びとに対しその生活と生業を保障する責任があるだけではなく、その責任を果たすことが自分たちの支配の正当性の根拠であることを自覚し、政策の中心的課題とするように考え方がかわってきていた。慶邦らは、主君（徳川将軍および大名とその家）への奉公を絶対視して仁政を後回しにする従来の思考法を克服しはじめていた。七代重宗の家督相続時に表面化した「不服」という論理を、但木の緊縮財政を受け入れることによって慶邦自身が内面化するにおよんでいた。「不服」とは、下位の者が主君に無条件に服従するものとはせずに、悪政・苛《か》斂《れん》誅求《ちゅうきゅう》（過重な諸税をむごく取り立てること）を敷く主君から人心がはなれるのは主君・為政者の落ち度であるとする、古代中国の天命思想に根差す政治観であった。これまで歴代の大名と奉行たちが仁成の実践をめざしながらもその実を達成できなかったのは、主君の命令・意思の実現を第一とする封建的な倫理観のなかで、主君とその命令・意思を相対化することができなかったことが根本的原因であった。芝多常則の安政の改革が財政規律をうしない芝多の失格と懲罰に終わったのは、芝多に能力がなかったからではなく、幕府と藩政のもろもろの課題（軍備強化と経済的復興など）とのあいだに優先順位をつけられなかったからであった。但木の方は、財政・社会の再建を海防・軍備拡大より優先させ、主君慶邦が困惑するほど頑強に「倹約」（財政規律）を貫こうとした。その姿勢が、文久三年以降の年貢増徴分を藩庫に吸いあげないで農村の復興に回したことに具体的に表れていた。

対して日々の農村支配をおこなう代官たちは、民衆と対峙して「恐怖」（畏怖）の念を抱かせようとした主張に集約される、旧来の身分的序列の堅持に執着していた。代官たちが求める改革は但木の方針に直接抵触せず社会的秩序の立て直しをめざすものであったから但木の改革と両立できたが、慶邦や但木と違って、代官たちは、抽象的な理念としてはともかく、自分たちの業務遂行のなかで農民が「不服」を唱えることを容認できなかった。

農村内では、藩による上納金強要と専買制による営業規制に反発しながらも藩の諸政策により自家の経営と社会的地位を保証される村役人・豪農層は、主体的に藩の重商主義的政策に協力した。また、地域住民の一員として、飢饉への備えや細民の現金収入を保証するために貯穀や塩田開発などを進め、地域リーダーとしての役割を積極的に担うこともあった（佐藤大介 二〇一六）。彼らの多くは大名個人と大名の御家との一体感を強め、同じ社会集団としての帰属意識を醸成していた。一般農民は、村役人と豪農に監視の目をひらかせて、権力に自分たちの言葉でモノを申すという主体性を獲得した。大名自身に対し仁政と御救いを期待する一方、目的達成のために藩代官と近隣の知行主・給人をたくみに使い分けて自分たちの要求を押しとおそうとした。

このようにして明治維新の前夜までに仙台藩では、大名から農村内の日雇い労働者まで、身分、階層、政治的立場を超えて合従連衡し、急速に新しい社会関係を創りあげはじめていたのである。内部で自己利益を求めて激しく衝突することはしばしばあっても、全体として「国民」という運命共同体が実態と認識の両面で形成されつつあった。なお、幕末期の仙台藩の一つの特徴として、豪農層から草莽《そうもう》の志士《しし》となり尊王攘夷運動にはしるという、全国的にみられた社会現象がみられないことが早くから指摘されてきた（『仙台市史』近世三、『宮城県史』二近世史）。その理由として、仙台藩における尊王攘夷運動は藩中枢部内の指導権争いとして展開したために民間に広まらなかったと説明されてきたが、国学という同じ思想的土壌を共有する豪農層に尊王攘夷思想がなぜ飛び火しなかったかという疑問がわく。むしろ、仙台藩の豪農層が過激な政治思想と行動に染まらなかった最大の理由は、宝暦の飢饉以来、百年間以上かけて試行錯誤を重ねて得られた大名・執行部と庶民間の関係性、そして地域社会内の関係性が、現状に対する一定の信頼感または満足度を生みだし、過激運動への傾倒を抑える役割を果たしたとみた方が、より実態に近いと考える。

ただし、ペリー来航以来、天皇・朝廷が影響力を増し、海防を通して「日本国」という枠組みが強く意識されるようになると、かつて仙台伊達家の領国を意味していた「御国家」という言葉が、次第に現代の意味に用いられるようになり、仙台伊達家領国を示す語は古代中国の「藩屏《はんぺい》」、略して「藩」という言葉に取って代わられるようになった。

「国家」総動員体制

内部に複雑な対立関係をはらみながらも、伊達の御家に包摂され共通の紐帯で結ばれる、運命共同体としての幕末仙台藩の社会のいきつくところが、東北戦争（いわゆる戊辰戦争）の最終局面に表れてきた。慶応四年（九月に明治に改元）に京都政府軍が奥羽《おうう》越列藩同盟《えつれつぱんどうめい》との戦端をひらいた。京都政府軍が南から藩境に迫ってくるなか、藩は、「国民」総動員にふみきろうとした。南奥（現福島県）での戦闘に動員される人員への対応と、兵器と補給物資の運搬に、昼夜動員され、仙台城下以南の諸郡の人びとは四月になって田植えができないほどの状態に追い込まれていた。人為的な飢饉の発生を避けるために藩は、城下以北の諸郡の村々に農作業を手伝う農夫の調達と派遣を命じた。同年の六月から七月にかけて、いよいよ敵軍が領内に攻め込もうとしてきたときは、帰農した武士の系譜をもつ地域の名家を指揮官に任じて、農民などの長男を動員して棒・槍《やり》・鳶口《とびぐち》で武装させ、侵略者に徹底抗戦をしようとした。装備と指揮系統こそ戦国時代の土豪一揆の外観をまとってはいたが、中身は、まさに近代的な総力戦をめざすものであった。

この変化をもっともよく表すものが、慶邦自身が文久三年から慶応三年六月のあいだに書いたとみられる百六十一項目におよぶ藩政改革についての覚書に表れている。その内容は、殖産興業による領内経済の振興、西洋式軍備の拡大など、富国強兵《ふこくきょうへい》策を趣旨とし、仙台藩の近代化のための総合的な青写真となっている。そして、そのなかには、商兵隊と農兵隊を編制することが含まれていた。仙台藩・伊達家の頂点に立ちみずからそれを体現する慶邦自身も、もはや旧来の封建的な「藩」では時代に合わなくなっていたことを深く理解していたのである。

2　維新戦争と仙台伊達家　「勤皇」・「佐幕」を超えて

文久三年―藩内自称尊攘派の排斥

安政五年（一八五八）六月に幕府が孝明《こうめい》天皇の勅許を得ないままに日米修好通商条約を締結したことにより、国内で尊王攘夷思想が社会運動として急速に勢いづき、かつ攘夷の是非をめぐる幕府・大名間の権力争いが表面化した。幕府・徳川家のなかでの政治路線の対立として始まった権力抗争が、権力の淵源として天皇・朝廷の政治的地位を急に上昇させ、幕府と攘夷派が朝廷の把握をめぐって衝突した。両派との距離をおいていた仙台藩がこの抗争に巻き込まれるようになったのは、文久二年（一八六二）からであった（以下、『仙台市史』近世三）。

文久二年に、慶邦の最初の正室であった綱姫（嘉永五年死亡）の養父近衛忠熙が関白に就任した。それを祝賀するために、慶邦が奉行の遠藤允信《さねのぶ》を京都に派遣した。遠藤は当時数え年二十六歳の眉目秀麗の好青年であった。父元良ゆずりの、よくいえば歯に衣を着せない剛直なもの言いと国学への傾倒を受けつぎ、さらに尊王攘夷の熱烈な信奉者になっていた。水戸学に傾倒していた慶邦は、遠藤を重用して近衛家への使者に指名した。しかし、上洛すると知った過激な勤皇派の桜田良佐《さくらだりょうすけ》が、遠藤に幕府をとびこえて天皇から攘夷の勅令を直接受けることを勧める書簡を託した。

京都に着いた遠藤は、攘夷の詔《みことのり》と「東奥沿海《とうおうえんかい》」の警備を命じる勅《ちょく》を乞う建白書を朝廷に奏上した。当時、将軍家茂《いえもち》の上洛計画が進行していたが、遠藤は青蓮院尊融親王《しょうれんいんそんゆうしんのう》にあい、将軍から上洛の命をまたずに慶邦が単独で上洛することを約束した。もしそれが実現したら、仙台藩は将軍の命令にしたがわないことを公然と示したことになる。しかし孝明天皇自身は、公然と幕府との対立を促す言動をさけた。遠藤の建白書に満足の意をのべ、将軍上洛の際に正式に攘夷の勅諚《ちょくじょう》をだすのでそのときに攘夷にはげむこと、そして遠藤の建白書の趣意を将軍に申し出て斡旋に努力することを申し渡した。

遠藤が帰国したときに、藩は、家茂の上洛に供奉することをすでに約束していたが、遠藤は、将軍供奉の中止を上申した。この上申に首座奉行の但木が猛然と反対し、他の奉行の調停もむなしく二人の対立は収まらなかった。天皇の言葉を盾にとる遠藤に対し、但木は、水戸学をはじめ当時の教学《きょうがく》の正当な主張であった、朝廷には忠誠、幕府には信義というふたつの徳義が大名の責務であると反論して、譲らなかった。打開策として慶邦は、単独上洛の勅命を朝廷から得れば幕府に対する言い訳がたつと考え、若年寄《わかとしより》三好清房《みよしきよふさ》を京都に派遣した。

三好は、近衛忠煕を通して孝明天皇から得た慶邦単独上洛の内勅を携えて文久三年一月十八日に仙台城に到着した。その日から夜を徹して翌日まで、慶邦、諸奉行と関係重臣が会合をひらいて激論を戦わしたが、合意にいたらなかった。それから上洛賛成・反対両派が慶邦への上訴合戦を展開して相手の追放を画策した。藩論の分断であった。但木は、上京した三好から遠藤などの自称尊攘派が私党をくみ密議をかさね、主君の意思を超えた行動をとっていたという証言を得た。その内容を公表すると藩論が一変し、慶邦は遠藤らの閉門・蟄居・罷免などの懲戒処分を決断した。これをもって、仙台藩が京都政府軍に降伏して、遠藤が勤皇家として奉行に返り咲く明治一年九月まで、自称尊攘派が仙台藩の中枢部から排斥されることになった。しかし、但木の勝利によって仙台藩が佐幕派になったわけでは決してなかった。但木が遠藤一派を排斥したのは、彼らの思想がもっていた独善性と暴力性を見抜いていたからであり、尊王攘夷論そのものの可否とはまったく別次元の判断であった。

慶邦の自己認識は尊王攘夷派

仙台藩の主論は、穏健で現実的な尊王攘夷論であった。慶邦自身の信条としては、神代《かみよ》から連綿と続く天皇を頂点とする国体は、東照神君《とうしょうしんくん》（徳川家康）がもたらした平和という大徳《たいとく》によって成り立つものであると考えていた。その国体を支える外様大大名《だいだいみょう》の伊達家は、諸大名にあって代々朝廷の臣の地位にあり、朝廷との関係がとくに深い。慶邦のこうした自己認識には、戦国時代につくられた藤原姓としての伊達家の系図意識（奥州藤原氏の系統という室町時代の自己認識と、京都藤原家の血統をひくとする戦国時代の系図認識の混在・錯綜）と、五代大名綱村の修史事業で再発見された伊達家の奥州守護職と、綱村があらたにつくった仙台藩大国意識が複雑にいりまじっていた。慶邦のこの思想と自己認識は、家臣のあいだにも広く浸透しており、共有されていた。

攘夷問題に関しては、孝明天皇が開港に反対する意を受けて慶邦・仙台藩は現実的な範囲での攘夷を支持し、孝明天皇が慶応一年九月に条約勅許を出すと、今度は積極に開港貿易への参入を求めるようになった。

文久三年の上洛以降の慶邦・仙台藩の政治的な動きをみると、仙台藩が幕府を佐《たす》けるという具体的な「佐幕」としての行動は確認できないばかりか、慶邦がそれを二度ほど固辞したのである。翌年の元治一年（一八六四）四月に幕府が朝廷からの宣下という形で参議への昇進をうながしたが、慶邦はこれを固辞した。同年の七月には横浜の開港を撤回して諸外国に鎖《とざ》すという難交渉を指揮する政治総裁職就任の要請を受けたが、これも固辞した。近衛忠熙を介した朝廷からの上洛要請も幕府からの参勤要請もいっしょに断った。それまで慶邦は朝廷と幕府との仲介役に努めてきたが、双方とも彼の言葉を馬耳東風として聞き流していた。無理難題をわざと幕府に突きつける公卿たちと、徳川家の温存しか頭にない幕臣たちを見限った慶邦は、政治的混乱に乗じて外国が介入してこないように、北方・本州の領分の海防と奥羽地域内の政治的安定の維持に専念することにした。出口がみえない政争を遠ざけて日本国の安全と安定をえらぶ決断であった。

さらに、元治一年七月に起こった京都禁門の変を通して、京都御所を警備していた仙台藩兵は、長州藩との軍事力の格差をみせつけられた。報告を受けた但木は、芝多常則の失脚以来、封印してきた軍備拡大路線を復活せざるを得なくなった。

幕府に従属する財政構造

仙台藩を佐幕とすることは事実無根であるが、仙台藩の経済と財政が幕府に大きく依存していたことは、事実であった。仙台藩財政は、基本的には江戸への領内米の回送によって成り立っていた。逆に江戸市中の米供給は仙台米に依存していた。この相互依存の関係のなかで仙台藩は、幕府からの借金をたびたび受けて財政難に耐えてきていた。将軍の上洛問題が起こった文久二年の前年に、仙台藩は江戸回送の米穀を担保に幕府から合計五万両の融資を受けたばかりであった。

さらに元治一年からふたたび西洋式の銃と軍艦を購入しようとすると、巨額の資金が必要になった。そのカギとなっていたのが国産仕法による産業奨励の成果をみせていた領内の養蚕産業であった。中間マージンをとる他領商人を迂回して横浜で直接外国人商人と取引しないと高価な外国製武器は購入できなかった。西南諸藩は、薩摩藩を仲介して諸外国との密貿易をおこなって大きな利益を得られたが、東北諸藩は幕府が統制する横浜港を使うほかなかった。横浜開港場での交易の興隆によって大損をこうむった江戸町人の保護のために、幕府は、万延一年（一八六〇）に諸藩が生糸などを横浜に直送することを禁止した。そのあおりを受けた仙台藩は、せっかく育った新しい産業から十分な利益をあげることができなかった。慶邦はたびたび幕府に横浜での直取り引きを認めてほしいと訴えたが、それが実現したのが慶応三年六月以降であった。藩は、領外商人による独占と買いたたきを排除して生産者に適切な値段での買い取りを保障する制度設計を考えていたため、当初、領内商人指導での横浜回送をめざしたが、八月に領内での買い取りの独占権を江戸商人に認めた。突然の方針変更に領内商人が強く反発したのに但木たちは譲らなかった。この突如の方針変更の背後には、江戸商人の利益を第一とする幕府の影が疑われる。

つまり慶邦には、幕府への信義という道徳的価値観以上に、逃れることができない客観的な制約により、幕府に対し慎重にならざるを得ない切実な事情があった。しかし、それでも慶邦は、徳川幕府の崩壊を予見し、距離をおいて共倒れにならない道をえらんだ。

第三極の形成をめざす大広間大名連合

慶応三年十月十四日に将軍徳川慶喜《よしのぶ》が大政奉還上表《たいせいほうかんじょうひょう》を朝廷に提出すると、政局が急速に展開しはじめた（以下、断らない限り、『仙台市史』近代一による）。朝廷が慶喜の上表を受納《じゅのう》すると二十四日に慶喜が将軍職を辞任し、国の統治権を朝廷にもどした。しかし統治能力のない朝廷が統治権を幕府に再委任したものの、上表提出翌日の十五日には、大事件や外交問題など国の基本方針にかかわる決定について、「衆議」によるべきとし、その衆議の担い手として諸大名を京都に招集した。こうしたなか、二十一日に仙台藩の京都留守居が朝廷から国政のあり方について諮問を受けた。留守居は仙台藩の見解として王政の回復に万民が期待をよせていると述べ、衆議を尽くして公平中正の政治をおこなうように望むとこたえた。王政の回復を歓迎するだけではなく、衆議と公平中正の政治を求めることが、この先の仙台藩の行動を理解するキーワードとなる。

しかし、この先の朝廷の方針は、薩長が画策する武力による討幕と、表向きに衆議と公正を重んじることのあいだを揺れ動き、朝令暮改の混乱に陥っていた。薩長討幕派の強引な朝廷操作に対し、二十以上の主な外様《とざま》と譜代藩の在京の代表者が十月二十三日に会合をひらき、薩長による衆議無視の権力独占に反対する決議を奏上して薩長を封じ込めた。集まった藩は江戸城中の席次で上位の大広間詰《おおひろまづめ》ということで互いにつながりをもっていた。最初の呼びかけの中心は紀州《きしゅう》徳川藩（和歌山藩）、熊本藩と津藩であった。

十二月九日に、薩長派が中心になって徳川氏を新政府から排除する軍事クーデタ（王政復古の政変）を起こし、国政を一変させた。熊本藩の呼びかけで十二月十二日にまた藩代表者の会合がひらかれた。参加した十八の藩のなかに奥羽の主要な大藩もいた。参加した諸藩は、国政改変という重大事項は衆議をへて決定することを求める意見書を朝廷に提出した。この会合には九日の政変のときに薩摩藩とともに京都御所の掌握に参加した尾張（名古屋）・越前（福井）・土佐・広島の四藩も参加し、政変実行グループ内でも薩摩藩との考え方の隔たりが際立っていたことを示す。

薩長派と旧幕府勢力との対立が深刻化するなか、朝廷は徳川慶喜に上洛を命じた。これがいよいよ両派のあいだの軍事衝突を招くことを危惧した十一の大藩の代表が十二月二十六日に三度目の会合をひらいた。参加者は、慶邦上洛命令の猶予や、人心を安定させるために公論をとって漸次に皇国政体の基礎をかためる方針を切望する上書を提出した。最後の大広間詰大藩会議に、仙台藩の代表として、首座奉行但木土佐成行が署名していた。

これらの会議を通して、佐幕でも討幕でもない、第三極の勢力が形成されつつあった。この勢力は、十二月の政変後にできた新政府のなかで重要な役職を獲得することに成功し、いったん薩長討幕派を孤立させることに成功した。皮肉なことに、これが逆に旧幕府と薩長双方を刺激することとなり、両者の軍事衝突を招く結果となった。しかし、この三回の会合は、仙台藩からみれば、徳川御三家を含め多くの大藩が佐幕とも討幕とも異なる形の国家建設を望んでいたことを確認する場となった。

戊辰戦争と幕府倒壊

慶応四年一月三日、朝廷の命令に応じて上洛する幕府軍にむけて薩摩藩軍が鳥羽伏見で発砲し、合戦となった。幕府軍が薩長軍に敗退すると、徳川慶喜は大都市の大坂に戦禍がおよぶことをさけて江戸に帰った。そのあいだに薩長派が天皇から朝敵として慶喜および桑名藩、会津藩を追討する勅令を得ると、情勢は決定的に薩長に有利になった。勅令が出たことを受けて、多くの大名は天皇の軍隊となった薩長側についた。これを知った慶喜は、二月十二日に上野寛永寺に謹慎し、「絶対恭順《ぜったいきょうじゅん》」(無条件降伏)を申し出た。徳川幕府が名実ともに終焉した。

奥羽鎮撫軍の派遣と仙台藩の建白書

かくて幕府が倒壊したあとでも、京都政府は、会津藩討伐に執念を燃やしつづけた。追討の名目は、会津藩が鳥羽伏見戦の幕府軍の一翼を担ったことであった。前年の十二月に薩摩藩の江戸屋敷を焼き討ちにしたことによって庄内藩も二月になってから追討の対象に追加されたが、京都政府の主眼はあくまでも会津藩への報復であった。京都市内で長州藩の志士たちが政治的な目的のための殺人をくりかえし、京都所司代として市中の治安と人びとの命をあずかる会津藩がそうした不法行為の数々を取り締まったことへの報復であることは、明白であった。鳥羽伏見戦でもっとも重い責任を負うべき徳川慶喜が四月に水戸藩預りの謹慎処分ですんだのに、京都政府は、会津の松平容保《かたもり》の首級《しゅきゅう》をもとめて譲らなかった。そしてこの「私怨」をはらすために仙台藩を主力として奥羽諸藩を動員しようとした。平和的解決を求める奥羽諸藩の仲介を京都政府軍が頑なにすべて拒絶したことが、奥羽諸藩の平和的な請願運動を奥羽越列藩同盟へと変質させ、新たな戦争を引き起こすことになった。

仙台藩に朝廷から会津藩追討令が届いたのは早く、慶応四年（九月に明治に改元）一月十一日であった。ほどなく、米沢、秋田、盛岡の諸藩にも応援が命じられた。しかし、この軍事作戦を指導する政府機関となる奥羽鎮撫軍《ちんぶぐん》を率いる鎮撫総督九条道孝《くじょうみちたか》らの一行が松島に到着したのは三月十八日であった。鎮撫軍が着いたころには、奥羽において朝廷に敵対する藩などはなかった。会津と庄内の両藩は、朝廷軍を警戒しながら表向き恭順の姿勢を示しており、残りの諸藩や旧幕府代官所などは、総督府の正統性を争う姿勢を示していなかった。もしも鎮撫府がこの段階で会津・庄内両藩が納得できる降伏条件を示していたならば、戦争は起こらなかったであろう。

しかし、鎮撫府は、仙台藩をはじめ奥羽諸藩に早く会津攻撃を開始するよう迫って譲らなかった。そこで仙台藩と米沢藩が中心になって、前年に京都で成果をあげた多数の藩で、衆議にうったえて平和的な解決を求める道を選択した。

これに先立って二月十一日付で、慶邦はすでに単独で京都政府の旧幕府勢力の追討の正当性を問うて寛大な措置を求める建白書を作成して、京都におくっていた。鳥羽伏見の戦いで幕府軍が先に発砲したとする京都政府の主張の真偽をはじめ、国内で大規模な軍事行動を展開することの問題性を五項目にわたって理路整然と指摘した。その中でとくに目をひく論は、第三と第五の論点である。第三は、国内で兵をうごかせば罪なき「万民」が「水火塗炭《すいかとたん》の苦しみに陥る」ことになるという指摘である。兵乱が人びとに耐えがたい苦しみをもたらすということを指摘して、王政復古に大きな期待を寄せる人びとを裏切ってもよいのかと問いかけたのである。第五では、国内で兵乱を起こすと諸外国が隙をうかがって干渉してくる危険性を指摘した。すでに新政府にしたがう姿勢を示している旧幕府方を武力で懲罰するより、当面は慶喜たちの過失を許し、あとからその譴責《けんせき》（責任追及と謝罪）について諸藩の議論を尽くしたうえで、（公明）正大かつ偏りのない公論にしたがう形でおこなうべきであると主張する（『仙台市史』資料編二）。厳罰すれば国を分断することになる。寛恕《かんじょ》な態度を示せば朝廷・新政府に人びとが自然と心服して、苦労せずに国が治まるという主張に要約できる。この建白書が京都に届いたときにはすでに東征軍が出発しており、提出の時機を逸していたので不提出に終わったが、この文書を慶邦は二月十五日づけで米沢、盛岡、二本松、秋田、弘前の五藩におくり、その考え方が奥羽諸藩の会津・庄内両藩の処遇に関する考え方に継承された。

三月に入り、仙台藩は近隣諸藩同意の意見として、ふたたび寛大な措置を求める建白書を駿府《すんぷ》（静岡）に進軍していた東征大総督有栖川宮熾仁《ありすがわのみやたるひと》に前建白書をそえて提出したが、不採用を通告された。

戦争への道と奥羽越列藩同盟

二度にわたり京都政府から平和的な解決を拒絶された以上、仙台藩は米沢藩と協議し、京都政府の要請どおり会津攻撃を開始するしか道はなくなったとみた。四月十一日に白石（現宮城県白石市）に本陣をかまえ、会津領への進撃を開始する態勢を整えた。奥羽における軍事行動の開始は、京都政府軍が命じたことから始まったものであり、仙台藩の本意ではなかった。慶邦の狙いは、京都政府とは正反対のものであった。出陣は態度を硬直化していた会津藩に対し、米沢藩と連携して京都政府が受け入れるであろうと考える条件で会津藩から謝罪の申し出を引き出すための作戦であった。

きびしい予備折衝のすえに、閏四月一日に仙台藩・米沢藩と会津藩の代表者が会合し、会津藩が仙台・米沢藩が示した謝罪の条件を受け入れることの合意ができた。それから仙台・米沢藩が奥羽諸藩によびかけ、最終的には二五藩が停戦と会津藩の救済をもとめる政治運動にくわわった。代表者が白石に集合し、会津藩の嘆願書と一緒に鎮撫府に提出する副申書《ふくしんしょ》を共同で作成し、連著した。このときの申し合わせで鎮撫府が奥羽諸藩の総意を拒絶して松平容保の首級など過酷な条件を譲らなかった場合には、次の行動として諸藩が朝廷に奏上して、有志の有力藩に使者を遣わして「天下の公論」による解決を訴えることにした。万が一、鎮撫軍が「暴挙」を起こした場合には応戦するが、それはあくまでも最終手段として想定されていた。この限りでは、仙台藩・米沢藩は軍事的な衝突をさけ、前年、京都で薩長の独走を封じて功を奏した大名有志の話し合いによる解決をめざそうとした。形成されつつあった明治新政府という枠組みのなかでの衆議と公論をよりどころにして、公明正大な政治を実現することを第一の目標としてかかげていた。なお、白石の会合でさらに参加藩の盟約書が作成され、奥羽列藩（のちに越後から六藩が加わり奥羽越列藩となった）同盟の結成が始まった。

閏四月十二日に仙台の伊達慶邦と米沢の上杉斉憲が会津藩の嘆願書、二人の上申書および諸藩連署の副申書を鎮撫総督の九条に呈上した。九条はいったん容認する態度を示したが、下参謀《しもさんぼうせ》世良修蔵《らしゅうぞう》（長州藩士）は断固として反対し、会津藩進撃の準備を着々と進めつづけた。世良がいなければ鎮撫府が嘆願書を認められるとみた仙台藩は、二十日に世良の暗殺を断行した。以後、情勢が急速に展開し、奥羽越列藩同盟は政治運動から軍事同盟へと転換することになった。長州・薩摩両藩が会津・庄内藩への報復に燃やす執念の代償として、越後（現新潟県）から現福島県全域、山形県・秋田県におよぶ広範な地域が戦乱に巻き込まれることになった。

仙台藩の戦略構想

世良修蔵殺害後に続く戦闘開始と、その後の地域ごとの戦局の展開については、『仙台市史』近代一をはじめ、最近の研究成果をわかりやすく紹介する良書があるので、詳細はそちらに譲る（栗原伸一郎二〇一五、星亮一二〇一四）。ここでは、別の視点から仙台藩と戊辰戦争について考えることにしたい。

明治期以来、戊辰戦争は大きな犠牲をともなわなかったと評価されてきている。しかし、その評価は、戊辰戦争が広範囲に一般の人びとに大きな禍《わざわい》として降りかかってきたという事実と向き合わないままに、世代を超えて繰り返されてきた。もともと明治政府の自己正当化として創られた戊辰戦争についてのイメージからはなれて、冷静にこの戦争が地域の人びとにどのような影響をおよぼしたか、その検証が求められる。この視点からの研究はまだ始まったばかりである（菊池勇夫二〇一二）。

もうひとつ、奥羽越列藩同盟は地域的な連合として生まれたと考えられることが多いが、奥羽越列藩連盟の出発点であり目標であったのは、明治政府内で会津派・庄内藩に対する適切な措置を引き出す講和運動であった。同盟はその目的達成のための手段であり、同盟そのものが目的ではなかった（栗原伸一郎二〇一五）。

少なくとも仙台藩についていえば、但木をはじめ藩の首脳は、講和の最大の障害が薩長の妥協を許さない態度であると理解し、政権から薩長を排斥することが講和実現の前提条件となるとみていた。まずは太政官や征討府に薩長の非道をうったえ薩長を平和的に封印することをこころみた。しかしこうした平和工作が拒絶されることをみこして、加賀藩（前田家）、紀州藩（徳川家）、熊本などの西南諸藩に呼びかけて、薩長の政治的封印、最悪の場合には軍事的排除の呼びかけもおこなった（栗原伸一郎二〇一五）。さらに、江戸湾で脱出の機会をうかがっていた旧幕府海軍総督の榎本武揚《えのもとたけあき》のもとに七月に使者をおくり、榎本がにぎる圧倒的な海軍力を得て制海権の把握をも図ろうとした。奥羽越列藩同盟の敗北を論じるときには同盟内の問題に注目することが多い。武器の近代化のおくれ、実戦経験豊富な薩長軍との作戦・戦闘力の格差、同盟内の思惑の不一致などである。しかし仙台藩は、慶応三年の京都の大広間詰大名連合の経験をいかして、全国的な薩長封じ込め運動としての軍事作戦構想を抱いていた。同盟側が早くも京都政府軍に圧倒され敗色を深めていくなかで応援の軍事行動に踏み切る地域外の藩は現れなかったし、榎本が仙台領に到着した八月二十六日には戦局を挽回するのにはすでに時機を逸していた。奥羽越列藩同盟が地域連合に終わったのは、準備不足とそこからくる実力不足の結果であり、同盟自体は全国的な広がりを起こそうとしていた。

敗北とそのあと

八月二十三日に京都政府軍は会津若松城下に突入し、籠城戦が始まった。八月二十八日には米沢藩が、九月十五日に仙台藩が降伏し、二十二日に会津藩が降伏し、翌日に庄内藩が、そして二十四日に盛岡藩が降伏し、奥羽の戦争は終結した。

仙台藩は、京都政府軍に対し農民などの非戦闘員を巻き込んだ総力戦での抵抗を準備してはいたが、八月十一日から相馬藩境の京都政府軍との戦いで敗北が続くと、藩論は激しく対立しながら降伏に傾きはじめた。九月十日に相馬境の最後の防御拠点であった旗巻峠《はたまきとうげ》を突破されると、いよいよ仙台藩領内での戦闘開始が迫ってきた。そこで慶邦は、領民に多大な犠牲を強いて自身の延命を図る道をすてて、降伏を決定した。但木を中心として戦争を指導してきた執行部を一新して、文久三年の政争以来、知行地に隠棲していた遠藤文七郎允信《ぶんしちろうさねのぶ》など自称「勤皇派」を中心に執行部を一新し、降伏の交渉を委ねた。

降伏後、慶邦と養子の宗敦《むねあつ》は謹慎処分となり、新藩主（大名）に慶邦の三歳の実子亀三郎《かめさぶろう》（宗基）がなった。城地は収公され、実高百万石以上とされた旧領地の大半が没収され、実高二十八万石として仙台城下にくわえ、名取《なとり》・宮城《みやぎ》・黒川《くろかわ》・加美《かみ》・玉造《たまつくり》の五郡に志田郡の一部を与えられた。戦争を指導した奉行の但木成行と坂英力時英《さかえいりきときひで》がとらわれ、戦争の責任を一身に受け明治二年五月に東京の仙台藩邸において斬首の刑に処された。但木のブレーンとして政策立案に大きくかかわった玉虫左大夫《たまむしさだゆう》は、脱藩に失敗して捕縛され仙台で入牢させられた。

大きく削減された藩領で多大な家臣団を養い、戦争動員で経済的に疲弊した地域経済を立て直すという難題と立ち向かう適任者として、明治二年一月二日に和田織部為泰《わだおりべためやす》（着座、もと千六百十四石）が奉行職に就任した。実力本位の任命であった。自身も勤皇派でなかった和田が実力本位で出入司や郡奉行などの実務担当者を採用した結果、自称勤皇派からの任用はなく、但木政権下で実務を担った人物まで再任用されることとなった。ちょうどこのころに遠藤允信が進める藩政に反発する藩士のなかから、榎本軍がいる箱館にむけて石巻から脱出する者が続出した。当時、遠藤允信は版籍奉還の事務手続きのために上京して留守であった。その隙に藩内の自称勤皇派の過激グループが藩内の不締まりを東京の新政府に訴え、四月六日に長州藩兵六百人をしたがえる鎮撫使が仙台に送り込まれた。四月十四日に騒擾《そうじょう》の責任者として国許奉行の和田と遠藤主税行和《ちからゆきかず》（允信と別の家系）にくわえ、玉蟲左大夫など七人が切腹させられ、一名は逼塞を命じられた。和田・遠藤以外の奉行も罷免となった。鎮撫使が去ったあとも、藩内で奥羽越同盟の「責任者」の弾圧と処分が続けられ、計五十七人の処分者がでた。投獄者の中に養賢堂学頭の大槻《おおつき》盤渓《ばんけい》も含まれた（『仙台市史』近代一）。最初の八人の処分は、和田などが箱館の榎本ら反政府軍と結託し人員・物資の支援を黙認していた容疑を名目としていたが、実態は仙台藩家臣内の対立であったとみられる。家臣団の知行高の一律の大削減をもたらした仙台藩の戦後処分への怨嗟と過激な勤皇思想があいまって、家臣団内に激しい憎しみ、復讐心と分断が作りだされた。綱宗代以来、伊達家内で政争の敗者が極刑に処せられた例がないことを考えると、このときの処分の異常さが際立ってみえる。

没収領における百姓一揆の多発

明治一年十一月から翌年の二月にかけて、他大名が新政府から支配をあずけられた旧仙台藩領の西磐井《にしいわい》・東磐井《ひがしいわい》・江刺《えさし》・登米《とめ》・栗原《くりはら》・牡鹿《おしか》の諸郡に十一件の百姓一揆が勃発した。一揆の要求は多岐にわたっていたが、戊辰戦争時に生じた負担や未支給金に関するもの、村役人の不正弾劾、諸負担の軽減、貧困者への種籾や金銭貸与を求めるものが多かった。同じ時期に仙台藩領として残された諸郡では、明治二年十月に名取《なとり》郡で免税をもとめる広範な一揆は起こったが、全体として、大きな騒擾は起こらなかった。維新前の仙台藩の状態とも、維新直後の混乱のなかにあった仙台藩領とも、没収地となった地域の状況は非常に対照的であった。

一揆多発に対し新政府は、明治二年二月二十二日付けで「奥羽人民告諭《おううじんみんこくゆ》」（以下「告諭」と略す）を発して事態の鎮静化を図ろうとした。「告諭」の趣旨を簡潔にまとめれば、次のとおりである。日本国はすべて天照皇大神宮《てんしょうこうたいじんぐう》様の子孫である「天子さま」（天皇）のものである。反逆した大名たちをも赦《ゆる》す慈悲深い天子さまは日本人すべての「父母」であり、日本人はみな天子さまの「赤子《せきし》」である。その天子さまの「撫恤《ぶじゅつ》」（思いがこもった救済）が日本の隅々まで行き届くように天子さまが「昼夜叡慮《ちゅうやえいりょ》ヲ労《いたわ》ラレ」ているのでのちに「アリガタキ御措置」も出される。それまで（奥羽の百姓が）役人たちの命令にしたがって騒がずに安堵して、家業に精を出すべきである。

「告諭」の論理は、宝暦飢饉対応の失敗以来、仙台藩が試行錯誤を重ねる実践のなかで修得した、下位者の不服を一定の範囲内で認めるとする政治姿勢とは大きく異なるものであった。「告諭」のように「天子さま」の慈愛を理念的に説く一方で、実際の為政者が「天子さま」ではなく諸役人であるという現実に一切触れないことによって、現実の政治や行政に対する人民の異議申し立てを不可能にするものである。なぜなら、「告諭」では明言こそされていないものの、異議申し立てが天子さまの慈愛への反逆にすり替えられるように話がくみたてられているのである。仙台藩の支配のもとでかろうじてバランスが保たれていた藩役人、知行地領主たち、村役人・豪農、中小農民・日雇い労働者などのあいだの関係は、没収領諸郡においては、新政府支配のもとでくずれ、村・地域内にくすぶっていた対立関係が一気に噴出する形になった。地域の事情に応じた平和的な対処法がわからない新しい支配者たちは、対話による問題の解決ではなく一揆の弾圧にはしり、近隣諸郡で帰農した仙台藩一門など大身家臣の家中を臨時動員して、武力を背景に一揆を強権的に取り締まったのである。これは、地域社会内に、あらたな分断を作りだした。

東北における近代の幕開けはいつか

明治政府の樹立が日本の近代国家としての建設の始まりであると一般に理解されている。しかし、仙台藩がつみあげてきた歴史というレンズを通して江戸から明治への時代の転換を検証すると、違った地平線がみえてくる。

薩長指導の明治新政府は、中央集権的な近代国家を樹立した。しかし、近代国家とは何かと考えると、仙台藩においては、ミニ氷河期と評される十八世紀後半から十九世紀前半のあいだに経験した数々の自然災害と、それらの災害を甚大な被害に転換した不適切な政治システムを修正していくなかで、すでに新しい社会の構築が始まっていた。領民に対し為政者が責任を負うという儒学的な仁政理念を具体的に実現することが求められるようになっていた。理念と言葉より行動と成果が求められることになった。江戸時代のはじめから、徳川幕府と諸大名の支配の正当性の根拠とは、戦国の乱世を鎮めて平和をもたらしたことにあった。そのことを象徴する言葉が「元和《げんな》偃武《えんぶ》」（徳川家が大坂の陣で豊臣家を滅ぼし天下に平和をもたらしたこと）であった。しかし、十八世紀後半からは従来の強権的な支配では自然の猛威には対処できなくなり、とくに被害が大きかった奥羽（のちの東北）においては、支配者と被支配者とのあいだに、支配を正当化する新しい社会的合意が必要となった。仙台藩では、それが下位者の不服の社会的容認、武士身分以外の人びととの政治・行政への参加、教育の普及と識字率の引き上げ、身分・階層を超えた交流の活性化と社会関係（ソーシャル・キャピタル）の構築と、そうした関係を通して社会的な摩擦や対立を平和的に解決できる社会システムの構築としてあらわれた。仙台藩のこの歴史的展開は、明治政府がもたらした制度としての近代に到達していなかったことはいうまでもない。しかし、制度的な外観以上に、仙台藩で起きていた変化こそが近代的な社会システムの芽であったことは論を待つまでもあるまい。そして明治政府が戊辰戦争直後に仙台藩旧領に持ち込んだ変化をこの観点からみると、新しい時代の幕開けどころか、「仙台時間」を七十年も前に戻す結果となった。

奥羽越列藩同盟がわれらに何を問うか

奥羽越列藩同盟の敗北から一世紀半以上たった現在、この戦争とは何であったかを振りかえる意味はあるのであろうか。筆者は、大いにあると考える。

歴史は、個人から地域、そして国家全体の記憶である。記憶とは、私たちがだれなのか、どうしてここにいるのか、そしてこれからどこへ向かおうとしているかを考えるときの拠り所である。つまり個人・地域・国家がたどってきた歴史は、自分のアイデンティティの形成と維持に深くかかわるものである。現在の「東北地方」という言葉は、近代になってから歴史的な「陸奥・出羽」にとってかわった新しい地域概念であるが、「東北」をひとつの地域としてとらえるという考え方は、新政府に抵抗した奥羽（越）列藩同盟に対する東京政府側の経験から生みだされたものである。「東北」に含意される数々のネガティブなイメージも、明治維新後に作りだされたものである。

学校教育における戊辰戦争の扱いに目を転じると、二〇二三年の代表的な高校日本史の教科書では、さすがに奥羽越列藩同盟を「佐幕」と明記する記述はきえている。しかし、会津藩および奥羽越列藩同盟の結成と抵抗は、薩長対幕府の戦いであった鳥羽伏見戦の延長線上にあるものとして記述されている。奥羽でなぜ戦いにおよんだかという説明が欠落しているため、同盟側が最初から戦争回避のための運動であったというもっとも基本的な事実を生徒たちは知らされない。政府内の主導権争いであった鳥羽伏見戦と、講和運動の拒絶から始まった奥羽戦との質的な違いは、当然、教科書から読み取れない。明治政府が戦争当時から敷いていた情報の統制と操作が、現在も公的教育で再生産されているということになる。

人びとは歴史を「ただしく」学べば過去とおなじ過ちを起こさないといわれることがあるが、残念ながら、人は、歴史から学べないようである。歴史を学ぶ意味はたくさんあるが、使い方次第で歴史は毒にも薬にもなる。勝者や強者だけが歴史の記述を決定すると、非常に偏った「歴史」しか語られない結果になる。そのようにして作られた「歴史」が人びとのあいだの対立をあおる根拠や、不平等を正当化する根拠とされてきたことも、「歴史学」の歴史の悲しい一部である。しかし、現在は、侵略、差別、不平等、人権の抑圧・侵害といった世界中にみられる「負の歴史」と正面から向き合うことによって、対立から対話へ、紛争から和解への道筋をつくる取り組みが各地で起こっている。現在、奥羽越列藩同盟の意味とはなにかを、勝者・敗者、加害者・被害者という二分法的思考に囚われないで再検討することは、百五十年以上もの長きにわたって目をそらされ放置されてきた社会的分断の現実を超えて、共有できる「記憶」をあみだすのに避けては通れない課題である。なぜなら、百五十年以上前の諸々の「不都合な」現実を直視できないのであれば、眼前にある今の課題を直視することができるはずもない。

奥羽越列藩同盟に参加した人びとは、自分の生命を賭する覚悟で、ひらかれた公論と公正な政治を守るために行動した。明治政府がひたすらに同盟に「佐幕」・「賊軍」のレッテルをはってその目的と主張の矮小化と隠ぺいに躍起になったのは、それが明治政府の正統性を根底から脅かすものであったからである。同盟の主張は、近代日本の建設過程でおきた一般市民に対する薩長主導のかずかずの政治的目的をもった殺人などの暴力と、戊辰戦争そのものの発端が公正な公論の蹂躙であったという「不都合な」事実を暴くものである。以後、近代日本において、政治的目標を達成するという大義名分があれば暴力に訴えることを安易に正当とする考え方が引き継がれていくことになった。同盟そのものは挫折に終わったが、同盟が日本国中に放とうとした問いかけは、現在もその意味が少しも色あせていない。

参考文献

〔書籍・論文〕

浅井陽子「仙台藩武家社会における一門の存在意義」（『国史談話会雑誌』第五五号、二〇一四年）
伊藤喜良『伊達一族の中世　「独眼竜」以前』（吉川弘文館、二〇二一年）
入間田宣夫『平泉と仙台藩』（国宝大崎八幡宮仙台・江戸学叢書七六、仙台大崎八幡宮、二〇一七年）
大沢慶尋「再検証『鮎貝宗信謀反事件』―政宗・義光の不和発端説の誤りを正す―」（最上義光歴史館「歴史館だより」No.22、二〇一五年、http://mogamiyoshiaki.jp/?p=log&l=387678〔二〇二二年七月二十二日参照〕）
籠橋俊光「大名と村・百姓」（高橋充編『東北近世の胎動』東北の中世史五、吉川弘文館、二〇一六年）
菅野正道「伊達政宗の転封と奥羽」（安達宏昭・川西晃祐編『争いと人の移動』講座東北の歴史　一、清文堂出版、二〇一二年）
菅野正道「伊達氏、戦国大名へ」（遠藤ゆり子編著『伊達氏と戦国争乱』東北の中世史四、吉川弘文館、二〇一六年）
菅野正道『伊達の国の物語　政宗からはじまる仙台藩二七〇年』（プレスアート、二〇二一年）
菊池勇夫『飢饉から読む近世社会』（校倉書房、二〇〇三年）
菊池勇夫『戊辰戦争と東北・道南―地方・民衆史の視座から―』（芙蓉書房出版、二〇二二年）
栗原伸一郎『幕末戊辰仙台藩の群像―但木土佐とその周辺―』（国宝大崎八幡宮仙台江戸学叢書五六、大崎八幡宮、二〇一五年）
小林清治『伊達政宗』（吉川弘文館、一九五九年）
小林清治「序論　仙台領における城と要害」（小林清治編『仙台城と仙台領の城・要害』日本城郭史研究叢書二、名著出版、一九八二年）
小林清治『伊達政宗の研究』（吉川弘文館、二〇〇八年）
齋藤鋭夫「仙台藩家臣団の成立と編成」（渡辺信夫編『宮城の研究』三、清文堂出版、一九八三年）
作並清亮編『東藩史稿』（復刻版）（宝文堂、一九七六年）

佐藤憲一『伊達政宗の素顔　筆まめ戦国大名の生涯』（吉川弘文館、二〇二〇年）
佐藤憲一『伊達政宗の手紙』（新潮選書、新潮社、一九九五年）
佐藤大介『少年藩主と天保の危機—大災害下の仙台藩主・伊達斉邦の軌跡』（国宝大崎八幡宮仙台・江戸学叢書六八、大崎八幡宮、二〇一七年）
佐藤大介編『18～19世紀仙台藩の災害と社会　別所万右衛門記録』（東北アジア研究センター叢書三八、二〇一〇年、http://hdl.handle.net/10097/00128125）
佐藤大介・黒須潔・井上拓巳編著『仙台藩の洋式帆船　開成丸の航跡：幕末の海防構想と実践の記録』（東北大学災害科学国際研究所、二〇二二年、http://hdl.handle.net/10097/00134567）
清水翔太郎「近世前期仙台城二の丸中奥の構成員とその処遇」（野本禎司・藤方博之編『仙台藩の武家屋敷と政治空間』岩田書院、二〇二二年）
仙台郷土研究会編『仙台藩歴史事典』改訂版（仙台郷土研究会、二〇一二年）
仙台市史編纂委員会編『仙台市史』通史編二（古代中世）（仙台市、二〇〇〇年）
仙台市史編纂委員会編『仙台市史』通史編三（近世一）（仙台市、二〇〇一年）
仙台市史編纂委員会編『仙台市史』通史編四（近世二）（仙台市、二〇〇三年）
仙台市史編纂委員会編『仙台市史』通史編五（近世三）（仙台市、二〇〇四年）
千葉真弓「伊達輝宗が生んだふたりの政宗—伝説を作り、利用する—」（『宮城歴史科学研究』八五、二〇二〇年）
野本禎司編著『仙台藩奉行大條家文書—家・知行地・職務—』（東北大学東北アジア研究センター叢書七〇、二〇二二年）
平川新『仙台藩のお家騒動—四代藩主綱村の伊達騒動—』（国宝大崎八幡宮仙台・江戸学叢書一九、大崎八幡宮、二〇二〇年）
平川新『〈伊達騒動〉の真相』（吉川弘文館、二〇二二年）
星亮一『戊辰戦争と仙台藩』（国宝大崎八幡宮仙台・江戸学叢書五一、大崎八幡宮、二〇一四年）
堀田幸義『近世武家の「個」と社会—身分格式と名前に見る社会像』（刀水書房、二〇〇七年）
堀田幸義「仙台藩の武士身分に関する基礎的研究」（『宮城教育大学紀要』五一、二〇一七年）
堀田幸義「藩祖政宗期の仙台藩政に関する一考察（上）」（『宮城教育大学紀要』五四、二〇二〇年）
堀田幸義「藩祖政宗期の仙台藩政に関する一考察（下）」（『宮城教育大学紀要』五五、二〇二一年）

宮城県史編纂委員会編『宮城県史』二（近世史）（宮城県史刊行会、一九六六年）
モリス、J．F．『近世日本知行制の研究』（清文堂出版、一九八八年）
モリス、J．F．『近世武士の「公」と「私」　仙台藩士玉蟲十蔵のキャリアと挫折』（清文堂出版、二〇〇九年）
谷田部眞理子「赤子養育仕法について」（渡辺信夫編『宮城の研究』四、清文堂出版、一九八三年）
柳谷慶子「武家社会と女性」（大石学編『享保改革と社会変容』日本の時代史一六、吉川弘文館、二〇〇三年）
柳谷慶子「武家権力と女性―正室と側室―」（藪田貫・柳谷慶子編『身分のなかの女性』〈江戸〉の人と身分四、二〇一〇年）
柳谷慶子「大名家『女使』の任務―仙台藩伊達家を中心に―」（総合女性史学会編『女性官僚の歴史―古代女官から現代キャリアまで』吉川弘文館、二〇一三年）
吉田正志『仙台藩刑事法の研究』（慈学社出版、二〇一二年）
亘理梧郎「仙台藩における地頭仕置権の制限過程について」（『研究紀要』二、宮城県第一女子高等学校、一九七三年）

〔史料集〕

仙台市史編纂委員会編『仙台市史』資料編一二（伊達政宗文書三）（仙台市、二〇〇五年）
『牟宇姫への手紙　角田石川家に嫁いだ伊達政宗之次女一』（角田市文化財調査報告書第五三集、角田市郷土資料館、二〇二〇年）
『牟宇姫への手紙　角田石川家に嫁いだ伊達政宗之次女二』（角田市文化財調査報告書第五四集、角田市郷土資料館、二〇二一年）
高倉淳編『仙台藩刑罰記』（高倉淳発行、一九八八年）
東京大学史料編纂所編『大日本古文書　家わけ三　伊達家文書』一―十（東京大学出版会）

伊達家歴代当主一覧

代数	名前	院号	生没年	当主在任年	①生母②正室③入養子
一	伊達政宗《まさむね》	瑞巌寺殿貞山	永禄十（一五六七）—寛永十三（一六三六）	天正十二（一五八四）—寛永十三（一六三六）	①正室②戦国大名
二	伊達忠宗《ただむね》	大慈院殿義山	慶長四（一五九九）—万治一（一六五八）	寛永十三（一六三六）—万治一（一六五八）	①正室②将軍家
三	伊達綱宗《つなむね》	見性院殿雄山	寛永十七（一六四〇）—正徳一（一七一一）	万治一（一六五八）—万治三（一六六〇）	①側妾②不在
四	伊達綱村《つなむら》	大年寺殿肯山	万治二（一六五九）—享保四（一七一九）	万治三（一六六〇）—元禄十六（一七〇三）	①側妾②譜代大名
五	伊達吉村《よしむら》	続燈院殿獅山	延宝八（一六八〇）—宝暦一（一七五一）	元禄十六（一七〇三）—寛保三（一七四三）	②公卿③一門から入養子
六	伊達宗村《むねむら》	政徳院殿忠山	享保三（一七一八）—宝暦六（一七五六）	寛保三（一七四三）—宝暦六（一七五六）	①正室②将軍家
七	伊達重村《しげむら》	叡明院殿徹山	寛保二（一七四二）—寛政八（一七九六）	宝暦六（一七五六）—寛政二（一七九〇）	①側室②公卿
八	伊達斉村《なりむら》	永慶院殿桂山	安永三（一七七四）—寛政八（一七九六）	寛政二（一七九〇）—寛政八（一七九六）	①側室②公卿
九	伊達周宗《ちかむね》	青龍院殿紹山	寛政八（一七九六）—文化九（一八一二）	寛政八（一七九六）—文化九（一八二六）	①正室②不在
十	伊達斉宗《なりむね》	広徳院殿英山	寛政八（一七九六）—文政二（一八一九）	文化九（一八一二）—文政二（一八一九）	①側室②紀伊徳川家
十一	伊達斉義《なりよし》	曹源院殿正山	寛政十（一七九八）—文政十（一八二七）	文政二（一八一九）—文政十（一八二七）	③内分大名田村氏から婿養子
十二	伊達斉邦《なりくに》	慈雲院殿龍山	文化十四（一八一七）—天保十二（一八四一）	文政十（一八二七）—天保十二（一八四一）	③一門から婿養子
十三	伊達慶邦《よしくに》	楽山（神道式改葬により法名無し）	文政八（一八二五）—明治七（一八七四）	天保十二（一八四一）—明治一（一八六八）	①側室②公卿・水戸徳川家

付表　仙台藩における家格，知行形態と石高の対照表(18 世紀後半)

	家格	家数	最高知行高(石)	最小知行高(石)	知行平均値(石)	知行中央値(石)	城拝領(個所)	要害拝領(個所)	所拝領(個所)	在所拝領(個所)
家格序列	一門	11	23853	1043	12526	14643		8	3	
	一家	17	18000	150	2876	1000	1	4	5	2
	準一家	10	2700	110	1072	936.5			3	3
	一族	22	13000	100	1434	806		4	4	2
	宿老	3	2700	1333	1844	1500		1	2	
	着座	28	7042	250	2049	1250		3	12	3
	太刀上	10	1348	20	367	226				
	召出一番座	38	1000	20	344	313			1	1
	召出二番座	51	1184	40	565	572			2	5
	小計						1	20	32	16
知行形態	城		18000							
	要害		23853	1000	7195	3350				
	所		13000	300	2140	1419				
	在所		1700	500	955	871				

出典：『仙台藩歴史事典』32～37 頁

略年表

年	西暦	事項
永正八	一五一一	稙宗、尚宗の死去により分有していた家督権を独占する。
大永二	一五二二	稙宗、奥羽守護職に補任される。
天文十	一五四一	晴宗、家督を継ぎ稙宗と家督権を分有。翌年に稙宗を桑折西山城に幽閉、天文の乱が起こる。
永禄七	一五六四	輝宗、家督を継ぎ晴宗と家督権を分有する。
天正七	一五七九	政宗、田村家の愛姫と結婚する。
天正十二	一五八四	政宗、家督を継ぎ輝宗と家督権を分有する。
天正十三	一五八五	政宗、大内領に侵攻、小出森城を攻め落とし「撫で切り」にしたと宣言する。
天正十四	一五八六	畠山吉継が輝宗を拉致し、義継・輝宗ともに戦死する。
天正十六	一五八八	政宗、豊臣秀吉からの上洛・臣従の要請を拒否する。
天正十七	一五八九	摺上原にて伊達軍が葦名軍を破り、葦名氏が滅亡する。
天正十八	一五九〇	政宗、相州小田原にて豊臣秀吉に臣従する。
天正十九	一五九一	秀吉による奥羽仕置により伊達家は旧領地の過半没収、転封となる。
慶長六	一六〇一	政宗、居城を岩出山城から仙台城へ移す。
寛永十三	一六三六	政宗の死去により忠宗が家督を継ぎ、奉行職や土地制度の改革を開始する。
寛永十六	一六三九	忠宗、仙台城に二の丸を新設する。
万治一	一六五八	忠宗の死去により、綱宗が家督を継ぐ。
万治三	一六六〇	幕府より小石川堀の手伝い普請を命じられる。不行跡により綱宗が強制隠居となり、嬰児綱村が家督を相続する。後見人に伊達宗勝・田村宗良が就任する。
寛文三	一六六三	原田宗輔、奉行に就任する。
寛文七	一六六七	伊達家重臣による宗勝の暗殺計画が発覚する。

寛文十	一六七〇	知行地の境界論争から宗勝と一門伊達安芸宗重の対立が深まり、一門衆は宗重を支持。
寛文十一	一六七一	幕府大老酒井忠清邸にて寛文事件が起こり、原田宗輔が伊達安芸宗重らを殺害する。後見人役が解消され、綱村が親政を開始する。
貞享一	一六八四	綱村、家臣に対し朱印を捺した知行宛行状を新たに発行する。
貞享三	一六八六	綱村、黄檗宗への傾倒について諫言を受け、信仰を勧めた寵臣古内重直を処罰する。
貞享四	一六八七	一部知行地に「要害」の格付けが設定される。
元禄十四	一七〇一	綱村、門閥家臣による「自分仕置」を廃止する。
元禄十五	一七〇二	『伊達治家記録』の編纂が開始される。
元禄十六	一七〇三	綱村、稲葉正道の勧告により事実上の強制隠居となる。吉村が家督を継ぐ。
宝永一	一七〇四	領内で大洪水が起きる。羽書（藩札）の回収費用捻出のため、家臣に「半地借上」を命じる。
宝永二	一七〇五	干魃と冷害により凶作となる。羽書の流通が禁止となり、正金との交換も中止される。
正徳一	一七一一	吉村、松岡安時を出入司に再任し、知行借り上げを中止し買米制度の再建を宣言する。
享保七	一七二二	吉村、大規模検地「大改」の実施を宣言するが、一門・領民の反対により翌年に中止となる。
享保十一	一七二六	吉村、一部門閥家臣の自分仕置権について、「戸結」「縄懸」「押込」の三カ条を追認。
享保十四	一七二九	葦名盛連ら、農民前金での領内米の専売制度を制定する。
享保十七	一七三二	享保の大飢饉により江戸の米価が高騰、売却益により藩財政が黒字に転じる。
享保二十	一七三五	高橋玉齋、学問所の設置を献策する。
元文三	一七三八	芦東山、蟄居を命じられ、以後二十三年間幽閉される。
寛保三	一七四三	吉村、病状悪化により隠居し、宗村が家督を継ぐ。
宝暦五	一七五五	洪水と冷害により大不作となり、藩の無策により大飢饉へと展開する。
宝暦六	一七五六	重村、宗村の死去により家督を相続する。宝暦六年の政変が起こる。
宝暦十	一七六〇	重村、学問所の移転と拡充を命じる。
明和四	一七六七	重村、関東諸川普請の業績により従四位下・左中将となる。

年	西暦	事項
明和八	一七七一	重村、学問所に「養賢堂」の扁額を下賜し、翌年に正式名称とする。
安永二	一七七三	安永二年の政変が起こる。
天明三	一七八三	天明の大飢饉が発生する。天明七年まで不作が連続、領内社会に甚大な被害をもたらす。
天明四	一七八四	重村正室の歓心院、仙台城下で窮民へ施行米・施粥をおこなう。
天明七	一七八七	伊達の奥方で家風を確立するため、御奥方格式が制定される。
天明八	一七八八	藩財政窮乏により、京都の商人から米穀売買不履行を幕府に訴えられる。
寛政二	一七九〇	郡奉行と出入司の人員が総入れ替えされる。斉村、重村の隠居にともない家督を相続し、寛政の農政改革を開始する。
寛政三	一七九一	領内の豊作のなか大坂の米価が高騰し、翌年までに累積赤字の全額返済に成功する。
寛政六	一七九四	この年、農政改革を廃して旧制に復する。
寛政八	一七九六	斉村の急逝により、周宗が家督を相続する。
寛政九	一七九七	北部諸郡で農政改革を求めた百姓一揆が勃発、藩は要求を全面的に受け入れる。続いて家臣約二千人が連書した改革要求の落ち文が一門の屋敷に投げ込まれる。
文化五	一八〇八	幕府から蝦夷地警護を命じられ、約二千人を派遣する。
文化六	一八〇九	周宗、大槻平泉に養賢堂の改革を命じる。
文化十一	一八一四	斉宗、紀伊徳川家の鍇姫と結婚する。
文化十二	一八一五	周宗の隠居により、斉宗が家督を相続する。
文政二	一八一九	斉宗の死去により、一関藩田村家から斉義が家督を継ぐ。
文政十	一八二七	斉義の病気が回復せず、登米伊達家から斉邦が家督を継ぐ。
天保四	一八三三	領内が長雨と台風に見舞われ、天保の飢饉が起こる。斉邦、飢饉対応で批判を受けた奉行の芝田常煕らを解任し、藩財政の倹約と領民の救済をおこなう。飢饉状況は天保九年まで続く。
天保五	一八三四	斉邦、飢饉対応への非協力を理由に大坂蔵本の升屋を解任する。

天保六	一八三五	宮城県沖で大地震が発生する。台風による洪水が起こる。
天保七	一八三六	斉邦、大坂での資金調達を命じるも不調に終わる。一門の石川宗光ら、奉行の増田主計の処分を求める。
天保九	一八三八	増田、奉行職を罷免され江戸藩邸にて自刃する。
天保十一	一八四〇	斉邦、芝田を奉行に再任する。
天保十二	一八四一	斉邦の死去により、慶邦が家督を継ぐ。芝田、炭屋彦五郎ら五人の大坂商人を蔵元に任命する。
嘉永三	一八五〇	慶邦、養賢堂にロシア語学科の新設を命じ、大槻盤渓には西洋砲術の習得を命じる。
嘉永六	一八五三	ペリー、浦賀に来航する。仙台藩では御国産仕法が制定される。近江商人の中井家などを動員し、財政改革が始まる。
安政一	一八五四	日米和親条約が締結される。
安政二	一八五五	幕府から蝦夷地警護を命じられる。慶邦、大槻習斎らを大銃及び軍艦製造用係に任命する。
安政三	一八五六	慶邦、西洋式の歩兵隊の編成を開始する。
安政四	一八五七	大槻ら養賢堂の人材により洋式帆船開成丸が完成する。
万延一	一八六〇	但木成行、奉行に就任し、藩財政と経済の再建に着手する。
文久二	一八六二	遠藤允信、朝廷に建白書を奏上する。
文久三	一八六三	農村復興の原資として月溜銭が導入される。慶邦、遠藤ら自称尊攘派を処分する。
元治一	一八六四	慶邦、幕府からの参議昇進を固辞する。京都で禁門の変が起こる。
慶応二	一八六六	栗原郡で農政改革撤廃を求める百姓一揆が起こる。
慶応三	一八六七	仙台藩から横浜開港場への生糸の直送を幕府から認められ、代償として生糸の自領内専買権を江戸商人に採られる。大政奉還がおこなわれる。王政復古の政変が起こる。
明治一	一八六八	鳥羽伏見で幕府軍と薩摩軍が戦闘、戊辰戦争が勃発する。仙台藩・米沢藩を中心に奥羽越列藩同盟が結成されるが、戦闘をへて京都政府に降伏。宗基が家督を継ぐ。藩領の大半が没収され、他藩に預けられる。
明治二	一八六九	旧仙台藩領内で一揆が多発する。新政府が奥羽人民告諭を発する。

あとがき

私は長年仙台藩の家臣たちについて研究はしてきたものの、仙台藩を正面から取り上げたことはない。したがって、伊達家仙台藩について通史を書くように企画編集委員の兼平賢治氏から依頼を受けたとき、本の半分ぐらいを家臣たちの家を中心に書く心づもりであった。

しかし、書き終えてみると、伊達宗家だけでも書きたいこと、そして書くべきことの半分も書けなかったという、予想外の結果になった。家臣たちの視点から仙台伊達家の歴史を書くという当初の目論見は、後回しになった。仙台藩といえば絶対に外せないはずの事件や人物、宇和島伊達家との関係など、触れていない事項が数多ある。伊達政宗の扱いにいたっては彼の偉業をたたえずその問題性と限界を論じ、一般常識に反する記述すらある。それでも、私としてはこの一冊の内容には自分なりの必然性がある。

一九七四年、文部省の国費留学生として来日が決まったとき、私は東北大学の国史研究室（当時）を留学先の第一志望に選んだ。東北の歴史を何も知らなかったからである。留学前に英語の文献で仙台藩関係の記述を探しても、伊達騒動・寛文事件以外の記述はなかった。これには何か深いわけがあるだろうと直感し、何も知らないからこそ東北の歴史を東北大学で学ぼうと、無鉄砲にも決めた。

留学して二年目の一九七六年に博士前期課程に入学し、自分の研究領域を仙台藩に決めた当時は、研究室で仙台藩を研究しようとする院生は私だけであった。当時の学界では、東北地方の歴史に否定的なものしか見出すことができなかった。くわえて、当時の歴史的常識からみた例外ずくめの仙台藩は、駆け出しの若手研究者にとって魅力に欠けていた。世間でも、東北は、明治維新以来「賊軍」の汚名を着せられ、戦後になって「科学的な」歴史学から「後進地」というレッテルを貼られていた。こうしたマイナスのイメージが複雑に重なりあいながら、疑問視されることなく流布する時代であった。

しかし「東北」といってもその中身は決して単一ではない。「東北弁」とひとくくりにされる地域の言葉は多様であり、文化も多様である。このことを強く印象づけられるきっかけは、一九七六年三月に大学院合格がきまり、初めての東北旅行に出たときであった。仙台に留学していると話したら、旅の先々で意外な反応が返ってきた。人びとは私のことを気の毒がり、仙台・宮城県人の評判の悪いことをとうとうと語った。「伊達の衆が通る後に根も草も生えない」という東北の格言も一度ならず聞かされた。きわめつきは、伊達政宗は強欲な性格だったので、以後、仙台・宮城の人はみな強欲であるから注意せよとも忠告されたことだ。仙台の何もかもを伊達政宗個人に帰することの危うさを強く認識した。同時に、仙台・宮城県人の自己認識の一部である「宮城は東北の中心である」という考え方は、東北一般では通用しないことも思い知った。世間一般で東北人というイメージが歪められている一方で、東北人自身のあいだにも葛藤と対立がある。

自分の中でくすぶっていたこうしたイメージに対する違和感が頂点に達したのは、二〇一一年三月一一日の地震・津波と原発事故のあとであった。メディアに溢れた「東北」についての言説の事実誤認と非歴史性に、日々、辟易した。自宅は、宮城県の沿岸部にある。街の三分の一が津波に水没した。心理学者で公認心理師である妻との二人三脚で、被災地の当事者として、さまざまな局面での被災者支援について学びながら実践することになった。そのなかで、地域の歴史がそこに住む人びとの心の拠り所となり得るということをも改めて認識し、確信することができた。三・一一から十年以上が経ち、もはやその体験が生々しい現実から記憶の一部、歴史の一コマへと変わりつつあるが、災害と復興の過程を生き抜いた経験は、ふりかえってみれば東北の近世史とも重なる。同情と憐れみを買うより、私たちのレジリエンスにこそ注目してほしいという想いを、きっと、この地域の先人たちも抱いていたに違いない。また、災害が試練であると同時に地域社会再生のきっかけにもなるという経験も、災害・政争・

混沌という仙台藩の暗い歴史のイメージを違った視点から見つめ直すきっかけを与えてくれた。現在を無批判・無媒介に過去に投影してはならない。しかし、過去の災害について考察するときに、類似する課題・状況に直面する現代社会の人間行動から類推することは、有効な研究手法となりうる。拙著が、私の第二の故郷となった宮城の人びとに少しでも元気を与えるきっかけとなれば、研究者冥利に尽きる。

この本は私一人の力量では書けなかった。参考文献リストは先学への恩義の目録である。とくに恩師である渡辺信夫先生、大先輩の小林清治先生、そして仙台藩の幕末期研究を参考にさせていただいた難波信雄先生（お三方とも故人）に御礼を申し上げる。この本の企画に誘ってくださった編集委員の野口朋隆氏、兼平賢治氏、執筆を支えてくださった吉川弘文館の方々に謝意を表す。最後に、この本の執筆を諦めかけた時に思いっきり背中を押して、完成するまで私のまとまりのない伊達家歴史談話におおかた気前よく付き合ってくれ、この本の執筆作業を辛抱強く支えてくれた妻・眞知子に感謝したい。

二〇二三年六月五日

J・F・モリス

著者略歴
一九五二年、オーストラリアに生まれる
オーストラリア国立大学アジア研究学部卒業
一九八八年、文学博士（東北大学）
現在、宮城学院女子大学名誉教授、東北大学客員教授

〔主要著作等〕
『近世日本知行制の研究』（清文堂出版、一九八八年）
『近世武士の「公」と「私」　仙台藩士玉蟲十蔵のキャリアと挫折』（清文堂出版、二〇〇九年）
『仙台藩「留主居」役の世界　武士社会を支える裏方たち』（蕃山房、二〇一五年）
上山眞知子共訳／アン・マステン著『発達とレジリエンス　暮らしに宿る魔法の力』（明石書店、二〇二〇年）

家からみる江戸大名
伊達家　仙台藩

二〇二三年（令和五）十一月一日　第一刷発行
二〇二四年（令和六）一月一日　第二刷発行

著者　J・F・モリス
発行者　吉川道郎
発行所　株式会社　吉川弘文館
郵便番号一一三—〇〇三三
東京都文京区本郷七丁目二番八号
電話〇三—三八一三—九一五一（代）
振替口座〇〇一〇〇—五—二四四番
https://www.yoshikawa-k.co.jp/

印刷＝株式会社　三秀舎
製本＝誠製本株式会社
装幀＝河村　誠

ISBN978-4-642-06879-6